GTQ
포토샵 1급 with Adobe CC

● 10회분의 적중 모의고사 제공 ●

| 실습을 위한 기초 이론 수록 |
| 실전에 초점을 맞춘 기술 위주의 학습 |
| 기출 문제 및 풍부한 모의고사를 통한 실습 |

아티오 ArtStudio

GTQ Photoshop CC

GTQ 포토샵 1급 with Adobe CC

2024년 1월 5일 초판 인쇄
2024년 1월 10일 초판 발행

펴낸이 | 김정철
펴낸곳 | 아티오
지은이 | 유윤자
편 집 | 이효정
전 화 | 031-983-4092~3
팩 스 | 031-696-5780
등 록 | 2013년 2월 22일
정 가 | 19,000원
주 소 | 경기도 고양시 일산동구 호수로 336 (브라운스톤, 백석동)
홈페이지 | http://www.atio.co.kr
내용문의 | 4-leaf-clover@hanmail.net

* 아티오는 Art Studio의 줄임말로 혼을 깃들인 예술적인 감각으로 도서를 만들어 독자에게 최상의 지식을 전달해 드리고자
  하는 마음을 담고 있습니다.

소스 자료 받아보기

예제 소스 파일은 [아티오(www.atio.co.kr)] - [자료실]에서 다운받으시면 됩니다.

머리말

포토샵은 2차원 그래픽 프로그램으로 다양한 편집과 수정을 할 수 있으며, 사진 이미지의 색상 보정, 오래된 사진 복원, 이미지 합성, 문자 디자인, 인쇄물 디자인, 앱 및 웹 디자인 등의 작업을 할 수 있으며, 3D 기능 등의 강화로 이제는 기본적인 3D 표현과 더불어 질감 제작 및 게임 디자인 작업 편집, 동영상 이미지의 편집과 수정 등에도 다양하게 활용할 수 있습니다. 세계 최고의 모든 크리에이티브 프로젝트에서 없어서는 안될 프로그램인 것입니다.

GTQ는 컴퓨터그래픽에 대한 기본 기능 숙지 능력과 함께 디자인 실무에 사용할 수 있는 활용능력을 검증하는 그래픽 기술자격 시험으로 1, 2, 3급 출제기준에 맞춰 학습 난이도를 조절하여 학습할 수 있도록 구성하였으며, 철저한 기출문제 분석과 모의문제 풀이 등을 통하여 수험생 여러분의 능력을 검증할 수 있는 기회가 될 수 있습니다.

본 수험서는 실무에서 다년간 디자이너로 활동함과 동시에 컴퓨터그래픽 교육을 담당하고 있는 전문 강사가 GTQ 자격시험 대비뿐만이 아닌 독자 스스로가 기본서로 학습할 수 있을 정도로 기본 기능 설명과 아울러 문항마다 출제되는 주요 기능에 대한 따라하기 방식의 학습, 실제 출제되었던 기출문제와 더불어 기출문제와 유사한 형식의 다양한 모의고사 문제를 통하여 자격을 취득할 수 있도록 체계적으로 기획하였습니다.

끝으로 본 도서를 통하여 디자인 시대를 이끌어 나아갈 멋진 주역으로 거듭나시길 바라며 GTQ를 준비하는 수험생 여러분에게 많은 도움이 되기를 바랍니다.

저자 유윤자

이메일 : 4-leaf-clover@hanmail.net

이 책의 특징

문제 1 [기능평가] 고급 Tool(도구) 활용 ···· 20점

새 작업 이미지 만들기 및 파일 저장 → 배경 이미지 표현 → 망치 모양 패스 작업 → Clipping Mask(클리핑 마스크) 적용 → 이미지 크기 조절 및 Layer Style(레이어 스타일) 적용 → Shape(모양) 그리기 및 Layer Style(레이어 스타일) 적용 → 문자 입력과 왜곡, Layer Style(레이어 스타일) 적용 → 레이아웃 정리와 저장, 답안 전송

01. 새 작업 이미지 만들기 및 파일 저장

01 File(파일)-New(새로 만들기) 메뉴를 선택하고 Width(폭) 400pixels(픽셀)과 Height(높이) 500 pixels(픽셀)을 입력합니다. Resolution(해상도)은 72pixels/inch(픽셀/인치), Color Mode(색상 모드)는 RGB를 지정하고, Background Contents(배경 내용)는 White(흰색)를 설정합니다.

새 문서 파일을 만들 때 최신 버전 환경이 아닌 기존의 간단한 인터페이스를 원하신다면, Edit(편집)-Preference(환경설정) 메뉴에서 General(일반)의 Use Legacy "New Document" Interface(레거시 새 문서 인터페이스 사용) 항목을 체크하고 사용하면 됩니다. 본 도서는 인터페이스가 좀 더 단순한 기존 방식의 환경을 사용하도록 하겠습니다.

▽ 합격 Point
《조건》에서 제시한 파일 크기를 정확하게 지켜주어야 하며, 답안 작성요령에 제시된 것처럼 Image Mode(이미지 모드)는 RGB를 지정하고, 해상도는 72 pixels/inch(픽셀/인치), 눈금자의 단위는 '픽셀'로 지정하여야 합니다.

102 경마바

---

04 Edit(편집)-Free Transform(자유 변형) 메뉴를 실행한 후 **Shift** 키를 누른 채 변형 컨트롤 모서리 부분을 드래그하여 크기를 축소하고 **Enter** 키를 누릅니다.

05 계속하여 Layers(레이어) 패널 하단의 Add a layer style(레이어 스타일을 추가합니다) 버튼을 클릭하여 Outer Glow(외부 광선)를 선택하고 세부 옵션을 출력형태와 동일하게 조절합니다.

▽ 합격 Point
《출력형태》와 동일하게 크기 조절 후 이미지를 배치하고, Layer Style(레이어 스타일) 효과를 적용합니다.
④ 나무-3.jpg : 레이어 스타일 - Outer Glow(외부 광선)

115 Photoshop

단원 설명

문제를 풀기 위한 개략적인 흐름을 한눈에 살펴볼 수 있도록 하였습니다.

합격 Point

시험을 치루는데 있어 반드시 지켜야 할 필수적인 시험 조건에 대해 설명합니다.

04. Clipping Mask(클리핑 마스크) 적용

01 먼저 완료된 패스 영역을 선택하기 위해서 Paths(패스) 패널 하단의 Load path as a selection (패스를 선택 영역으로 불러옵니다) 버튼을 클릭하거나 [Ctrl]+[Enter] 키를 눌러 선택 영역을 활성화합니다.

> 패스 패널에 등록된 패스 영역을 선택 영역으로 활성화하기 위해서 키보드의 [Ctrl] 키를 누른 채 해당 패스 썸네일 영역을 클릭하면 좀 더 용이하게 패스 영역을 선택할 수 있습니다.

02 Layers(레이어) 패널 하단의 'Create a new layer(새 레이어를 만듭니다)' 버튼을 클릭하여 투명 레이어를 생성하고, [Alt]+[Delete] 키를 눌러 전경색을 채워 넣은 후 [Ctrl]+D를 눌러 선택 영역을 해제합니다.

> [Alt]+[Delete] 는 전경색을 한 번에 채워 넣는 단축키이고, [Ctrl]+[Delete] 는 배경색을 채워 넣습니다.

03 이제 마스크를 적용하기 위해서 File(파일)—Open (열기) 메뉴를 실행하여 'Part 03〉유형01〉소스파일' 폴더 안의 1급-2.jpg 파일을 불러옵니다.

GTQ[그래픽기술자격]-[S/W:포토샵]

급수	문제유형	시험시간	수험번호	성 명
1급		90분		

수험자 유의사항

- 수험자는 문제지를 받는 즉시 응시하고자 하는 과목 및 급수가 맞는지 확인한 후 수험번호와 성명을 작성합니다.
- 파일명은 본인의 "수험번호-성명-문제번호"로 공백 없이 정확히 입력하고 답안폴더(내 PC₩문서₩GTQ)에 jpg 파일과 psd 파일의 2가지 포맷으로 저장해야 하며, jpg 파일과 psd 파일의 내용이 상이할 경우 0점 처리됩니다. 답안문서 파일명이 "수험번호-성명-문제번호"와 일치하지 않거나, 답안 파일을 전송하지 않아 미제출로 처리될 경우 불합격 처리됩니다.
- 문제의 세부조건은 '영문(한글)' 형식으로 표기되어 있으니 유의하시기 바랍니다.
- 수험자 정보와 저장한 파일명, 저장 위치가 다를 경우 전송이 되지 않으므로, 주의하시기 바랍니다.
- 답안 작성을 완료한 후 추가적으로 '저장'과 '답안 전송'을 이용하여 감독위원 PC로 답안을 전송하셔야합니다. (※ 작업한 내용을 저장하지 않고 전송할 경우 이전의 저장내용이 전송되오니 이점 반드시 유념하시기 바랍니다.)
- 답안문서는 지정된 경로 외의 다른 보조기억장치에 저장하는 행위, 지정된 시험 시간 외에 작성된 파일을 활용한 행위, 기타 허용되지 않은 프로그램(이메일, 메신저, 게임, 네트워크 등) 이용 시 부정행위로 간주되어 자격기본법 제32조에 의거 본 시험 및 국가공인 자격시험을 2년간 응시할 수 없습니다.
- 시험 중 부주의 또는 고의로 시스템을 파손한 경우와 〈수험자 유의사항〉에 기재된 방법대로 이행하지 않아 생기는 불이익은 수험자의 책임임을 알려 드립니다.
- 시험을 완료한 수험자는 최종적으로 저장한 답안파일이 전송되었는지 확인한 후 감독위원의 지시에 따라 문제지를 제출하고 퇴실합니다.

답안 작성요령

- 온라인 답안 작성 절차
  수험자 등록 ⇒ 시험 시작 ⇒ 답안파일 저장 ⇒ 답안 전송 ⇒ 시험 종료
- 내 PC₩문서₩GTQ₩Image폴더에 있는 그림 원본파일을 사용하여 답안을 작성하시고, 최종 답안을 답안폴더(내 PC₩문서₩GTQ)에 저장하여 답안을 전송하시오. 이미지의 크기가 다른 경우 0점 처리됩니다.
- 배점은 총 100점으로 이루어지며, 점수는 각 문제별로 차등 배분합니다.
- 각 문제는 제시된 〈조건〉에 따라 작성하고, 언급하지 않은 조건은 《출력형태》와 같이 작성합니다.
- 배치 등의 편의를 위해 제시된 분급자의 단위는 '픽셀'입니다.
  그 외는 출력형태(효과, 이미지, 문자, 색상, 레이아웃, 규격 등)와 같게 작업하시오.
- 문제 조건에 서체의 지정이 없을 경우 한글은 굴림이나 돋움, 영문은 Arial로 작업하시오.
  (단, 그 외 제시되지 않은 문자 속성을 기본값으로 작성하지 않은 경우는 감점 처리됩니다.)
- Image Mode(이미지 모드)는 별도의 처리조건이 없을 경우에는 RGB(8비트)로 작업하시오.
- 모든 답안 파일은 해상도 72 pixels/inch로 작업하십시오.
- Layer(레이어)는 각 기능별로 분할해야 하며, 임의로 합칠 경우나 각 기능에 대한 속성을 해지할 경우 해당 요소는 0점 처리됩니다.

kpc 한국생산성본부

Content
목차

PART 01

GTQ 시험안내

국가공인 GTQ 시험 안내

한국생산성본부가 주관하여 시행하는 GTQ(Graphic Technology Qualification) 시험은 컴퓨터그래픽 디자인 능력을 평가하는 국가공인자격 시험으로 사진 및 각종 이미지 편집, 웹디자인 등 디자인에 있어 가장 기본이 되는 역량을 추출하고 조합하여 포토샵 등의 디자인 프로그램을 활용하여 평가합니다. 포토샵은 기초 디자인 역량강화에 특화된 자격으로 누구나 취득이 가능하며, 국내 디자인 자격 중 가장 많은 사람들이 응시하는 자격입니다.

① 주관 및 공인부처
– 주관 : 한국생산성본부
– 자격종류 : 공인민간자격
– 국가공인번호 : 산업통상자원부 제2019-1 GTQ(그래픽기술자격) 1급, 2급
– 등록민간자격 : 2008-0192 GTQ(그래픽기술자격) 3급
– 협찬 : 한국어도비시스템즈
※ 상기 "3급" 자격은 자격기본법 규정에 따라 등록한 민간자격으로 국가로부터 인정받은 공인자격이 아닙니다.
※ 민간자격 등록 및 공인 제도에 대한 세상 내용은 민간자격정보서비스(www.pqi.or.kr)의 '민간자격 소개'란을 참고하여 주십시오.

② 국가공인 GTQ 자격의 특징
– 실무의 활용성을 높이기 위해 "실기"시험방식을 채택(이론시험 제외)
– 국내 최초 국가공인 그래픽 기술자격
– 국제IT자격으로도 상호 인증되어 전 세계 50개국에서 GTQ를 그래픽자격으로 인정
– 전 국민 대상의 디자인 그래픽 기술 소양 자격으로 포지셔닝

③ 시험과목

자격종목(과목)	등급	문항 및 시험방법	시험기간	S/W 버전
GTQ 그래픽기술자격	1급	4문항 실무 작업형 실기시험	90분	Adobe Photoshop
	2급	4문항 실무 작업형 실기시험	90분	
	3급	3문항 기능 작업형 실기시험	60분	

※ 시험 접수 기간에 고사장 별로 응시 가능한 S/W 버전을 확인하실 수 있습니다.
※ GTQ 그래픽기술자격 3급 시험은 1, 2교시 동시에 신청이 불가합니다.
    (GTQ(그래픽기술자격) 3급과 GTQi(일러스트) 3급 동시 응시 불가)
※ GTQ(그래픽기술자격) 3급과 GTQi(2급)은 동시에 신청이 불가합니다.

④ 합격 결정기준

자격종목(과목)	등급	합격기준
GTQ 그래픽기술자격	1급	100점 만점 70점 이상
	2급	100점 만점 60점 이상
	3급	100점 만점 60점 이상

⑤ 시험시간

교시	등급	입실시간	시험기간	비고
1교시	1급	08:50까지	09:00~10:30	정기시험기준
	2급		09:00~10:30	
2교시	1급	10:50까지	11:00~12:30	
	2급		11:00~12:30	
	3급		11:00~12:30	

※ 정기시험 기준으로 시험일정에 따라 변경될 수 있습니다.

:: 시험 응시 방법

① 원서접수
② 홈페이지를 통해 시험시간, 고사장/고사실 수험번호 숙지
③ 수험표, 신분증, 필기도구를 소지하고 시험시간 전에 입실(반드시 10분전까지 입실 완료하여야 함)
④ 응시생 유의사항 및 답안 작성 요령을 숙지하여 시험 응시
⑤ 공지된 합격자 발표일에 합격 여부 확인

:: 응시 자격

응시 자격에 제한이 없이 누구나 응시 가능함.

:: 인터넷 원서 접수

http://www.gtq.or.kr 접속하여 회원가입 후 접수

:: 공지사항

① 원서접수는 인터넷과 방문 접수 중 1회만 가능합니다. (※인터넷 접수자는 방문접수 불가)
원서접수 완료 후 과목을 추가로 접수할 수 없습니다.

② 시험시간 변경 관련 안내

GTQ 시험시간(좌석배정)은 컴퓨터에 의해 일괄 자동배정되므로 개인변심이나 타시험과 중복 등의 사유로 시험시간 변경 또는 시험장의 임의 변경이 불가능합니다. 따라서 타시험 또는 중요한 개인일정을 고려하여 시험 날을 정확히 확인 후 원서접수 하시기 바랍니다.

◆시험 연기가 가능한 경우 ☞ 홈페이지 참고

③ 응시하실 과목이 기존에 취득했던 과목인지 확인합니다.

(합격 취득하였다면 해당 시험과목은 시험에 응시하실 필요가 없습니다.)

④ 응시원서의 입력 항목에 따라 지역 및 고사장 선택, 신상명세 입력, 본인사진을 등록합니다.

(사진등록을 위한 이미지 파일은 온라인 편집이 가능합니다.)

⑤ 응시원서 작성을 마치신 후 결제화면에서 신용카드 또는 온라인 이체로 응시료를 결제합니다.

(결제금액은 응시료 + 인터넷 접수 건별 소정의 수수료가 산정됩니다.)

⑥ 응시원서 작성과 온라인 결제를 마치신 접수자는 화면 출력된 GTQ 시험 접수확인증을 인쇄하시기 바랍니다.

⑦ 인터넷 원서접수 마감 후 '수정 및 취소' 기간 내에만 가능합니다.

※자세한 수정 취소 기간은 해당회차 시험안내 공지사항을 확인바랍니다.

(9:00~18:00, 토/공휴일 포함. 단, 기간 및 시간은 변경될 수 있으니 양해바랍니다.)

단, 전체과목/전체인원/부분 인원 취소는 가능하지만, 개인의 부분 과목 추가 및 취소는 불가능합니다.

⑧ 수험표는 수험표 공고 기간에 홈페이지에서 출력하시기 바랍니다.

원서접수 검정수수료 반환(취소/환불) 규정

http://www.gtq.or.kr 사이트 참고

시험 연기 규정

http://www.gtq.or.kr 사이트 참고

:: 합격자 발표 ||||||||||||||||||||||||||||||||||||||||||||||||||||||||||||||||||||||||||

http://www.gtq.or.kr 이용

:: 자격증 교부 ||||||||||||||||||||||||||||||||||||||||||||||||||||||||||||||||||||||||||

– 인터넷 신청(연중 상시 신청 가능)

– 자격증 신청에는 비용이 발생합니다(홈페이지 참고).

– 자격증 발송은 접수완료 후 카드제작 기간을 포함하여 14일 이내

:: 보수교육 ||||||||||||||||||||||||||||||||||||||||||||||||||||||||||||||||||||||||||

– 보수교육은 기술자격 취득자에게 5년마다 기술 기능 및 자질향상을 도모하기 위하여 해당 자격의 변화된 내용과 기술정보를 제공, 보충하는 교육으로서 주기적이고 계속적으로 실시하는 교육입니다.

– 자격 취득자는 합격일로부터 5년이 지나기 전 보수교육을 이수해야 하며 이수 시 자동 갱신됩니다.

(5년이 지나기 전 3개월부터 보수교육 가능)

– 보수교육 미이수시 자격이 일시적으로 정지되니 이 점 유의하시어 반드시 보수교육을 이행해주시기 바랍니다.

– 2019년 1월 1일 이후 취득자 중 취득일로부터 5년 이내(2018년 12월 31일 이전 취득자는 보수교육 이수 의무 없음)

1. 고급 Tool(도구) 활용(20점)

→ 펜 도구를 이용한 패스 저장 및 여러 도구들을 이용하여 이미지 제작

- Pen Tool(펜 도구) / Selection Tool(선택 도구)
- Tool Box(도구 상자) / Paint(페인트), Gradient(그라디언트)
- Filter(필터), Tool Box(도구 모음) / Mask(마스크)
- Shape Tool(모양 도구) / (Free)Transform(변형)

02. 사진 편집 응용(20점)

→ 이미지 색상/명도 조절 등 이미지 변형 및 효과

- Hue(색조)/Saturation(채도) / Color Balance(색상 균형)
- Bright(명도)/Contrast(대비) / Levels(레벨)
- Curves(곡선) / (free)Transform(변형)
- Selection Tool(선택 도구) / Filter(필터) 등

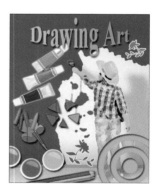

03. 포스터 제작(25점)

→ 레이어 편집 및 문자를 이용한 효과

- Layer Style(레이어 스타일) / Blending Mode(혼합 모드)
- Opacity(불투명도) 조절 / Adjustments Layer(레이어 조절)
- Mask(레이어 마스크) / Type Tool(문자 도구)
- Gradient(그라디언트) 등

04. 웹 페이지 제작(35점)

→ 상기 문제의 요소들을 활용한 웹 페이지 제작

- Gradient(그라디언트) / Pattern Overlay(패턴 오버레이)
- Blending Mode(혼합 모드) / Filter(필터) 활용
- Shape Tool(모양 도구) / Layer Style(이미지 효과)
- Pen Tool(펜 도구) 활용 / Type Tool(문자 도구)
- Layer Style(이미지 효과) / Layer Mask(레이어 마스크) 등

1. 전체 구성

▶ 평가 항목
이미지의 크기와 해상도 조절, 파일의 저장 위치, 이미지 모드 조절

▶ 체크 포인트
- 지시한 정확한 파일을 사용하여 작성하였는가
- 각 문제당 지시한 조건대로 저장 장소 지정과 파일명을 저장하였는가(총 8개 파일)
- 해상도를 72pixels/inch로 작성하였는가
- 이미지 모드는 RGB로 작성하였는가
- 각 기능에 대한 속성을 해지하지 않았는가
- PSD 파일의 레이어를 병합하지 않는가(감점)

2. 고급 Tool(도구) 활용(20점)

▶ 평가 항목
- 이미지 크기, 저장 방법, 레이아웃
- 그라디언트, 필터, 문자 효과, 레이어 스타일
- 이미지 제작, 변형, 합성
- 펜 도구 응용, Shape(모양) 응용, 클리핑 마스크

▶ 체크 포인트
- 제시한 조건에 따라 파일을 저장하였는가
- Path(패스)를 저장하였는가
- 제시한 색상, Shape(모양), 마스크를 적용하였는가
- 제시된 조건대로 레이어 스타일과 필터를 적용하였는가
- 정확한 문자 입력과 효과를 적용하였는가
- 레이어 병합이나 잠금이 되어 있지는 않은가

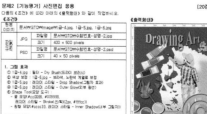

3. 사진편집 응용(20점)

▶ 평가 항목
- 이미지 크기, 저장 방법, 레이아웃
- 색상/명도 등의 조정, 필터 효과
- Shape(모양) 응용, 레이어 스타일
- 문자 효과, 이미지 합성 및 변형

▶ 체크 포인트
- 제시한 조건에 따라 파일을 저장하였는가
- 제시한 색상, Shape(모양), 마스크를 적용하였는가
- 제시된 조건대로 레이어 스타일과 필터를 적용하였는가
- 제시된 조건대로 색상을 조정하였는가
- 정확한 문자 입력과 효과를 적용하였는가
- 레이어 병합이나 잠금이 되어 있지는 않은가

4. 포스터 제작(25점)

▶ 평가 항목
- 이미지 크기, 저장 방법, 레이아웃
- 그라디언트, 문자 효과, 마스크
- 색상/명도 등의 조정, 필터 효과
- 이미지 합성, 제작, 레이어 마스크, 불투명도
- 레이어 스타일, 블렌딩 모드(혼합 모드)

▶ 체크 포인트
- 제시한 조건에 따라 파일을 저장하였는가
- 제시한 색상, Shape(모양)을 적용하였는가
- 제시된 조건대로 레이어 스타일과 필터를 적용하였는가
- 출력형태와 동일한 마스크를 적용하였는가
- 제시된 조건대로 색상을 조정하였는가
- 정확한 문자 입력과 효과를 적용하였는가
- 레이어 병합이나 잠금이 되어 있지는 않은가

포토샵

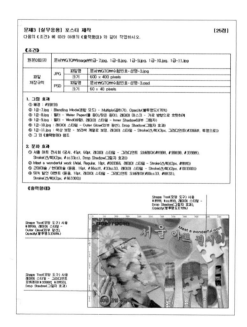

5. 웹 페이지 제작(35점)

▶ 평가 항목
− 이미지 크기, 저장 방법, 레이아웃
− 그라디언트, 문자 효과, 펜 도구와 패턴 활용
− 색상/명도 등의 조정, 필터 효과
− Shape(모양) 응용, 레이어 스타일
− 이미지 합성, 제작, 레이어 마스크, 불투명도
− 레이어 스타일, 블렌딩 모드(혼합모드) 등 종합 능력 평가

▶ 체크 포인트
− 제시한 조건에 따라 파일을 저장하였는가
− 제시한 색상, Shape(모양)을 적용하였는가
− 제시된 모양대로 패스 작업을 하였는가
− 제시된 색상과 모양대로 패턴을 적용하였는가
− 제시된 조건대로 레이어 스타일과 필터를 적용하였는가
− 출력형태와 동일한 마스크를 적용하였는가
− 제시된 조건대로 색상을 조정하였는가
− 정확한 문자 입력과 효과를 적용하였는가
− 레이어 병합이나 잠금이 되어 있지는 않은가

부록으로 제공된 답안전송 프로그램으로 실전처럼 연습해 보세요.

1. 답안 전송 프로그램 사용하기

01. 'KOAS 수험자(연습용)' 아이콘을 더블클릭합니다. 시험과목과 성명을 입력하고 '선택'을 클릭합니다.

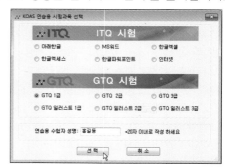

02. 수험번호를 입력 또는 입력된 수험번호가 맞는지 확인하고 '확인'을 클릭합니다.

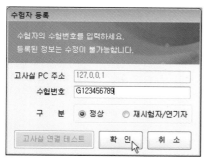

03. 응시하고자 하는 프로그램의 수험자 버전을 선택하고 '확인'을 클릭합니다.

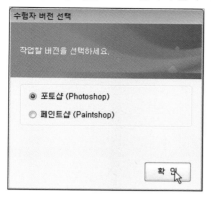

04. 수험번호와 성명, 수험과목 등을 확인하고 '확인'을 클릭합니다.

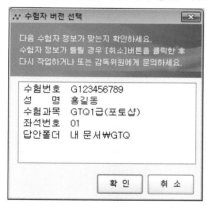

05. 응시자 화면에 다음과 같은 답안 전송 프로그램이 바탕화면에 나타납니다.

06. 응시자는 포토샵 프로그램을 실행하고 답안을 작성합니다.

07. 답안 작성이 완료되면 '내 PC₩문서₩GTQ' 폴더에 '수험번호–성명–문제번호.jpg'와 '수험번호–성명–
    문제번호.psd'로 저장합니다.

08. 답안 전송 프로그램의 '확인'을 클릭합니다.

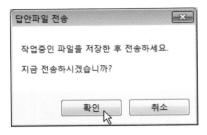

09. 전송하고자 하는 답안을 체크하고 '답안 전송'을 클릭합니다.

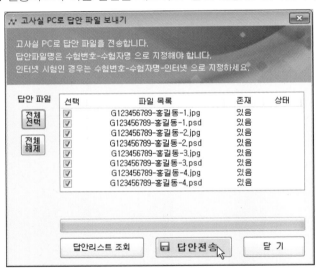

포토샵

10. 답안을 작성하는 도중에 수시로 작업이 완료된 답안을 전송을 할 수 있도록 합니다.

11. 답안 전송이 모두 완료되면 '시험 종료'를 클릭한 후 감독위원의 지시를 기다립니다.

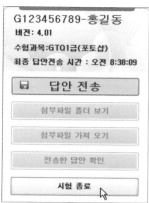

12. 감독위원의 퇴실 지시에 따라 퇴실하시면 시험은 종료됩니다.

PART 02
포토샵 핵심 기능
알아보기

:: 새 작업 이미지 만들기 ||||||||||||||||||||||||||||||||||||||||||||||||||||||||||||||||||||||||||||||

새로운 이미지 창을 만들기 위해서 시작 화면에서 'New file(새 파일)' 버튼을 클릭하거나, File(파일) 메뉴에서 New(새로 만들기) 명령을 실행하여 문제의 조건에서 제시한 크기와 해상도, 색상 모드를 설정하고 Create(만들기)를 클릭합니다.

➜ New(새로 만들기) 대화상자

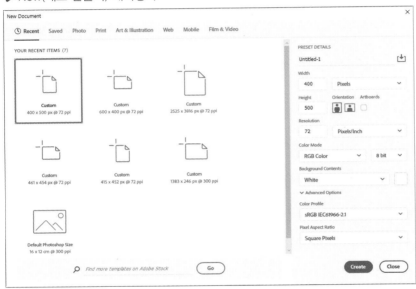

❶ 최근에 액세스한 파일, 템플릿 및 항목을 빠르게 불러올 수 있습니다.
❷ Adobe Stock : 사진, 인쇄 등 여러 범주의 템플릿을 사용하여 문서를 만들 수 있습니다.
❸ Name(이름) : 새로운 이미지 파일의 이름을 입력합니다. 조건에서 제시한 파일명으로 직접 이름을 입력하여도 됩니다.
❹ Width(폭) : 이미지의 가로 크기를 입력합니다.
❺ Height(높이) : 이미지의 세로 크기를 입력합니다.
❻ Resolution(해상도) : 이미지의 해상도를 입력합니다.
❼ Color Mode(색상 모드) : 이미지의 색상 모드를 지정하는 곳으로 GTQ 자격시험에서는 RGB 모드를 지정하여야 합니다.
❽ Background Contents(배경 내용) : 이미지의 바탕색을 지정합니다.
❾ Advanced Options(고급 옵션) : 색상 프로필을 지정하거나 다양한 형식의 폭과 높이 비율을 지정할 수 있습니다.

➜ 답안 작성요령
  – 배치 등의 편의를 위해 주어진 눈금자의 단위는 '픽셀'입니다.
  – Image Mode(이미지 모드)는 별도의 처리조건이 없을 경우에는 RGB(8비트)로 작업하십시오.
  – 모든 답안 파일은 해상도 72 pixels/inch로 작업하십시오.

:: 이미지 불러오기

File(파일) 메뉴에서 Open(열기) 명령을 실행하여 소스로 제공된 이미지 파일을 불러옵니다.

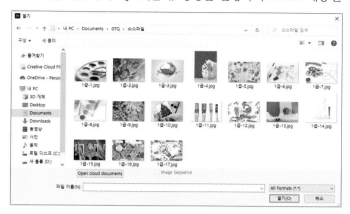

:: 임시 파일 저장하기

File(파일) 메뉴에서 Save(저장) 또는 Save As(다른 이름으로 저장) 명령을 실행하여 작업중인 이미지 파일을 저장합니다. 작업 중에 컴퓨터가 다운되거나 실수할 수 있으므로 수시로 저장하면서 작업하는 습관을 갖는 것이 중요합니다. 먼저 작업 중인 파일을 저장하고자 할 경우에는 포맷 형식을 Photoshop(*.PSD*.PDD)으로 지정하고, 파일 이름은 '수험번호-이름-문제번호'로 입력하여 저장하면 작업 중인 Layer를 포함하여 파일이 저장됩니다.

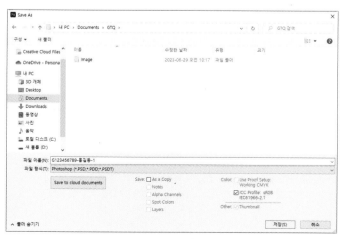

:: Image Size(이미지 크기) 조절 후 제출 파일 저장하기 ||||||||||||||||||||||||||||||||||||||||||||||||||||||||||||||||||

01. 앞서 저장한 PSD 파일은 컴퓨터 다운이나 실수 등을 대비하기 위하여 작업 중인 이미지를 수정할 수 있도록 저장하며 작업하는 과정이였으나, 모든 작업이 완성된 후에는 JPG 파일로 저장 후 이미지의 크기를 줄여 PSD 파일을 제출해야 합니다. 모든 작업이 끝나면 먼저 JPG 파일로 저장하기 위해서 File(파일) 메뉴에서 Save As (다른 이름으로 저장)를 실행합니다. 포맷 형식에 JPG 형식이 보이지 않을 경우에는 대화상자 하단의 Save a Copy(사본 저장) 버튼을 클릭하거나, File(파일) 메뉴에서 Save a Copy(사본 저장) 명령을 실행하면 됩니다. [내 PC]-[문서]-[GTQ] 폴더 위치에 포맷 형식을 JPG(*.JPG*.JPEG)로 지정하고 JPEG 옵션 대화상자가 나타나면 Quality(품질) 값을 9~12 정도로 조절하고 "수험번호-성명-문제번호" 형식으로 저장합니다.

02. 마지막으로 PSD 파일로 저장하기 위해서 Image(이미지) 메뉴에서 Image Size(이미지 크기) 명령을 실행하여 조건에서 제시한 1/10 크기로 입력합니다. 이때 대화상자 우측의 옵션에서 'Scale Styles' 항목이 체크되어 있는지 확인하고, 또한 종횡비 제한 아이콘이 체크되어 있는지 확인합니다.

➡ Image Size(이미지 크기) 대화상자

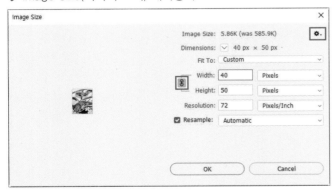

❶ Image Size(이미지 크기) : 현재 열려 있는 이미지의 폭과 높이의 크기를 나타내는 부분입니다.
❷ Fit To(다음에 맞추기) : 이미지의 크기를 센티미터나 인치, 밀리미터 등으로 표시해 다양한 샘플 사이즈를 사용할 수 있습니다.
❸ Do not constrain aspect ratio(종횡비 제한 아이콘) : 이미지의 폭 값이나 높이 값 중 하나만 조절해도 나머지를 같은 비율의 크기로 조절해 줍니다.
❹ Width(폭) : 이미지의 가로 크기를 조절합니다.

포토샵

❺ Height(높이) : 이미지의 세로 크기를 조절합니다.
❻ Resolution(해상도) : 이미지의 해상도를 나타냅니다. GTQ 자격시험에서 해상도는 72 pixel/inch를 지정해야 합니다.
❼ Resample(리샘플링) : 이 항목을 체크하지 않으면 이미지 파일의 용량과 관계없이 이미지 크기 및 해상도를 변경할 수 있습니다.
❽ Scale Styles(스타일 비율) : 이미지에 레이어 스타일이 적용된 경우 이미지의 크기가 변동됨에 따라 스타일의 크기도 함께 조절됩니다.

03. 크기가 현저하게 줄어든 이미지를 다시 File(파일) 메뉴에서 Save As(다른 이름으로 저장) 명령을 선택하여 [내 PC]-[문서]-[GTQ] 폴더에 '수험번호-성명-문제번호'.psd 형식으로 저장합니다.

Tip 답안 전송 후 수정할 내용이나 누락된 부분이 있을 경우에는 GTQ 폴더가 아닌 임시로 저장한 PSD 파일을 불러와 수정한 후 다시 JPG와 크기를 축소시킨 PSD 파일로 다시 저장하여 제출해야 합니다. 두 파일의 결과가 다를 경우 '0'점 처리될 수 있으니 주의해야 합니다.

◆ 답안 작성요령
- 파일명은 본인의 "수험번호-성명-문제번호"로 공백 없이 정확히 입력하고 답안폴더(내 PC₩문서₩GTQ 또는 라이브러리₩문서₩GTQ)에 jpg 파일과 psd 파일의 2가지 포맷으로 저장해야 하며, jpg 파일과 psd 파일의 내용이 상이할 경우 0점 처리됩니다. 답안문서 파일명이 "수험번호-성명-문제번호"와 일치하지 않거나, 답안 파일을 전송하지 않아 미제출로 처리될 경우 불합격 처리됩니다. (예 : G123456789-홍길동-1.jpg)
- 수험자 정보와 저장한 파일명, 저장 위치가 다를 경우 전송이 되지 않으므로, 주의하시기 바랍니다.
- 답안 작성 중에도 주기적으로 '저장'과 '답안 전송'을 이용하여 감독위원 PC로 답안을 전송하여야 합니다.
  (※ 작업한 내용을 저장하지 않고 전송할 경우 이전의 저장내용이 전송되오니 이점 반드시 유념하시기 바랍니다.)
- 내 PC₩문서₩GTQ₩Image 폴더에 있는 그림 원본파일을 사용하여 답안을 작성하시고 최종답안을 답안폴더(내 PC₩문서₩GTQ)에 저장하여 답안을 전송하시고, 이미지의 크기가 다른 경우 감점 처리됩니다.

:: Tool(도구) 패널

포토샵에서 이미지 작업을 위해 자주 사용되는 도구들을 모아놓은 곳입니다. 이전 버전에 비해 새롭게 추가된 도구와 옵션 사항들이 늘어났으므로 포토샵의 원활한 운용을 위해서는 도구에 따른 사용법과 옵션 사항에 대하여 충분히 이해해 두어야 합니다.

1. 이동 도구(Move Tool) : 이미지 선택 영역 등을 이동합니다.

   Artboard Tool(대지 도구) : 웹용으로 저장 시 각 매체에 따른 크기에 맞게 설정 가능합니다.

2. Rectangular Marquee Tool, Elliptical Marquee Tool, Single Row Marquee Tool, Single Column Marquee Tool(사각형 선택 윤곽 도구, 원형 선택 윤곽 도구, 단일 행 선택 윤곽 도구, 단일 열 선택 윤곽 도구) : 선택 영역을 나타내는 도구로 사각형, 원, 가로, 세로 픽셀 모양으로 선택할 수 있습니다.

3. Lasso Tool(올가미 도구) : 이미지의 원하는 부분을 자유롭게 드래그하여 선택합니다.

   Polygonal Lasso Tool(다각형 올가미 도구) : 다각형 모양으로 자유롭게 선택합니다.

   Magnetic Lasso Tool(자석 올가미 도구) : 색상 경계를 자동으로 인식하여 선택합니다.

4. Object Selection Tool(개체 선택 도구) : 이미지에서 인물, 자동차, 가구, 애완동물, 옷 등의 단일 개체 또는 개체의 일부를 빠르게 선택합니다.

   Quick Selection Tool(빠른 선택 도구) : 비슷한 색상 영역을 마우스로 드래그하여 빠르게 선택합니다.

   Magic Wand Tool(자동 선택 도구) : 클릭한 지점과 비슷한 색상 영역을 빠르게 선택합니다.

5. Crop Tool(자르기 도구) : 선택된 영역만 남기고 나머지는 잘라줍니다.

   Perspective Crop Tool(원근 자르기 도구) : 이미지를 변형시켜 자를 수 있습니다.

   Slice Tool(분할 영역 도구) : 웹에서 사용할 목적으로 이미지를 잘라냅니다.

   Slice Select Tool(분할 영역 선택 도구) : 자른 이미지를 선택합니다.

6. Frame Tool(프레임 도구) : 모양이나 문자를 프레임으로 변환하여 자리표시자로 사용하거나 이미지를 채울 수 있습니다.

7. Eyedropper Tool(스포이드 도구) : 이미지의 색상을 추출합니다.

   3D Material Eyedropper Tool(3D 재질 스포이드) : 입체적인 효과에 사용된 재질을 확인합니다.

   Color Sampler Tool(색상 샘플러 도구) : 기본 색상 정보를 확인할 때 사용하는 도구로서 4개의 고정된 컬러 샘플링 지점을 설정할 수 있습니다.

   Ruler Tool(눈금자 도구) : 거리를 알고자 하는 임의의 두 점을 클릭 드래그하여 직선을 만들고, 그 직선의 좌표와 크기, 각도 등의 정보를 알 수 있습니다.

   Note Tool(메모 도구) : 이미지에 간단한 메모 등을 할 수 있습니다.

   Count Tool(카운트 도구) : 지정한 곳에 번호를 매겨 색상을 확인하거나 바꿀 수 있습니다.

8. Spot Healing Brush Tool(스팟 복구 브러시 도구) : 마우스로 클릭한 지점의 주변 색상과 자연스럽게 어울려지도록 복원합니다.

   Remove Tool(제거 도구) : 원치 않는 이미지 부분을 마우스로 드래그하여 삭제하면 배경을 자동으로 채워줍니다.

   Healing Brush Tool(복구 브러시 도구) : 이미지를 다른 이미지로 복제할 때 그림자, 빛, 텍스처 등의 속성을 그대로 보존하면서 먼지, 흠, 주름과 같은 것들을 효율적으로 제거합니다.

   Patch Tool(패치 도구) : 이미지 영역을 자유롭게 드래그, 선택하여 이미지를 복사하고 복사한 이미지를 주위 환경에 최적화 시키는 기능으로 복구 브러시와 관련된 기능을 좀 더 섬세하게 작업할 수 있습니다.

   Content-Aware Move Tool(내용 인식 이동 도구) : 선택 영역을 이동하여 배경색과 자연스럽게 어울리게 합니다.

   Red Eye Tool(적목 현상 도구) : 적목 현상을 없애는 기능입니다.

9. Brush Tool(브러시 도구) : 사용자가 임의로 여러 가지 형태의 다양한 브러시를 지정하거나 만들어 그림을 그릴 수 있으며 영역에 채색할 수도 있습니다.

   Pencil Tool(연필 도구) : 연필 도구는 기본적으로 계단 현상이 적용되기 때문에 선이 부드럽지 않고 딱딱하고 거친 느낌을 줍니다.

   Color Replacement Tool(색상 대체 도구) : 이미지의 배경색만 바꾸거나 질감이나 음영을 그대로 유지한 상태로 이미지 특정 부분의 색상을 쉽게 바꿀 수 있습니다.

   Mixer Brush Tool(혼합 브러시 도구) : 수채 색연필로 수채화를 그리듯이 사진을 유화풍의 그림으로 손쉽게 그리게 해줍니다.

10. Clone Stamp Tool(복제 도장 도구) : 이미지의 특정 부분을 다른 이미지의 부분, 또는 전체에 복제하는 도구로 Alt 키를 누른 상태에서 클릭하여 복제 기준점을 설정하고, 원하는 위치에 드래그하면 기준점의 이미지가 복제됩니다.

    Pattern Stamp Tool(패턴 도장 도구) : 원하는 이미지의 부분을 패턴으로 등록하고 적용하는 기능입니다.

11. History Brush Tool(작업 내역 브러시 도구) : 변형시켰던 이미지를 부분적으로 원래의 이미지로 복원시키는 기능을 지원합니다.

    Art History Brush Tool(미술 작업 내역 브러시 도구) : 붓의 질감을 이용하여 회화적인 브러시 효과를 표현합니다.

12. Eraser Tool(지우개 도구) : 마우스로 드래그하는 부분을 투명하게 지워주거나 배경색으로 칠해줍니다.

    Background Eraser Tool(배경 지우개 도구) : 마우스로 클릭한 부분의 이미지 색상을 인식하여 투명하게 지워줍니다. 백그라운드 이미지를 레이어 상태로 만들어 투명하게 지워줍니다.

    Magic Eraser Tool(자동 지우개 도구) : 자동 선택 도구처럼 옵션 패널의 허용치 설정값에 따라 유사한 색상을 선택하여 한꺼번에 지워줍니다.

13. Gradient Tool(그레이디언트 도구) : 두 가지 이상의 색상과 색상 사이에 변해가는 색상을 뚜렷한 경계 없이 부드럽게 채워줍니다.

Paint Bucket Tool(페인트 통 도구) : 이미지에서 같은 색 범위를 인식하여 그 영역에 색상이나 패턴을 한 번에 채우는 도구입니다.

3D Material Drop Tool(3D 재질 놓기 도구) : 3D 오브젝트에서 원하는 영역을 색이나 패턴으로 채웁니다.

14. Blue Tool(흐림 효과 도구) : 이미지를 뿌옇게, 초점이 흐린 효과를 줍니다.

Sharpen Tool(선명 효과 도구) : 이미지를 뚜렷하게, 초점이 선명한 효과를 줍니다.

Smudge Tool(손가락 도구) : 손가락으로 문지르는듯한 효과를 줍니다.

15. Dodge Tool(닷지 도구) : 이미지를 밝게 합니다.

Burn Tool(번 도구) : 이미지를 어둡게 합니다.

Sponge Tool(스폰지 도구) : 이미지의 채도를 조절합니다.

16. Pen Tool(펜 도구) : 직선 또는 곡선 패스를 그리거나 곡선으로 이루어진 이미지의 외곽을 선택 영역으로 저장하여 선택 툴 용도로 사용합니다.

Freeform Pen Tool(자유 형태 펜 도구) : 마우스로 자유롭게 드래그하여 패스를 만듭니다.

Curvature Pen Tool(곡률 펜 도구) : 부드러운 곡선과 직선을 쉽게 그릴 수 있습니다.

Add Anchor Point Tool(기준점 추가 도구) : 만들어진 패스에 앵커 포인트를 추가합니다.

Delete Anchor Point Tool(기준점 삭제 도구) : 만들어진 포인트를 삭제합니다.

Convert Point Tool(기준점 변환 도구) : 핸들을 삭제하거나 생성시켜 앵커 포인트의 속성을 바꾸면서 형태를 변형합니다.

17. Horizontal Type Tool(수평 문자 도구) : 문자를 수평으로 입력합니다.

Vertical Type Tool(세로 문자 도구) : 문자를 수직으로 입력합니다.

Horizontal Type Mask Tool(수평 문자 마스크 도구) : 문자를 수평으로 입력하며 입력한 문자를 선택 영역으로 만들어줍니다.

Vertical Type Mask Tool(세로 문자 마스크 도구) : 문자를 수직으로 입력하며 입력한 문자를 선택 영역으로 만들어줍니다.

18. Path Selection Tool(패스 선택 도구) : 패스나 도형의 전체를 선택하여 이동할 때 사용합니다.

Direct Selection Tool(직접 선택 도구) : 패스나 도형의 포인트, 핸들을 선택하여 모양을 수정할 때 사용합니다.

19. Rectangle Tool(사각형 도구) : 도형 도구는 여러 가지 모양의 다양한 벡터 형식의 도형들을 만들 수 있는 기능으로 사각형 모양의 도형을 그립니다.

Ellipse Tool(타원 도구) : 정원이나 타원을 그립니다.

Triangle Tool(삼각형 도구) : 삼각형 모양의 도형을 그립니다.

Polygon Tool(다각형 도구) : 다각형을 그립니다.

Line Tool(선 도구) : 직선 라인을 그립니다.

Custom Shape Tool(사용자 정의 모양 도구) : 여러 가지 모양의 도형을 그릴 수 있습니다.

20. Hand Tool(손 도구) : 이미지 화면을 원하는 부분으로 이동할 때 사용합니다.

Rotate View Tool(회전 보기 도구) : 도큐먼트를 회전시킵니다.

21. Zoom Tool(돋보기 도구) : 이미지를 확대하거나 축소합니다.

22. Color Mode(색상 모드) : 전경색이나 배경색을 지정할 수 있습니다.

23. Edit in Quick Mask/Standard Mode(편집 모드) : 빠른 마스크 모드와 표준 모드를 오가며 이미지를 선택할 수 있습니다.

24. Change Scree Mode(화면 모드) : 여러 가지 화면 모드를 지원합니다.

:: Move Tool(이동 도구) ✛

이미지를 원하는 위치로 옮기거나 레이어 복사, 또는 선택 영역의 이미지를 복사하거나 이동할 때 사용합니다.
Alt 키를 누른 채 드래그하면 복사 기능을 하기도 합니다.

[이미지 이동]   [복사 후 크기 조절]

➔ 이동 도구 옵션 패널

❶ **Auto Select Layer/Groups(레이어 자동 선택/그룹 자동 선택)** : 마우스가 그룹 또는 레이어에서 어느 것을 자동으로 인식할지 결정하는 옵션입니다. 원하는 이미지를 클릭하면 해당 이미지가 위치한 그룹 또는 레이어로 자동 이동. 선택됩니다.

❷ **Show Transform Controls(변형 컨트롤 표시)** : 선택된 레이어의 이미지를 쉽게 변형할 수 있도록 조절 박스를 보여줍니다.

❸ **Align(정렬)** : 두 개 이상의 레이어가 선택되어 있을 경우에 활성화되는 옵션으로 선택된 레이어를 기준으로 정렬시킵니다.
  ⓐ Align left edges(왼쪽 정렬) : 선택된 레이어 이미지를 기준으로 왼쪽으로 정렬합니다.
  ⓑ Align horizontal centers(수평 중앙 정렬) : 선택된 레이어 이미지를 기준으로 수직 중앙으로 정렬합니다.
  ⓒ Align right edges(오른쪽 정렬) : 선택된 레이어 이미지를 기준으로 오른쪽으로 정렬합니다.
  ⓓ Distribute Vertically(수직 분포) : 선택된 레이어 이미지의 간격을 세로 기준에서 균등하게 배치합니다.
  ⓔ Align to edges(위쪽 정렬) : 선택된 레이어 이미지를 기준으로 위쪽으로 정렬합니다.
  ⓕ Align vertical centers(수직 중앙 정렬) : 선택된 레이어 이미지를 수평 중앙으로 정렬합니다.
  ⓖ Align bottom edges(아래쪽 정렬) : 선택된 레이어 이미지를 기준으로 아래쪽으로 정렬합니다.
  ⓗ Distribute Horizontally(수평 분포) : 선택된 레이어 이미지의 간격을 가로 기준에서 균등하게 배치합니다.

❹ **Align and Distribute(정렬과 분포)** : 정렬과 배분에 사용하는 명령을 한눈에 볼 수 있게 모아놓은 옵션입니다.
  ⓐ Distribute(분포) : 세 개 이상의 레이어가 선택되어 있을 경우 활성화되는 옵션으로 레이어 이미지들이 배분 정렬되는 방식을 지정합니다.

:: Rectangular Marquee Tool(사각형 선택 윤곽 도구) ⬚ ||||||||||||||||||||||||||||||||||||||

사각형 선택 윤곽 도구는 사용자가 임의로 원하는 부분을 드래그하여 사각형 형태의 선택 영역을 만듭니다. 또한 정확한 값을 입력하여 정사각형이나 원하는 크기의 선택 영역을 만들 수 있습니다. 드래그할 때 **Shift** 키를 누르면 가로, 세로가 같은 크기의 정사각형 선택 영역이 지정되고, **Alt** 키를 누르면 마우스를 클릭한 부분, 즉 중앙을 기준으로 좌우, 상하 대칭으로 선택 영역이 만들어집니다.

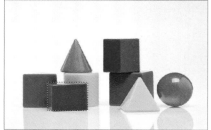

[임의적으로 마우스 드래그]

[**Shift** 키 누른 채 드래그]

➡ 사각형 선택 윤곽 도구 옵션 바

❶   ❷   ❸   ❹   ❺

🏠 ⬚ ∨ ▢ ⬚ ⬚ ⬚   Feather: 0 px   Anti-alias   Style: Normal ∨   Width: ⇄   Height: Select and Mask...   Share   Q   ▢ ∨

❶ 선택 옵션 모드 : 이미지를 선택할 때 선택 영역을 추가하거나 뺄 수 있는 옵션을 선택하여 사용합니다.

ⓐ New selection(새 선택 영역) : 일반적인 선택 방법으로 드래그하여 새로운 영역을 선택합니다.

ⓑ Add to selection(선택 영역에 추가) : 기존 선택 영역에 새로운 선택 영역을 추가할 수 있습니다.

ⓒ Subtract from selection(선택 영역에서 빼기) : 기존 선택 영역에서 겹치는 부분을 드래그하면 선택 영역을 뺄 수 있습니다.

ⓓ Intersect with selection(선택 영역과 교차) : 기존 선택 영역과 겹치는 공통된 부분만을 선택합니다.

[New selection(새 선택 영역)]

[Add to selection(선택 영역에 추가)]

[Subtract from selection(선택 영역에서 빼기)]　　[Intersect with selection(선택 영역과 교차)]

❷ Feather(페더) : 선택 영역의 가장자리 부분 즉, 경계선에 부드럽게 퍼지는 효과를 적용하는 기능으로 값이 커질수록 경계 부분의 퍼짐 효과가 많아집니다.

　　[0일 경우]　　　　　　[10일 경우]　　　　　　[20일 경우]

❸ Anti-alias(앤티 앨리어스) : 선택 영역을 지정할 때 이미지의 경계 부분이 계단 현상으로 표시됩니다. 이미지의 사선이나 곡선 주위의 계단 현상을 부드럽게 해주는 옵션으로 사각 선택 도구를 선택했을 때는 활성화 되지 않습니다.

　　[체크하였을 경우]　　[체크하지 않았을 경우]

❹ Style(스타일) : 선택 영역을 지정할 때 마우스로 드래그하여 지정할 것인지, 값을 입력하여 정확히 지정할 것인지를 결정하는 옵션입니다.
　ⓐ Normal(표준) : 사용자가 마우스로 드래그하여 선택 영역을 지정합니다.
　ⓑ Fixed Aspect Ratio(종횡비 고정) : 선택 영역의 가로, 세로의 비율을 일정하게 선택합니다.
　ⓒ Fixed Size(크기 고정) : 입력한 수치만큼의 픽셀 크기로 영역을 선택합니다.
❺ Select and Mask(선택 및 마스크) : 선택 영역의 테두리에 있는 픽셀들을 어떻게 처리할 것인지를 선택하는 기능으로 좀 더 정확하게 선택할 수 있도록 다양한 옵션을 제공합니다.

:: Elliptical Marquee Tool(원형 선택 윤곽 도구) ⬭ |||||||||||||||||||||||||||||||||||||||||||||||||||||||||

마우스로 드래그하여 원형 모양으로 이미지를 선택합니다. 이미지를 선택할 때 [Alt] 키를 누른 상태에서 마우스를 드래그하면 클릭한 시작 부분이 중앙이 되고, 동시에 [Shift] 키를 같이 누른 채 드래그하면 정원 모양으로 선택됩니다. 선택 영역을 만든 후 Select(선택) 메뉴에서 Transform Selection(선택 영역 변형) 명령을 사용하여 이미지에 영향을 주지 않고 현재 선택된 영역만의 크기를 조절하거나 회전시킬 수 있습니다.

:: Lasso Tool(올가미 도구) ◗ |||||||||||||||||||||||||||||||||||||||||||||||||||||||||||||||||

마우스로 드래그하여 이미지의 원하는 영역을 자유롭게 선택할 수 있는 도구입니다. 곡선 부분을 자유롭게 선택할 수는 있지만 한 번에 원하는 영역을 정확하게 선택하기는 쉽지 않은 단점이 있습니다. 그러므로 [Shift] 키를 사용하여 선택 영역을 추가하거나 [Alt] 키를 사용하여 선택 영역을 제외하는 방법으로 선택 영역을 편집하면 됩니다.

:: Polygonal Lasso Tool(다각형 올가미 도구)

마우스로 이미지의 원하는 영역을 클릭해 가며 다각형 형태의 선택 영역을 지정할 수 있습니다. 다각형 올가미 도구를 사용하던 중 [Alt] 키를 누른 채 드래그하면 일시적으로 곡선 형태로 선택 영역을 만들 수도 있습니다. 또한 다각형 올가미 도구를 사용 중 잘못 지정된 부분은 [Delete] 키를 눌러 클릭한 점을 삭제하고 다시 영역을 만들면 됩니다.

 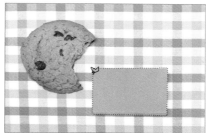

:: Magnetic Lasso Tool(자석 올가미 도구)

선택할 이미지의 외곽을 따라 마우스를 움직이면 색상의 대비차를 인식하여 색이 뚜렷이 구분되는 곳을 자석이 달라붙듯이 선택됩니다. 색상 차이가 많은 이미지 부분을 선택할 때 편리합니다.

➡ 자석 올가미 도구 옵션 패널

❶   ❷   ❸ ❹   ❺   ❻   ❼   ❽

🏠 ꙮ ˅ ▫ ◨ ◩ ◪ Feather: 0 px ☑ Anti-alias Width: 10 px Contrast: 10% Frequency: 57 ◉ Select and Mask... Share Q ▢ ˅

❶ 선택 옵션 모드
  ⓐ New selection(새 선택 영역) : 일반적인 선택 방법으로 드래그하여 새로운 영역을 선택합니다.
  ⓑ Add to selection(선택 영역에 추가) : 기존 선택 영역에 새로운 선택 영역을 추가할 수 있습니다.
  ⓒ Subtract from selection(선택 영역에서 빼기) : 기존 선택 영역에서 겹치는 부분을 드래그하면 선택 영역을 뺄 수 있습니다.
  ⓓ Intersect with selection(선택 영역과 교차) : 기존 선택 영역과 겹치는 공통된 부분만을 선택합니다.

❷ Feather(페더) : 선택 영역의 경계선에 부드럽게 퍼지는 효과를 적용하는 기능으로 수치가 커질수록 경계 부분의 퍼짐 효과가 많아집니다.

❸ Anti-alias(앤티 앨리어스) : 선택 영역의 경계선을 부드럽게 처리해주는 기능으로 특히 사선이나 곡선 주위의 계단 현상을 부드럽게 해 줍니다.

❹ Width(폭) : 경계선의 색상을 추출하는 옵션으로 256픽셀까지 지정할 수 있습니다. 값이 적을수록 색상 차이를 분명히 찾아낼 수 있어 이미지의 경계선을 섬세하게 추출할 수 있습니다.

[폭 : 10px]   [폭 : 30px]

❺ Contrast(대비) : 선택하고자 하는 이미지의 경계 영역 색상의 대비 정도를 지정하는 옵션입니다. 값이 클수록 색상의 차이가 둔하게 반응하기 때문에 선택 영역이 부드럽지만 정밀하지는 못하며, 값이 작을수록 색상의 차이에 민감하기 때문에 선택 영역을 좀 더 정밀하게 선택할 수 있습니다.

[Contrast(가장자리 대비) : 10%]   [Contrast(가장자리 대비) : 80%]

❻ Frequency(빈도수) : 마우스를 이동하면 자동으로 선택 영역이 지정되며 포인트가 생성됩니다. 이 포인트의 생성 개수를 조절할 수 있는 옵션으로 값이 클수록 포인트가 많이 생성되어 정교하게 선택됩니다

[Frequency(빈도수) : 20]   [Frequency(빈도수) : 80]

❼ Use tablet pressure to change pen width(타블렛 압력을 사용하여 펜 폭을 변경할 수 있습니다) : 타블렛 사용자가 이용할 수 있는 옵션으로 타블렛의 압력에 의해 색상 경계의 자동 인식 범위(Width)를 조절할 수 있습니다.

❽ Select and Mask(선택 및 마스크) : 선택 영역의 테두리에 있는 픽셀들을 어떻게 처리할 것인지를 선택하는 기능입니다.

:: Object Selection Tool(개체 선택 도구)

개체 선택 도구는 이미지에서 인물, 자동차, 가구, 애완동물, 옷 등의 단일 이미지 또는 전체 이미지에서 일부분을 선택하고자 할 때 빠르게 선택할 수 있는 도구입니다.

➔ 개체 선택 도구 옵션 패널

❶ **Object Finder(개체 찾기 도구)** : 선택하려는 이미지 위로 포인터를 가져가면 테두리 형태가 보이며, 마우스를 클릭하면 자동으로 선택합니다. 이 항목이 체크되어 있으면 옵션 바로 옆에 회전하는 새로 고침 아이콘이 표시됩니다.

❷ **Show all objects(모든 개체 표시)** : 선택하고자 하는 이미지를 미리보기 합니다.

❸ **Set additional options(추가 옵션 설정)** : 개체 빼기와 오버레이 되는 색상의 농도 및 표시 항목을 조절할 수 있습니다.

❹ **Mode(모드)** : 올가미 모드는 선택하고자 하는 이미지 외곽을 따라 자유롭게 마우스를 드래그하여 선택하고, 사각형 모드는 사각형 영역으로 선택합니다.

❺ **Hard Edge(굵은 가장자리)** : 선택 영역이 이미지 가장자리를 향해 자동으로 흐르게 되며 선택 및 마스크 작업 영역에서 수동으로 적용할 수 있는 가장자리 다듬기의 일부가 적용됩니다.

❻ **Select Subject(피사체 선택)** : 피사체 선택 명령을 사용하면 한 번의 클릭으로 이미지에서 가장 두드러진 피사체를 선택할 수 있습니다.

:: Quick Selection Tool(빠른 선택 도구) ✑ ||||||||||||||||||||||||||||||||||||||||||||||||||||||||||||

여러 가지 색상이 조합된 이미지나 비슷한 색상을 선택 영역으로 만들 때 쉽게 선택할 수 있는 기능으로 옵션
패널에서 브러시의 크기를 조절한 후 마우스를 자유롭게 드래그하여 선택할 수 있습니다.

➔ 빠른 선택 도구 옵션 패널

❶ 선택 옵션 모드
　ⓐ New selection(새 선택 영역) : 일반적인 선택 방법으로 드래그하여 새로운 영역을 선택합니다.
　ⓑ Add to selection(선택 영역에 추가) : 기존 선택 영역에 새로운 선택 영역을 추가할 수 있습니다.
　ⓒ Subtract from selection(선택 영역에서 빼기) : 기존 선택 영역에서 겹치는 부분을 드래그하면 선택 영역을 뺄 수 있습니다.
❷ Brush(브러시) : 브러시의 크기를 조절합니다.
❸ Sample All Layers(모든 레이어 샘플링) : 여러 개로 구성된 이미지에서 레이어와는 상관없이 전체 화면에 보이는 대로 선택합니다.
❹ Enhance-Edge(가장자리 향상) : 선택 영역이 이미지 가장자리를 향해 자동으로 흐르게 되며 선택 및 마스크 대화상자에서 대비 및 반
　경 옵션을 통해 수동으로 적용할 수 있는 가장자리 다듬기의 일부가 적용됩니다.
❺ Select Subject(피사체 선택) : 피사체 선택 명령을 사용하면 한 번의 클릭으로 이미지에서 가장 두드러진 피사체를 선택할 수 있습니다.

:: Magic Wand Tool(자동 선택 도구) ✦ |||||||||||||||||||||||||||||||||||||||||||||||||||||||||||||||||||||||

비슷한 색상 영역을 한 번에 선택할 수 있는 기능으로 단일 색상의 이미지를 추출할 때 효과적으로 사용할 수
있습니다. 또한 Select(선택) 메뉴의 Inverse(반전) 기능으로 선택 영역을 반대로 선택할 수 있습니다.

[자동 선택 도구로 선택]　　　　　　　　[Inverse(반전) 명령 적용 후]

포토샵

➜ 자동 선택 도구 옵션 패널

♠ ✎ ∨ ▢ ◻ ◻ ◻ | Sample Size: Point Sample ∨ Tolerance: 32 ☑ Anti-alias ☐ Contiguous ☐ Sample All Layers | Select Subject | Sha Select and Mask...

❶ **Tolerance(허용치)** : 선택 영역의 범위를 지정하는 옵션으로 255까지 입력할 수 있습니다. 값이 높을수록 선택 범위가 넓어집니다.

[Tolerance(허용치) : 32] [Tolerance(허용치) : 80]

❷ **Contiguous(인접)** : 이 항목을 체크하였을 경우에는 클릭한 지점에 해당하는 이미지만 동일 색상을 선택합니다. 하지만, 체크를 해제할 경우에는 이미지 전체에서 클릭한 지점과 동일한 색상을 모두 선택합니다.

[Contiguous(인접)을
체크하였을 경우]

[Contiguous(인접)을 체크
하지 않았을 경우]

❸ **Sample All Layers(모든 레이어 샘플링)** : 이 항목을 체크하게 되면 레이어 패널에서 선택된 레이어와 상관없이 현재 화면에 보이는 이 미지를 기준으로 선택 영역을 만듭니다.

❹ **Select Subject(피사체 선택)** : 피사체 선택 명령을 사용하면 한 번의 클릭으로 이미지에서 가장 두드러진 피사체를 선택할 수 있습니다.

:: Frame Tool(프레임 도구) ⊠ ||||||||||||||||||||||||||||||||||||||||||||||||||||||||||||||||||||||||||||||||

프레임 도구는 이미지를 쉽게 마스킹할 수 있는 도구로서 모양이나 텍스트를 자리 표시자로 사용할 수 있는 프레임으로 변환하고 이미지를 채울 수도 있습니다. 프레임을 그리고 File(파일)-Place Linked(연결 가져오기) 메뉴를 실행하여 프레임 영역 안에만 이미지를 표현합니다.

➜ 프레임 도구 옵션 패널

❶ 프레임의 모양을 지정하여 만들 수 있습니다.

:: Eyedropper Tool(스포이드 도구) 🖊 |||||||||||||||||||||||||||||||||||||||||||||||||||||||||||||||||||||

스포이드 도구는 이미지의 특정 색상을 추출하여 빠르게 전경색이나 배경색으로 지정할 수 있습니다.

→ 스포이드 도구 옵션 패널

❶ **Sample Size(샘플 크기)**
 ⓐ Point Sample : 클릭한 부분의 1픽셀의 색상 값을 추출합니다.
 ⓑ 3 by 3 Average : 클릭한 주변으로 3×3 픽셀 영역 안의 평균 색상 값을 추출합니다.
 ⓒ 5 by 5 Average~101 by 101 Average : 5×5~101×101 픽셀 영역 안의 평균 색상 값을 추출합니다.
❷ **Sample** : 현재 선택된 레이어에만 색상 샘플을 추출할 것인지 작업 창에 보이는 모든 레이어에서 추출할 것인지를 선택합니다.
❸ **Show Sampling Ring(브러시 샘플링)** : 현재 추출하는 색과 직전에 추출한 색 혹은 전경색을 보여주는 원 모양이 나타납니다.

:: Zoom Tool(돋보기 도구), Hand Tool(손바닥 도구) 🔍 ✋ ||||||||||||||||||||||||||

돋보기 도구는 이미지 화면을 확대, 축소할 때 사용하는 도구로써 도구를 선택하고 이미지에 클릭하면 확대되고, 반대로 **Alt** 키를 누른 채 클릭하면 축소됩니다. 또한 옵션 패널에서 + 모양과 − 모양으로 이루어진 버튼을 클릭하여 화면을 확대하거나 축소할 수도 있습니다. 손바닥 도구는 이미지 화면을 원하는 부분으로 이동할 때 사용합니다. 이미지 창 크기보다 화면 비율이 클 경우 이동 가능합니다.

→ 돋보기 도구 옵션 패널

❶ **Zoon in(확대)** : 이미지를 확대합니다.
❷ **Zoom out(축소)** : 이미지를 축소합니다.
❸ **Resize Windows To Fit(창 크기 조정)** : 이 항목을 체크하게 되면 확대/축소 비율에 따라 작업 창의 크기도 자동으로 조절됩니다.
❹ **Zoom All Windows(모든 창 확대/축소)** : 이 항목을 체크하게 되면 작업 공간에 열려 있는 모든 이미지들을 한꺼번에 확대하거나 축소합니다.
❺ **Scrubby Zoom(스크러비 확대/축소)** : 마우스를 드래그하지 않고 누르고 있을 경우에 부드럽게 화면이 확대 및 축소됩니다.
❻ **100%** : 이미지를 실제 픽셀 크기로 보여줍니다. 돋보기 도구를 더블클릭하는 것과 같은 기능입니다.
❼ **Fit Screen(화면 맞추기)** : 이미지가 가려지는 부분 없이 작업 화면에 모두 보여주는 기능으로 손 도구를 더블클릭하는 것과 같은 기능입니다.
❽ **Fill Screen(화면 채우기)** : 이미지가 가로나 세로로 확대되어 작업 화면에 모두 채워주는 옵션입니다.

:: Remove Tool(제거 도구) 🩹 |||||||||||||||||||||||||||||||||||||||||||||||||||||||||||||||||

제거 도구로 불필요한 이미지에 드래그하면 해당 이미지를 제거하고, 복잡하고 다양한 배경에서 이미지의 무결성과 깊이를 유지하면서 배경을 자동으로 채웁니다. 이 기능은 이미지 사이의 경계를 유지하면서 더 큰 이미지를 제거할 때 특히 유용합니다.

➜ 제거 도구 옵션 패널

① **Size(크기)** : 브러시의 크기를 조절합니다.

② **Remove after each stroke(각 획 후 제거)** : 크거나 복잡한 영역에 여러 획을 사용할 수 있으며 각 획 후 제거를 유지하면 한 번의 획을 완료하는 즉시 채우기를 적용할 수 있습니다.

:: Healing Brush Tool(복구 브러시 도구) ✏ ||||||||||||||||||||||||||||||||||||||||||||||||||||

이미지를 다른 이미지로 복제할 때 그림자, 빛, 텍스추어 등의 속성을 그대로 보존하면서 먼지, 흠, 주름과 같은 것들을 효율적으로 제거합니다. **Alt** 키를 누른 채 복제 하고자 하는 이미지 부분을 클릭한 후 다른 영역에 드래그하여 복제합니다.

[**Alt** 키 누른 채 클릭]　　　　　[드래그하여 복제]

➜ 복구 브러시 도구 옵션 패널

① **Brush(브러시)** : 사용할 브러시의 크기와 모양을 지정합니다.

　ⓐ **Diameter(직경)** : 브러시의 크기를 조절합니다.

　ⓑ **Hardness(경도)** : 브러시의 부드럽고 거친 정도를 조절합니다.

　ⓒ **Spacing(간격)** : 선택된 브러시의 기본 단위인 원들이 연결되는 간격을 조절합니다. 값이 클수록 원과 원 사이의 간격이 멀어집니다.

　ⓓ **Angle(각도)** : 브러시 형태의 각도를 조절합니다.

　ⓔ **Roundness(원형율)** : 브러시의 완만한 곡면도를 조절합니다.

　ⓕ **Size(크기)** : 타블렛을 사용할 경우 압력 감지 부분에 대한 옵션입니다.

② **Mode(모드)** : 브러시 적용 시 다양한 혼합 모드를 적용할 수 있습니다.

③ **Source(소스)**

　ⓐ **Sample(샘플)** : 마우스로 지정한 지점의 이미지를 샘플로 추출하여 이미지를 리터칭 합니다.

　ⓑ **Pattern(패턴)** : 패턴으로 등록된 이미지 샘플을 선택하여 리터칭 합니다.

④ **Aligned(정렬)** : **Alt** 키로 지정한 곳을 다른 곳에 드래그하여 복제할 때 정렬 방식을 어떻게 설정할 것인지를 지정합니다.

⑤ **Use Legacy(레거시 사용)** : 이 항목을 체크하게 되면 이미지 전체의 명암 차이를 줄여줄 수 있습니다.

⑥ **Sample(샘플)** : 레이어로 구분된 이미지에서 레이어의 구분 없이 전체 화면에 보이는 대로 리터칭 합니다.

⑦ **Diffusion(확산)** : 붙여넣은 영역이 주변 이미지에 맞게 얼마나 빠르게 조정되는지를 제어합니다. 보다 자세한 이미지에 대해서는 낮은 값을 선택하고, 매끄러운 이미지에 대해서는 높은 값을 설정합니다.

:: Patch Tool(패치 도구) |||||||||||||||||||||||||||||||||||||||||||||||||||||||||||||||||||||||||||||||

복구 브러시 도구와 같이 이미지의 원본 질감을 살리면서 복제할 수 있는 기능이지만, 패치 도구는 선택 영역으로 지정된 이미지를 통째로 이동시켜 복제하는 기능으로 보다 넓은 영역을 복제하고자 할 경우에 유용합니다.

[드래그하여 선택 영역 활성화]   [이동]

➤ 패치 도구 옵션 패널

❶ Patch(패치)

ⓐ Source(소스) : 선택한 영역을 이동하였을 때 마우스를 위치시킨 이미지를 미리 보여주며, 마우스를 놓게 되면 해당 부분의 이미지가 처음 선택했던 영역에 복사됩니다.

ⓑ Destination(대상) : 선택한 영역을 이동하였을 때 바로 복사됩니다.

❷ Transparent(투명) : 복사되는 이미지 부분에 투명도가 적용됩니다.
❸ Use Pattern(패턴 사용) : 선택한 영역에 지정한 패턴을 적용합니다.
❹ Diffusion(확산) : 붙여넣은 영역이 주변 이미지에 맞게 얼마나 빠르게 조정되는지를 제어합니다. 보다 자세한 이미지에 대해서는 낮은 값을 선택하고, 매끄러운 이미지에 대해서는 높은 값을 설정합니다.

:: Content-Aware Move Tool(내용 인식 이동 도구) ✂ |||||||||||||||||||||||||||||||||||||||||||||||||||

이미지에서 특정 부분의 크기 변화가 일어나지 않도록 보호하면서 선택된 영역만 자연스럽게 이동시킬 수 있는 도구입니다.

[Move(이동)]

[Extend(확장)]

➔ 내용 인식 이동 도구 옵션 패널

❶ Mode(모드)
  ⓐ Move(이동) : 선택된 영역을 이동시킵니다.
  ⓑ Extend(확장) : 선택된 영역을 복사하여 이동시킵니다.
❷ Structure(구조) : 1과 7 사이의 값을 입력하여 패치가 기존 이미지 패턴을 얼마나 밀접하게 반영해야 하는지 지정합니다. 7을 입력하면 패치는 기존 이미지 패턴을 가장 강력하게 따릅니다.
❸ Color(색상) : 0과 10 사이의 값을 입력하여 색상 혼합을 패치에 적용해야 하는 정도를 지정합니다. 0을 입력하면, 색상 혼합이 무시됩니다. 색상 값 10을 지정하면 최대 색상 혼합이 적용됩니다.
❹ Transform On Drop(놓을 때 변형) : 이 옵션을 활성화하면 새 위치로 이동시킨 이미지 부분의 비율을 조정할 수 있습니다. 이미지의 이동된 부분에 대한 크기 핸들을 간단하게 조정하면 됩니다.

포토샵

:: Clone Stamp Tool(복제 도장 도구) 👤

이미지의 특정 부분을 다른 이미지의 부분 또는 전체에 복제하는 기능으로서 [Alt] 키를 누른 상태에서 클릭하여 복제할 부분을 설정하고 원하는 위치에 드래그하면 설정한 부분의 이미지를 시작으로 복제합니다.

[Alt] 키 누른 채 클릭]   [드래그하여 복제]

➤ 복제 도장 도구 옵션 패널

❶ Brush(브러시) : 사용하는 브러시의 크기와 모양을 지정합니다.

❷ Toggle the Brush panel(브러시 패널) : 브러시 옵션을 더욱 상세하게 설정할 수 있는 브러시 패널을 불러옵니다.

❸ Toggle the Clone Source panel(복제 소스 패널) : 복제할 소스에 관한 옵션을 설정할 수 있는 복제 소스 패널을 불러옵니다.

❹ Mode(모드) : 도장 도구 적용 시 혼합 모드를 적용할 수 있습니다.

❺ Opacity(불투명도) : 도장 도구 적용 시 불투명도를 조절할 수 있습니다.

❻ Always use Pressure for Opacity(불투명도 조절) : 펜을 이용하여 작업할 경우 압력에 따라 Opacity(불투명도)가 변경될 수 있도록 합니다.

❼ Flow(플로우) : 마우스의 누름 정도에 따라 번짐 정도를 설정할 수 있는 옵션으로 값이 높을수록 빠르고 강하게 번짐 효과를 적용할 수 있습니다.

❽ Enable airbrush-style build-up effects(에어 브러시 기능) : 에어 브러시는 마우스 왼쪽 버튼을 누르고 있는 정도에 따라 채색의 양이 결정됩니다. 즉, 계속 누르고 있으면 덧칠이 됩니다.

❾ Aligned(정렬) : 이 항목을 체크하였을 경우에는 입력된 부분부터 복제되는 위치까지 거리를 기억하여 마우스의 이동에 따라 변하게 되며, 체크하지 않았을 경우에는 초기 입력 위치만을 기억하여 다시 입력할 때 초기입력 부분이 복제됩니다.

❿ Sample(샘플) : 레이어로 구분된 이미지에서 레이어의 구분 없이 전체 화면에 보이는 대로 리터칭 합니다.

43

Photoshop

:: Brush Tool(브러시 도구) 🖌

사용자가 임의로 여러 가지 형태의 다양한 브러시를 지정하거나 만들어 그림을 그릴 수 있으며, 원하는 영역에 채색을 할 수 있습니다. 채색 도중 브러시의 크기를 조절하기 위해서 옵션 패널의 드롭다운 메뉴를 클릭할 수도 있지만, 키보드의] 키를 눌러 크기를 확대하거나 [키를 눌러 브러시 크기를 축소시켜 작업의 효율성을 높일 수 있습니다.

➤ 브러시 도구 옵션 패널

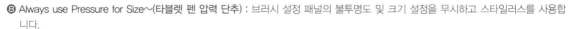

❶ Brush(브러시) : 사용하는 브러시의 크기와 모양을 지정합니다.
 ⓐ Size(크기) : 브러시의 크기를 조절합니다.
 ⓑ Hardness(경도) : 브러시 경계부분의 부드럽고 거친 정도를 조절합니다.

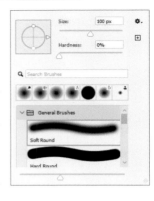

❷ Mode(모드) : 브러시 도구로 채색할 때 혼합 모드를 적용할 수 있습니다.
❸ Opacity(불투명도) : 브러시로 채색할 때 불투명도를 조절할 수 있습니다.
❹ Always use Pressure for Opacity~(투명도 조절 버튼) : 타블렛 사용시 필압에 따라 불투명도를 조절합니다.
❺ Flow(흐름) : 마우스의 누름 정도에 따라 번짐 정도를 설정할 수 있는 옵션으로 값이 클수록 빠르고 강하게 번짐 효과를 적용할 수 있습니다.
❻ Enable airbrush-style build-up effects(에어브러시) : 브러시로 그린 결과를 에어브러시로 그린 것처럼 표현할 수 있습니다.
❼ Smoothing(보정) : 브러시 획의 움직임을 부드럽게 보정하여 더 매끄러운 선을 그릴 수 있게 해줍니다.
❽ Always use Pressure for Size~(타블렛 펜 압력 단추) : 브러시 설정 패널의 불투명도 및 크기 설정을 무시하고 스타일러스를 사용합니다.
❾ Set symmetry options for Painting(대칭 그리기) : 대칭 모드를 사용하여 축을 정의한 다음 대칭 패턴의 브러시 획을 그릴 수 있습니다.

:: Pencil Tool(연필 도구) ✏ |||||||||||||||||||||||||||||||||||||||||||||||||||||||||||||||||||||||||||||||||

연필 도구는 브러시 도구와 다르게 계단 현상이 나타나기 때문에 선이 부드럽지 않고 딱딱하여 거친 느낌으로 채색을 하거나 외곽이 선명한 채색을 할 때 사용합니다.

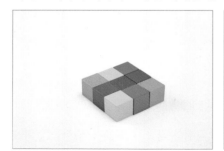

:: Gradient Tool(그레이디언트 도구) ▣ ‖‖‖‖‖‖‖‖‖‖‖‖‖‖‖‖‖‖‖‖‖‖‖‖

두 가지 이상의 색상과 색상 사이에 변해가는 색상을 뚜렷한 경계 없이 부드럽게 처리하는 기능으로 그레이디언트 색상을 만들어 사용하고자 할 경우에는 그레이디언트 편집 창에서 슬라이드를 더블클릭하여 색상을 지정하고 슬라이드를 추가 또는 삭제하여 원하는 그레이디언트 색상을 만들어 사용할 수 있습니다. 그레이디언트 색상을 적용할 때는 마우스로 클릭한 시작점이 색상 슬라이더 왼쪽의 색상이 되고, 끝점이 색상 슬라이더 오른쪽 색상이 연결되어 적용됩니다. 드래그 한 거리와 각도에 따라 다양한 형태로 적용되므로 충분한 연습이 필요합니다. 최신 버전에서는 옵션 패널에서 두 가지 방식으로 색상을 적용할 수 있도록 업그레이드 되었습니다.

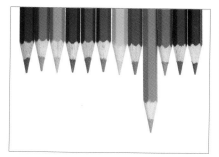

[Classic gradient(클래식 그레이디언트) 모드]

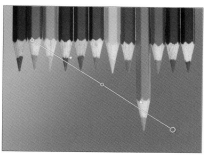

[Gradient(그레이디언트) 모드]

➜ 그레이디언트 도구 옵션 패널

❶ Mode(모드) : 최신 버전에서 업그레이드 된 부분으로 Gradient(그레이디언트)와 Classic gradient(클래식 그레이디언트) 두 방식으로 선택하여 명령을 적용할 수 있으며, Gradient(그레이디언트) 모드를 사용할 경우에는 Gtadients(그레이디언트) 패널을 불러와 색상을 편집할 수 있습니다.

❷ Click to edit to the gradient(클릭하여 그레이디언트 편집) : Classic gradient(클래식 그레이디언트)를 지정하였을 경우 미리보기 창을 클릭하게 되면 그레이디언트 색상을 수정하거나 제작할 수 있는 편집 창이 바로 나타납니다.

ⓐ Presets(사전 설정) : 포토샵에서 제공하는 그레이디언트 색상 모음으로 선택할 수 있으며, 원하는 그레이디언트를 선택하여 수정할 수도 있습니다.

ⓑ Name(이름) : 현재 선택된 그레이디언트의 이름을 나타내는 부분으로 직접 입력하여 변경할 수도 있습니다.

ⓒ Type(유형) : 그레이디언트의 색상 단계를 표현하는 방식으로 단색으로 표현하는 Solid(단색)와 라인 효과를 적용한 듯한 색상을 표현하는 Noise(노이즈) 방식이 있습니다.

ⓓ Smoothness(매끄러움) : 그레이디언트가 변화하는 부드러운 정도를 조절합니다. 수치가 클수록 부드럽게 표현됩니다.

ⓔ 색상 슬라이더 : 현재 선택된 그레이디언트의 색상 정보를 보여줍니다.

ⓕ Opacity Stops(불투명도 정지점) : 색상 슬라이더 바 상단의 버튼으로 그레이디언트에 적용하는 색상의 불투명도를 조절합니다.

ⓖ Color Stops(색상 정지점) : 색상 슬라이더 바 하단의 버튼으로 그레이디언트에 적용하는 색상을 지정합니다.

ⓗ Stops(정지점) : 불투명도 및 색상 등을 조절합니다.

❸ Gradient(그레이디언트) : 그레이디언트가 적용되는 모양을 지정할 수 있습니다.

[Linear Gradient(선형 그레이디언트)]   [Radial Gradient(방사형 그레이디언트)]   [Angle Gradient(각진 그레이디언트)]

 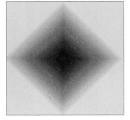

[Reflected Gradient(반사 그레이디언트)]   [Diamond Gradient(다이아 몬드 그레이디언트)]

❹ Reverse(반전) : 이 항목을 체크하고 드래그하게 되면 그레이디언트의 시작점과 끝점의 색상을 반대로 적용하게 됩니다.

❺ Dither(디더) : 색상이 이어지는 부분의 경계들이 부드럽게 적용됩니다.

❻ Method(보간) : 새로운 보간 옵션을 사용하면 그레이디언트가 그 어느 때보다 더 선명하고, 밝고, 좋아 보이게 채색할 수 있습니다.

ⓐ Perceptual(가시 범위) : 인간이 실세계에서 빛을 인식하여 혼합하는 방식과 가장 근접하게 그레이디언트를 표시합니다.

ⓑ Linear(선형) : 이 설정은 Illustrator를 비롯한 다른 응용 프로그램에서 자주 사용되며, 자연광이 표시되는 방식에 더 가깝게 그레이디언트를 표시할 수도 있습니다.

ⓒ Classic(클래식) : 이 설정은 Photoshop이 지난 몇 년 동안 그레이디언트를 표시했던 것과 동일한 방식을 유지합니다.

:: Paint Bucket Tool(페인트 통 도구) ||||||||||||||||||||||||||||||||||||||||||||

이미지에서 같은 색 범위를 인식하여 그 영역에 색상이나 패턴을 한 번에 채우는 도구입니다.

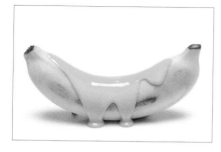 

➡ 페인트 통 도구 옵션 패널

❶ Set source for fill area(채우기) : 색상을 채우는 종류를 지정합니다.
　ⓐ Foreground(전경색) : 전경색을 채웁니다.
　ⓑ Pattern(패턴) : 패턴으로 지정된 이미지를 채웁니다.
❷ Tolerance(허용치) : 색상이 적용되는 범위를 조절합니다.
❸ Contiguous(인접) : 페인트 통 도구로 클릭한 지점과 비슷한 색상으로 연결되어 있는 부분을 모두 채워줍니다.

:: Eraser Tool(지우개 도구) ||||||||||||||||||||||||||||||||||||||||||||

마우스로 드래그하여 이미지의 일부분을 지워주거나 배경색을 칠해줍니다.

➡ 지우개 도구 옵션 패널

❶ Brush(브러시) : 브러시의 크기와 모양을 결정합니다.
❷ Mode(모드) : Brush(브러시), Pencil(연필), Block(블럭) 등 지우개의 종류를 지정합니다.
❸ Erase to History(작업 내역으로 지우기) : 이 항목을 체크하고 사용하면 이미지를 다시 복원시킬 수 있습니다.

:: Pen Tool(펜 도구) ✎ ||||||||||||||||||||||||||||||||||||||||||||||||||||||||||||||||||||||||||||||||

이미지의 외곽을 패스 작업 후 픽셀 영역이나 선택 영역으로 전환하여 사용 가능한 도구로 Paths(패스) 패널에
저장시켜 다시 불러와 사용 가능합니다. 펜 도구 사용 시에는 Paths(패스) 패널에서 새로운 패스를 만들어
저장된 패스인 상태에서 작업을 완료하는 것이 안전하며, 만약 저장된 패스를 만들지 않고 작업 패스 상태에서
작업했을 경우에는 패스 작업이 끝난 후 더블클릭하여 꼭 저장시켜 주어야 합니다.

➤ Shape(모양) 레이어 작업할 때의 옵션 패널

⑪　　　⑫　⑬　　⑭

➤ Path(패스) 작업할 때의 옵션 패널

❶　　❷　❸　❹　❺ ❻ ❼ ❽　❾　　❿

❶ Pick tool mode(선택 도구 모드)
　　ⓐ Shape(모양) : 패스를 제작할 때 도형으로 만듭니다. 레이어 패널과 패스 패널에 모양 창이 생성됩니다.

　　ⓑ Path(패스) : 패스로 만들어줍니다. 레이어와는 상관없이 패스 패널에 작업 패스 창이 생성됩니다.

　　ⓒ 픽셀 : 패스, 도형이 아닌 픽셀 이미지로 만들어지면서 전경색이 채워집니다. 펜 도구에서는 지정되지 않고, 도형 툴에서만 지정하여
　　　　사용할 수 있습니다.
❷ Select(선택) : 선택한 패스를 선택 영역으로 설정합니다.
❸ Mask(마스크) : 선택한 레이어에 선택한 패스의 모양으로 벡터 마스크를 만듭니다.
❹ Shape(모양) : 선택한 패스를 모양 레이어로 만듭니다.
❺ Path operations(패스 작업) : 선택한 패스들의 모양을 합치거나 빼기, 또는 교차하여 모양을 만듭니다.
❻ Path alignment(패스 정렬) : 선택한 패스들을 정렬합니다.
❼ Path arrangement(패스 배열) : 선택한 패스를 정돈합니다.
❽ Set additional pen and path options(추가 펜 및 패스 옵션 설정) : 패스의 두께나 색상을 설정하여 사용할 수 있습니다.
　　ⓐ Thickness(두께) : 패스의 두께를 설정할 수 있습니다.
　　ⓑ Color(색상) : 기존의 회색에서 벗어나 다양한 색상으로 패스 색상을 지정할 수 있습니다.
　　ⓒ Rubber Band(고무 밴드) : 패스를 그리는 동안 마우스 포인터를 가져간 지점에 클릭할 경우 만들어지는
　　　　모양이 미리 표시됩니다.

❾ Auto Add/Delete(자동 추가/삭제) : 패스를 제작할 때 자동으로 포인트를 추가하거나 삭제할 수 있습니다.
❿ Align Edges(가장자리 정렬) : 이 항목을 체크하면 픽셀 격자에 맞게 벡터 모양의 가장자리를 정렬하고 선명하게 만듭니다.
⓫ Set shape fill type/Set shape stroke type(칠/획) : 패스의 면 색과 선 색을 지정합니다.
　ⓐ 투명하게 만듭니다.
　ⓑ 면 색을 칠합니다.
　ⓒ 그레이디언트 색상을 칠합니다.
　ⓓ 패턴을 칠합니다.
　ⓔ 색상 피커 대화상자가 나타납니다.
　ⓕ 최근 사용한 색상 : 최근 사용한 색상 목록입니다.
　ⓖ 견본 패널에 등록된 색상 견본입니다.
⓬ Set shape stroke width(모양 획 폭 설정) : 선의 두께를 지정합니다.
⓭ Set shape stroke type(모양 획 유형 설정) : 선의 모양을 지정합니다.

　ⓐ 등록된 선 스타일 목록입니다.
　ⓑ 정렬, 대문자, 모서리 : 패스를 기준으로 외곽선을 안쪽, 중앙, 바깥쪽의 위치를 설정하는 옵션과 선의 양쪽 끝 모양, 선의 모서리 모양을 지정합니다.
　ⓒ 사전 설정 : 선 스타일에서 원하는 모양을 선택합니다.
　ⓓ 점선 : 점선을 만들 경우 선의 길이와 간격을 조절합니다.
⓮ Set shape width/height(W/H) : 만들어진 패스 모양의 가로, 세로 크기를 확인하고 변경할 수 있습니다.

49
Photoshop

➔ Paths Panel(패스 패널)

펜 도구로 그린 벡터 방식의 직선이나 곡선을 패스라고 합니다. 일러스트레이터에서는 드로잉을 목적으로 패스를 사용하지만 포토샵에서는 주로 선택을 목적으로 사용합니다. 펜 도구로 패스를 생성하게 되면 패스 패널에 패스 창이 만들어지며 수정, 보완하거나 선택 영역으로 변경하여 사용할 수 있습니다.

❶ Fill path with foreground color(전경색으로 패스를 칠합니다) : 선택된 패스에 전경색이 채워집니다.
❷ Stroke path with brush(브러시로 획 패스를 만듭니다) : 선택된 패스의 외곽선을 따라 지정된 브러시 모양으로 패스를 따라 전경색이 그려지게 됩니다.
❸ Load path as a selection(패스를 선택 영역으로 불러옵니다) : 선택된 패스를 선택 영역으로 표시합니다.
❹ Make work path from selection(선택 영역으로부터 작업 패스를 만듭니다) : 선택 영역으로 지정된 부분을 패스로 변환시킵니다.
❺ Add a mask(마스크를 추가합니다) : 선택된 패스를 마스크 처리합니다.
❻ Create new path(새 패스를 만듭니다) : 새로운 패스 창을 만듭니다.
❼ Delete current path(패스를 삭제합니다) : 선택된 패스를 삭제합니다.

❶ New Path(새 패스) : 새로운 패스 창을 만들거나 Work Path로 작업된 패스를 저장합니다.
❷ Duplicate Path(패스 복제) : 선택된 패스 창을 복제합니다.
❸ Delete Path(패스 삭제) : 선택된 패스 창을 삭제합니다.
❹ Make Work Path(작업 패스 만들기) : 선택 영역을 패스로 만듭니다.
❺ Make Selection(선택 영역 만들기) : 패스를 선택 영역으로 만듭니다.

ⓐ Feather Radius(패더 반경) : 패스의 선택 영역에 패더 값을 적용할 수 있습니다.
ⓑ New Selection(새 선택 영역) : 패스를 새로운 선택 영역으로 만듭니다.
ⓒ Add to Selection(선택 영역에 추가) : 기존의 선택 영역에 새로 만든 패스 영역을 추가합니다.
ⓓ Subtract from Selection(선택 영역에서 빼기) : 기존의 선택 영역에서 새로운 패스 영역을 빼줍니다.
ⓔ Intersect with Selection(선택 영역과 교차) : 기존의 선택 영역과 새로운 패스 영역과의 겹친 부분만을 선택 영역으로 잡아줍니다.

❻ Fill Path(패스 칠) : 선택된 패스 영역 안쪽에 전경색을 적용합니다.
❼ Stroke Path(패스 선) : 선택된 패스 영역 테두리에 전경색을 적용합니다.
❽ Clipping Path(클리핑 패스) : QuarkXpress나 Indesign과 같은 편집 전문 프로그램에서 이미지 전체가 아닌 사용자가 원하는 부분만을 패스 영역으로 설정하여 보여주게 됩니다.
❾ Panel Options(패널 옵션) : 패스의 미리보기 화면 크기를 조절합니다.

:: Freeform Pen Tool(자유 형태 펜 도구), Curvature Pen Tool(곡률 도구), Add Anchor Point Tool(기준점 추가 도구), Delete Anchor Point Tool(기준점 삭제 도구), Convert Point Tool(기준점 변환 도구)

자유 형태 펜 도구는 마우스로 자유롭게 드래그하여 패스를 만듭니다. 곡률 도구는 곡선 제작 시 미리보기 하며 패스를 만들 수 있는 도구입니다. 기준점 추가 도구는 만들어진 패스에 포인트를 추가하고, 기준점 삭제 도구는 만들어진 패스에서 포인트를 삭제합니다. 기준점 변환 도구는 핸들을 삭제하거나 생성시켜 포인트의 속성을 바꾸면서 형태를 자유롭게 변형시킬 수 있습니다.

:: Path Selection Tool(패스 선택 도구), Direct Selection Tool(직접 선택 도구)

패스 선택 도구는 벡터 도형이나 패스를 선택하는 도구이고, 직접 선택 도구는 패스를 수정하는 도구입니다.

→ 패스 선택 도구 옵션 패널

❶ **Select(선택)** : 선택 가능한 대상 레이어 항목을 현재 레이어(Active Layer)와 전체 레이어(All Layers) 중에서 변경할 수 있습니다.

❷ **Set shape fill type(모양 채우기), Set shape stroke type(모양 획 채우기), Set shape stroke width(모양 획 너비)** : 모양 패스 사용 시 면 색과 선 색, 선의 모양 등을 수정할 수 있습니다.

❸ **Set shape width/height(모양 너비/높이 설정)** : 선택한 모양 패스의 가로와 세로 값을 설정할 수 있습니다.

❹ **Path operations(패스 작업)** : 선택한 패스들의 모양을 합치거나 빼기, 또는 교차하여 모양을 만듭니다.

❺ **Path alignment(패스 정렬)** : 선택한 패스들을 정렬합니다.

❻ **Path arrangement(패스 배열)** : 선택한 패스를 정돈합니다.

❼ **Align Edges(가장자리 정렬)** : 모양 레이어에서만 활성화 되는 옵션으로 오브젝트를 흐릿한 가장자리 대신 선명하게 가장자리를 픽셀 격자에 정렬해 줍니다.

❽ **Path Options(패스 옵션)** : 패스의 두께나 색상을 설정하여 사용할 수 있습니다.

❾ **Constrain Path Dragging(패스 드래그 제한)** : 직접 선택 도구로 패스 수정시 고정점이 아닌 패스를 드래그하여 수정할 때 직관적으로 변형할 수 있습니다.

:: Rectangle Tool(사각형 도구) □

사각형 형태의 오브젝트를 만들 수 있습니다. 도형 도구를 사용하게 되면 Shape(모양), Path(패스), Pixels (픽셀) 등으로 만들 수 있기 때문에 사용하기 전에 미리 옵션 패널에서 어떠한 형식으로 작업할지 설정해 주어야 합니다. GTQ 응시 시에는 조건에 Shape Tool(모양 도구)를 사용하라고 출제되기 때문에 대부분은 Shape(모양) 항목을 체크한 후 도형을 그려주도록 합니다.

➔ 사각형 도구 옵션 패널

❶ Pick tool mode(옵션 모드)
  ⓐ Shape(모양) : 패스를 제작할 때 도형으로 만듭니다. 레이어 패널과 패스 패널에 모양 창이 생성됩니다.
  ⓑ Path(패스) : 패스로 만들어줍니다. 패스 패널에 Work Path 창이 생성됩니다. Work Path 창을 더블클릭하여 Save Path(패스 저장)를
    실행합니다.
  ⓒ Pixels(픽셀) : 패스, 도형이 아닌 픽셀 이미지로 만들어지면서 전경색이 채워집니다. 펜 도구에서는 지정되지 않고, 도형 도구에서만
    지정하여 사용할 수 있습니다.

[Shape(모양)를 지정했을 경우]

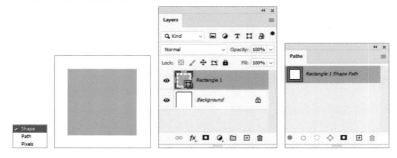

[Path(패스)를 지정했을 경우]

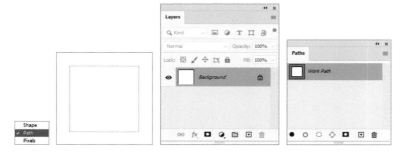

[Pixels(픽셀)을 지정했을 경우]

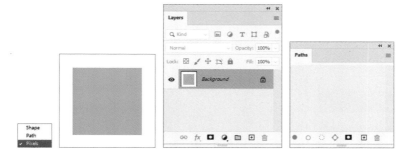

포토샵

❷ Set shape fill type/Set shape stroke type(칠/획) : 도형을 그릴 때 면 색과 선 색을 적용할 수 있습니다.

❸ Path operations(패스 작업) : 선택한 패스들의 모양을 합치거나 빼기, 또는 교차하여 모양을 만듭니다.

❹ Path alignment(패스 정렬) : 선택한 패스들을 정렬합니다.

❺ Path arrangement(패스 배열) : 선택한 패스를 정돈합니다.

❻ Set additional shape and path options(추가 모양 및 패스 옵션 설정)

ⓐ Path options(패스 옵션) : 패스의 두께와 색상을 설정할 수 있습니다.

ⓑ Unconstrained(제한 없음) : 마우스로 드래그하여 자유롭게 사각형을 그립니다.

ⓒ Square(정사각형) : 정사각형으로 그려집니다.

ⓓ Fixed Size(크기 고정) : 가로, 세로 값을 입력하여 도형을 그립니다.

ⓔ Proportional(비율) : 가로, 세로 비율 값을 입력하여 동일한 비례로 도형을 그립니다.

ⓕ From Center(중앙부터) : 클릭한 점을 기준으로 사각형이 그려집니다.

❼ Set radius of rounded corners(둥근 모퉁이 반경 설정) : 모서리가 둥근 직사각형 도구가 없어지고 대신 사각형 도구에 모퉁이 반경을 설정할 수 있는 옵션이 추가되었습니다. 모서리의 둥글기 정도값을 조절합니다.

❽ Align Edges(가장자리 정렬) : 이 항목을 체크하면 픽셀 격자에 맞게 벡터 모양의 가장자리를 정렬하고 선명하게 만듭니다.

:: Ellipse Tool(타원 도구) ⬭ ||||||||||||||||||||||||||||||||||||||||||||||||||||||||||||||||||||||||||||||

원 모양의 오브젝트를 만들 수 있습니다.

➤ 타원 도구 옵션 패널

❶ Set additional shape and path options(추가 모양 및 패스 옵션 설정)

ⓐ Circle(원(직경 또는 반경 그리기)) : 정원으로 그려집니다.

:: Triangle Tool(삼각형 도구) △ |||||||||||||||||||||||||||||||||||||||||||||||||||||||||||||||||||||||||||||

➜ 삼각형 도구 옵션 패널

❶ Set additional shape and path options(추가 모양 및 패스 옵션 설정)
 ⓐ Equilateral(등변) : 세 면의 길이가 모두 동일한 즉, 정삼각형으로 그려집니다.

:: Polygon Tool(다각형 도구) ⬡ |||||||||||||||||||||||||||||||||||||||||||||||||||||||||||||||||||||||||

각종 다각형 형태의 오브젝트를 만들 수 있습니다.

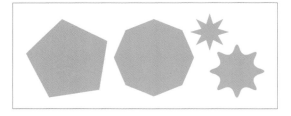

➜ 다각형 도구 옵션 패널

❶ Set additional shape and path options(추가 모양 및 패스 옵션 설정)
 ⓐ Symmetric(대칭) : 다각형의 대칭을 유지하며 그릴 수 있습니다.
 ⓑ Freeform(자유) : 클릭한 부분을 중심으로 회전하며 다각형을 그릴 수 있습니다.
 ⓒ Star Ratio(별 비율) : 별 모양을 만듭니다. 측면 들여쓰기 기준의 값을 높이면 폭이 좁아져서 날카
   로운 별 모양을 만들 수 있습니다.
 ⓓ Smooth Star Indents(매끄러운 별 들여쓰기) : 별의 끝 모양을 둥글게 처리합니다.
 ⓔ From Center(중앙부터) : 중앙에서부터 다각형 모양을 그릴 수 있습니다.
❷ Set number of sides(측면) : 원하는 모서리나 꼭짓점의 개수를 입력하여 다각형을 그릴 수 있습니다.

:: Line Tool(선 도구) ✎ ‖‖‖

다양한 두께의 선을 만들 수 있습니다.

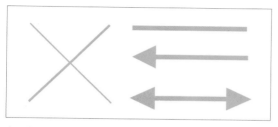

➔ 선 도구 옵션 패널

❶ Set additional shape and path options(추가 모양 및 패스 옵션 설정)
    ⓐ Live Shapes Controls(도형 컨트롤) : 선을 그릴 때 컨트롤 상자가 나타납니다.
    ⓑ Arrowheads Start/End(화살표 시작/끝) : 화살표의 시작 부분과 끝 부분에 화살표를 생성합니다.
    ⓒ Width(폭) : 선의 굵기를 기준으로 화살촉의 폭을 조절합니다.
    ⓓ Length(길이) : 선의 굵기를 기준으로 화살촉의 길이를 조절합니다.
    ⓔ Concavity(오목한 정도) : 화살촉의 모양을 변형시킵니다. 값이 높을수록 날카로운 화살촉이 됩니다.
❷ Weight(두께) : 선의 굵기를 조절합니다.

:: Custom Shape Tool(사용자 정의 모양 도구) ✿ ‖‖‖‖‖‖‖‖‖‖‖‖‖‖‖‖‖‖‖‖‖‖‖‖‖‖‖‖‖‖‖‖‖‖‖‖‖‖

다양한 형태의 오브젝트를 만들 수 있습니다. 사용자 정의 모양 도구를 그릴 때 **Shift** 키를 누른 채 마우스를 드래그하면 모양의 가로, 세로 비율을 유지한 채로 그릴 수 있으며, 이전 버전의 포토샵에서는 Legacy Shapes and More(레거시 사용자 정의 모양)을 사용했으므로 다양한 종류의 모양들을 펼쳐 확인하여 사용하면 됩니다. 또한 Shapes(모양) 패널을 활용하여도 됩니다.

➔ 사용자 정의 모양 도구 옵션 패널

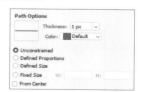

❶ Set additional shape and path options(추가 모양 및 패스 옵션 설정)
    ⓐ Defined Properties(정의된 비율) : 가로, 세로 일정한 비율로 형태를 그대로 유지한 상태로 그려집니다.
❷ Shape(모양) : 여러 모양의 셰이프 중에서 원하는 셰이프를 지정합니다.

:: Horizontal Type Tool, Vertical Type Tool(수평 문자 도구, 세로 문자 도구)

T ↓T ||||||||||||||||||||||||||||||||||||||||||||||||||||||||||||||||||||||||||||||||||||||||||||||||||||||||||||||

문자 도구는 벡터 방식의 형식으로 작성됩니다. 따라서 문자를 입력하면 자동으로 새로운 레이어가 생성되어 입력된 문자를 쉽게 수정, 편집 및 다양한 효과를 적용할 수 있습니다. 가로, 세로 문자 도구와 문자 선택 도구 등을 이용하여 문자를 입력할 수 있습니다.

➜ 문자 도구 옵션 패널

❶ Toggle text orientation(텍스트 방향 켜기/끄기) : 입력한 문자의 방향을 바꿉니다.
❷ Search ans select fonts(글꼴 검색 및 선택) : 입력된 문자의 서체를 변경하거나 새로 입력될 문자의 서체를 지정합니다.
❸ Set font style(글꼴 스타일 설정) : 입력된 문자의 유형(스타일)을 지정합니다.
❹ Set font size(글꼴 크기 설정) : 문자의 크기를 지정합니다.
❺ Set anti-aliasing method(앤티 앨리어싱 방법 설정) : 문자의 경계 처리 방식을 지정합니다.
❻ Align Text(문단 정렬) : 문자의 정렬 방식을 지정합니다.
❼ Set text color(텍스트 색상 설정) : 문자의 색상을 지정합니다.
❽ Create warped text(뒤틀어진 텍스트 만들기) : 문자를 왜곡시켜 변형시키는 효과입니다.

ⓐ Style(스타일) : 효과의 종류를 지정합니다.
ⓑ Horizontal/Vertical(가로/세로) : 굴절 방향을 가로 또는 세로로 지정합니다.
ⓒ Bend(구부리기) : 휘는 정도를 조절합니다.
ⓓ Horizontal Distortion(가로 왜곡) : 좌우로 굴절되는 정도를 조절합니다.
ⓔ Vertical Distortion(세로 왜곡) : 상하로 굴절되는 정도를 조절합니다.

[Arc(부채꼴)] [Arc Lower(아래 부채꼴)] [Arc Upper(위 부채꼴)] [Arch(아래)]

[Bulge(돌출)] [Shell Lower(아래가 넓은 조개)] [Shell Upper(위가 넓은 조개)] [Flag(깃발)]

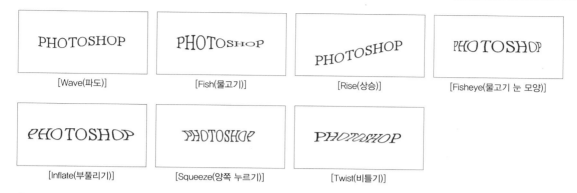

[Wave(파도)]　　　[Fish(물고기)]　　　[Rise(상승)]　　　[Fisheye(물고기 눈 모양)]

[Inflate(부풀리기)]　　　[Squeeze(양쪽 누르기)]　　　[Twist(비틀기)]

❾ Toggle the Character and Paragraph palettes(문자 및 단락 팔레트 켜기/끄기) : Character(문자) 패널과 Paragraph(단락) 패널을 보여 줍니다.

➔ Character Panel(문자 패널)

문자의 속성을 조절할 수 있는 패널로써 글꼴, 스타일, 크기, 행간, 자간, 색상 등을 모두 조절합니다.

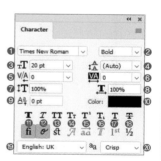

❶ Search and select fonts(글꼴 검색 및 선택) : 글꼴의 종류를 선택합니다.
❷ Set font Style(글꼴 스타일 설정) : 각 폰트에 따른 스타일(굵기, 기울임)을 선택합니다.
❸ Set font size(글꼴 크기 설정) : 문자의 크기를 조절합니다.
❹ Set leading(행간 설정) : 행과 행 사이의 간격(행간)을 조절합니다.
❺ Set kerning between two characters(두 문자간 커닝 설정) : 커서가 위치한 좌우에 있는 문자 사이의 간격을 조절합니다.
❻ Set tracking for selected characters(선택 문자의 자간 설정) : 문자들 사이의 간격을 조절합니다.
❼ Vertically scale(세로 비율) : 문자의 세로 길이(폭)를 조절합니다.
❽ Horizontally scale(가로 비율) : 문자의 가로 길이(폭)를 조절합니다.
❾ Set baseline left(기준선 이동 설정) : 문자의 기준선인 베이스라인을 기준으로 글자를 상하로 조절합니다.
❿ Set text color(텍스트 색상 설정) : 문자의 색상을 조절합니다.
⓫ Faux Bold(포 볼드체) : 문자를 볼드체로 굵게 표현합니다.
⓬ Faux Italic(포 이탤릭) : 문자를 이탤릭체로 기울입니다.
⓭ All Caps(모두 대문자) : 영문에만 해당되는 옵션으로 모든 문자를 대문자로 표시합니다.
⓮ Small Caps(작은 대문자) : 영문에만 해당되는 옵션으로 모든 문자를 작은 대문자로 표시합니다.
⓯ Superscript(위 첨자) : 글자를 위첨자로 표시합니다.
⓰ Subscript(아래 첨자) : 글자를 아래첨자로 표시합니다.
⓱ Underline(밑줄) : 문자에 밑줄을 그어줍니다.
⓲ Strikethrough(취소선) : 문자 가운데에 수평선을 그어줍니다.
⓳ Language(언어) : 글꼴을 지원하는 국가를 선택합니다.
⓴ Anti-aliasing(앤티 앨리어싱 설정) : 문자의 외곽선을 부드럽게 해주는 앤티 앨리어싱을 적용합니다.

➜ Paragraph Panel(단락 패널)

문장의 정렬 기준과 들여쓰기, 단락의 여백 등을 조절할 수 있는 패널입니다.

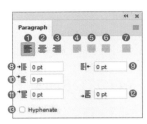

❶ Left align text(텍스트 왼쪽 정렬) : 문장을 왼쪽 정렬합니다.

❷ Center text(텍스트 중앙 정렬) : 문장을 중앙 정렬합니다.

❸ Right align text(텍스트 오른쪽 정렬) : 문장을 오른쪽 정렬합니다.

❹ Justify last left(마지막 줄 왼쪽 강제 정렬) : 양끝정렬. 단락 끝부분의 여백을 왼쪽 정렬합니다.

❺ Justify last centered(마지막 줄 중앙 강제 정렬) : 양끝정렬. 단락 끝부분의 여백을 중앙 정렬합니다.

❻ Justify last right(마지막 줄 오른쪽 강제 정렬) : 양끝정렬. 단락 끝부분의 여백을 오른쪽 정렬합니다.

❼ Justify all(모두 강제 정렬) : 강제정렬. 단락 끝부분의 여백을 양쪽 혼합 정렬합니다.

❽ Indent left margin(왼쪽 여백 들여쓰기) : 문장의 왼쪽 여백을 조절합니다.

❾ Indent right margin(오른쪽 여백 들여쓰기) : 문장의 오른쪽 여백을 조절합니다.

❿ Indent first line(첫 줄 들여쓰기) : 문장의 첫 줄 들여쓰기를 조절합니다.

⓫ Add space before paragraph(단락 앞에 공간 추가) : 문단의 위쪽 여백을 조절합니다.

⓬ Add space after paragraph(단락 뒤에 공간 추가) : 문단의 아래쪽 여백을 조절합니다.

⓭ Hyphenate(하이픈 넣기) : 영문의 경우 특정 단어가 길어서 아래 행으로 넘어갈 경우 자동으로 하이픈 표시를 하여 연결해줍니다.

Menu(메뉴) 익히기

:: Edit(편집)>Fill(칠), Stroke(선) ||||||||||||||||||||||||||||||||||||||||||||||||||||||||||||||||||||

브러시 도구나 그레이디언트 도구 이외에 사용자가 원하는 부분에 면 색과 선 색을 빠르게 채워 넣을 수 있는 방법으로 GTQ 시험 시 Pattern(패턴) 등록 후 채색할 때 사용합니다.

1. Fill(칠)
선택 영역에 전경색이나 배경색, 패턴 등을 채울 수 있습니다.

➤ Fill(칠) 대화상자

❶ Contents(내용) : 채워 넣을 방법을 선택합니다.
 – Foreground Color(전경색) : 도구 팔레트의 전경색을 채웁니다.
 – Background Color(배경색) : 도구 팔레트의 배경색을 채웁니다.
 – Color(색상) : 지정된 색상을 채웁니다.
 – Content-Aware(내용 인식) : 주변 영역을 복제하여 지정한 영역을 자연스럽게 채워줍니다.
 – Pattern(패턴) : 등록된 패턴을 채웁니다.
 – History(작업 내역) : 원본 이미지를 채웁니다.
 – Black(검정) : 검정색을 채웁니다.
 – 50% Gray(50% 회색) : 50% 검정색을 채웁니다.
 – White(흰색) : 흰색을 채웁니다.
❷ Custom Pattern(사용자 정의 패턴) : 사용 항목에서 패턴으로 선택되었을 경우 활성화되는 부분으로 등록된 패턴을 선택할 수 있는 항목입니다.
❸ Mode(모드) : 적용된 색상이나 패턴에 혼합 모드를 적용합니다.
❹ Opacity(불투명도) : 적용된 색상이나 패턴에 불투명도를 조절합니다.
❺ Preserve Transparency(투명도 유지) : 투명 이미지를 보호하라는 의미로 투명 레이어를 만든 상태에서 이 항목을 체크하게 되면 색상이나 패턴이 채워지지 않습니다.

2. Stroke(선)

선택 영역을 따라 외곽에 색을 채우는 기능으로 선택 영역이 지정되어 있을 경우에만 활성화됩니다.

➜ Stroke(선) 대화상자

❶ Width(폭) : 외외곽선의 두께를 설정합니다.
❷ Color(색상) : 외곽선에 적용될 색상을 지정합니다.
❸ Location(위치) : 선택 영역의 안쪽, 중앙, 바깥쪽에 색상을 채울지를 지정합니다.
❹ Blending(혼합) : 외곽선의 색상에 혼합 모드나 불투명도를 지정합니다.

:: Edit(편집)>Free Transform(자유 변형) 기능, Transform(변형) 기능

Edit(편집) 메뉴의 Transform(변형) 명령은 선택된 이미지를 다양한 모양으로 변형시킬 수 있는 기능이고, Free Transform(자유 변형)은 크기 조절과 회전이 가능한 메뉴로서 단축키를 숙지하여 사용하는 것이 빨리 작업할 수 있는 방법이며, 여기서는 GTQ 시험 응시 시 주로 사용할 수 있는 기능만을 위주로 보여드리겠습니다.

❶ Scale(비율) : 이미지의 크기를 조절합니다.
❷ Rotate(회전) : 이미지를 회전시킵니다.
❸ Skew(기울이기) : 이미지의 기울기를 조절합니다.
❹ Distort(왜곡) : 변형 컨트롤을 이동시켜 이미지를 자유롭게 변형시킵니다.
❺ Perspective(원근) : 이미지의 원근감을 조절합니다.
❻ Warp(뒤틀기) : 핸들이나 포인트를 움직여 자유롭게 이미지를 변형시킵니다.
❼ Split Warp Horizontallly(뒤틀기를 수평으로 분할), Split Warp Veritically(뒤틀기를 수직으로 분할), Split Warp Crosswise(뒤틀기를 십자형으로 분할), Remove Warp Split(뒤틀기 분할 제거) : 원하는 모양으로 이미지를 변형시키기 위해 분할하여 사용할 수 있습니다.
❽ Convert warp anchor point(뒤틀기 기준점 전환 켜기/끄기), Toggle Guides(안내선 켜기/끄기) : 뒤틀기 기능 사용 시 기준점 전환과 안내선의 표시 여부를 선택할 수 있습니다.
❾ Rotate 180° : 이미지를 180도 회전시킵니다.
❿ Rotate 90° Clockwise(시계 방향으로 90도 회전) : 이미지를 시계 방향으로 90도 회전시킵니다.
⓫ Rotate 90° Counter Clockwise(시계 반대 방향으로 90도 회전) : 이미지를 시계 반대 방향으로 90도 회전시킵니다.
⓬ Flip Horizontal(가로로 뒤집기) : 이미지를 수평 반사시킵니다.
⓭ Flip Vertical(세로로 뒤집기) : 이미지를 수직 반사시킵니다.

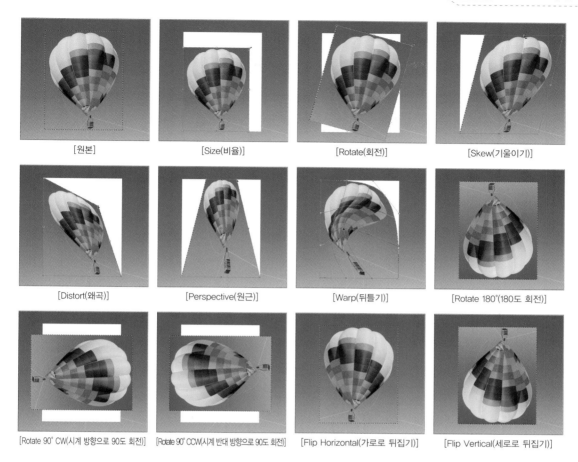

[원본] [Size(비율)] [Rotate(회전)] [Skew(기울이기)]

[Distort(왜곡)] [Perspective(원근)] [Warp(뒤틀기)] [Rotate 180°(180도 회전)]

[Rotate 90° CW(시계 방향으로 90도 회전)] [Rotate 90° CCW(시계 반대 방향으로 90도 회전)] [Flip Horizontal(가로로 뒤집기)] [Flip Vertical(세로로 뒤집기)]

:: Edit(편집)>Define Pattern(패턴 정의) 및 활용

패턴이란 일정한 문양이 반복적으로 이어지는 것을 말합니다. 정확한 패턴을 만들고자 할 경우에는 반복되어지는 크기와 각도, 이어지는 부분 등을 충분히 고려하여 패턴으로 등록해야 하며, 패턴 등록 시에는 반드시 사각형 선택 윤곽 도구를 사용해야 합니다. 또한 사각형 선택 윤곽 도구 사용 시 옵션 패널에서 Feather(페더) 값이 설정된 경우에는 패턴으로 등록할 수 없습니다.

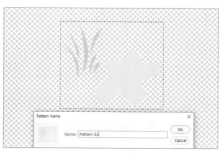

:: Image(이미지)>Adjustments(조정) ‖‖

Image(이미지) 메뉴의 Adjustments(조정) 명령은 이미지를 명도나 채도 조절 및 색상을 조정할 수 있는 많은 기능들이 있습니다. 그중에서 대표적으로 사용되는 색상 보정 및 명도, 채도 조정 기능에 대하여 알아보겠습니다.

1. Hue/Saturation(색조/채도)

색의 3속성인 색상, 채도, 명도를 조절합니다. Colorize(색상화) 항목을 체크하게 되면 이미지의 색상이 듀오톤으로 바뀌고 체크 하지 않을 경우에는 기존의 색상에 새롭게 조절하는 색상이 섞여 적용됩니다. GTQ 응시 시 색상 보정에 있어 가장 빈번히 사용하는 기능이므로 반드시 숙지하여야 합니다.

[colorize(색상화) 체크하지 않았을 경우]

[colorize(색상화) 체크하였을 경우]

포토샵

➡ Hue/Saturation(색조/채도) 대화상자

❶ Edit(편집) : 조정할 색상의 기준을 지정합니다.
❷ Hue(색조) : 이미지의 색상을 바꿔줍니다.
❸ Saturation(채도) : 이미지의 채도를 높이거나 낮춰줍니다.
❹ Lightness(밝기) : 이미지의 명도를 높이거나 낮춰줍니다.
❺ Colorize(색상화) : 이 항목을 체크하게 되면 듀오톤과 같이 한 가지 색상으로 색상 보정이 가능합니다.
❻ Gradient Bar(그레이디언트 바) : 위의 바는 기본 색상을 나타내고, 아래의 바는 현재 이미지 색상의 그레이디언트로 조정되는 상태를 나타냅니다.
❼ Eyedropper Tool(스포이드) : 선택한 색상의 영역을 더해주거나 제외시켜 색상 보정이 가능합니다.

2. Color Balance(색상 균형)

어두운 영역, 중간 영역, 밝은 영역을 선택하여 이미지의 톤에 따라 색상의 밸런스를 조절하는 기능으로 컬러 이미지인 RGB, CMYK, LAB 모드에서만 사용이 가능합니다.

➡ Color Balance(색상 균형) 대화상자

❶ Color Balance(색상 균형) : 슬라이더를 움직여 원하는 색상을 추가하는 기능입니다. 상대적으로 반대색상은 감소합니다.
❷ Tone Balance(색조 균형) : Shadow는 전반적으로 어두운 부분 위주로 색상을 추가하며, Midtones은 중간 영역 부분에 색상이 추가됩니다. 그리고 Highlights는 밝은 영역 위주로 색상이 추가됩니다.
❸ Preserve Luminosity(광도 유지) : 원본 이미지의 명도 값을 유지한 상태에서 색상 작업을 진행합니다.

3. Levels(레벨)

이미지의 밝기와 어둡기를 조절할 뿐만 아니라 대비 차를 조절하여 명암 상태를 확연하게 드러나도록 보정할 수 있는 기능입니다.

➔ Levels(레벨) 대화상자

❶ Channel(채널) : 채널별로 다르게 밝기를 조절할 수 있습니다. 적용할 채널을 지정합니다.

❷ Input Levels(입력 레벨) : 수치를 입력하여 직접 이미지의 명도 값을 조절할 수 있으며 슬라이드를 움직여 조절하면 수치가 자동적으로 변환합니다.

   – 섀도 슬라이드 : 오른쪽으로 드래그하면 슬라이드가 히스토그램의 어두운 영역을 많이 포함하게 되므로 이미지가 어두워집니다.

   – 중간 값 슬라이드 : 컬러 이미지의 중간 톤을 찾는데 사용됩니다. 섀도 슬라이드와 하이라이트 값을 설정한 뒤 조절합니다.

   – 하이라이트 슬라이드 : 왼쪽으로 드래그하면 슬라이드가 히스토그램의 밝은 영역을 많이 포함하게 되므로 이미지가 밝아집니다.

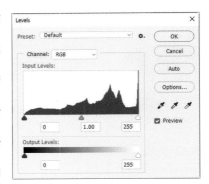

❸ Output Levels(출력 레벨) : 이미지 전체 색상의 밝기를 조정합니다. 검정색 슬라이더는 검정의 밝기를 나타내고 흰색 슬라이더는 흰색의 밝기 단계를 나타냅니다. 기본 값은 가장 어두운 검정과 가장 밝은 흰색으로 설정됩니다.

❹ Eyedropper Tool(스포이드) : 섀도 스포이드는 이미지에서 가장 어두운 톤을 설정하며 중간값 스포이드는 중간 톤을, 하리라이트 스포이드는 가장 밝은 곳을 설정합니다. 이미지에 클릭한 지점을 해당 값으로 설정하여 이미지의 밝기를 변화시킵니다.

4. Brightness/Contrast(명도/대비)

이미지의 명암과 색상 대비를 조정하는 기능으로 가장 쉽고 간단하게 이미지의 명암과 색상 대비를 조절할 수 있는 기능이기도 합니다.

➤ 명도/대비 대화상자

❶ Brightness(명도) : 이미지의 밝기를 조절합니다.
❷ Contrast(대비) : 색상 대비 값을 조절합니다.

5. Curves(곡선)

곡선은 어두운 톤과 밝은 톤의 중간값의 색상을 세밀하게 조절할 수 있는 감마 곡선을 이용하여 명도는 물론 색조까지 조절할 수 있는 기능입니다. 그래프의 작은 움직임에도 색상이 민감하게 반응하므로 세밀한 보정 시에 사용되며, 과도한 조절은 오히려 색상을 전혀 다른 색으로 바꿔 좋지 않습니다.

➤ Curves(곡선) 대화상자

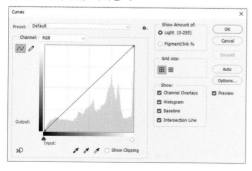

❶ 곡선, 직선 아이콘 : 곡선 또는 직선을 사용해 이미지를 보정합니다.
❷ 그래프 : 밝고 어두운 영역을 대상으로 그래프를 이용하여 밝기를 조절합니다.
❸ Input, Output(입력, 출력) : 입력과 출력에 나타나는 수치를 0~255 또는 퍼센트로 표시할 수 있습니다.

6. Desaturate(채도 감소)

컬러 이미지를 흑백으로 변환시키는 기능입니다.

포토샵

7. Black & White(흑백)

Desaturate(채도 감소)와는 달리 흑백 조정 기능은 이미지의 특정 색상의 회색 톤을 조정하여 흑백으로 변환이 가능한 기능입니다.

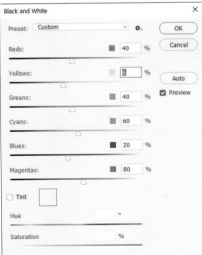

8. Invert(반전)

이미지의 색상을 보색대비로 반전시키는 기능입니다.

:: Image(이미지)>Image Rotation(이미지 회전)

이미지를 통째로 회전시키는 기능으로 Edit(편집) 메뉴의 Transform(변형)과는 달리 부분이 아닌 전체 이미지를 회전시키는 기능입니다.

[180° 회전]

[90° 시계방향 회전]　　　　[90° 반시계방향 회전]　　　　[각도 설정]

[가로로 뒤집기]　　　　[세로로 뒤집기]

67

Photoshop

:: Layer(레이어)>Layer via Cut(잘라낸 레이어)/Layer(레이어)>Layer via Copy (복사한 레이어)

Layer(레이어) 메뉴의 Layer via Cut(잘라낸 레이어)은 선택된 이미지 영역을 레이어 자체를 분리하여 잘라내는 기능이고, Layer via Copy(복사한 레이어)는 레이어를 하나를 더 분리하여 복사하는 기능입니다.

➜ Layer via Cut(잘라낸 레이어)

➜ Layer via Copy(복사한 레이어)

포토샵

:: Layer(레이어)>Clipping Mask(클리핑 마스크) 적용하기 |||||||||||||||||||||||||||||||||||||||||||||||||

클리핑 마스크는 선택된 레이어 이미지를 하위 레이어 안으로 넣어 하위 레이어의 이미지 안쪽 영역에만
보이도록 하는 기능으로 여러 개의 이미지를 하위 레이어 안에 표현할 수 있습니다. GTQ 문제에서는 Mask
(마스크)라는 부분이 바로 Clipping Mask(클리핑 마스크)를 적용하라는 의미입니다.

:: Select(선택)>Inverse(선택 영역 반전) ||||||||||||||||||||||||||||||||||||||||||||||||||||||||||||||||||||

Select(선택) 메뉴의 Inverse(반전) 명령은 기존의 선택 영역을 반전시켜 반대로 선택 영역을 지정해 주는 기능입니다.

포토샵

:: Select(선택)>Transform Selection(선택 영역 변형) ||||||||||||||||||||||||||||||||||||||||||||||||||||||

Transform Selection(선택 영역 변형)은 이미지에 영향을 주지 않고 선택 영역만 크기를 조절하거나 회전시킬수 있는 기능입니다.

Panel(패널) 익히기

:: Layer(레이어)의 이해

레이어는 작업을 위한 한 장 한 장의 투명 종이라고 할 수 있습니다. 투명 셀로판 종이로 비유되는 레이어는 여러 장 겹쳐 놓으면 맨 위에서부터 이미지가 보이고, 이미지가 없는 투명 영역 아래의 이미지가 비쳐 보입니다. 이미지의 수정, 편집, 합성, 분리 등을 할 수 있으며, 포토샵의 핵심기술이라고 할 수 있을 정도로 매우 중요한 기본 기능입니다.

➤ LAYERS(레이어) 패널

❶ **Blending Mode(혼합 모드)** : 작업 레이어와 하단 레이어와의 색상 합성 방법을 다양한 모드로 적용하여 나타낼 수 있습니다.

❷ **Filter(필터)** : 레이어가 많을 경우 체크한 버튼에 해당하는 레이어들만 활성화됩니다.

❸ **Opacity(불투명도)** : 레이어의 투명도를 적용할 수 있는 기능으로 백그라운드 레이어를 제외한 모든 레이어의 불투명도를 조절합니다.

❹ **Lock(잠그기)** : 지정된 레이어에 작업 내용이 적용되지 않도록 잠궈 놓는 기능입니다.

❺ **Fill(칠)** : 불투명도와 마찬가지로 이미지에 불투명도를 조절하는 기능입니다. 그러나 불투명도가 작업 레이어 전체의 투명도를 조절한다면 칠은 레이어 스타일과 혼합 모드에는 영향을 주지 않고 순수 이미지 영역에만 투명도를 적용합니다.

❻ **Indicates text layer(텍스트 레이어)** : 문자 도구로 문자를 입력하게 되면 레이어 패널에 T자 모양으로 표시되는 문자 레이어가 생성되어 수정, 편집이 가능합니다.

❼ **Indicates layer effects(레이어 효과)** : 레이어 스타일 효과를 적용하게 되면 나타나는 아이콘으로 오른쪽의 작은 삼각형을 클릭하여 적용된 스타일의 목록을 볼 수 있으며, 더블클릭하여 스타일을 수정할 수도 있습니다.

❽ **눈 아이콘** : 레이어 이미지를 가리거나 보여줍니다.

❾ **Layer Group(레이어 그룹)** : 비슷한 레이어끼리 한 폴더 안에 넣어 관리할 때 사용할 수 있는 기능으로 레이어의 수가 많아지면 레이어를 구분하기 어려워지므로 레이어 그룹을 만들어 알아보기 쉽고, 작업하기 쉽도록 관리하도록 합니다.

❿ **일반 투명 레이어** : 레이어 패널에서 일반적으로 작업할 수 있는 투명 레이어를 말합니다.

⓫ **링크 아이콘** : 현재 선택된 레이어와 연결된 레이어를 표시합니다. 레이어를 링크시키면 이동이나 크기 조절을 함께 적용할 수 있으며, 링크 걸린 레이어들끼리 하나로 병합할 수 있습니다.

⓬ **자물쇠 아이콘** : 어떠한 작업도 적용되지 않도록 잠궈진 레이어에는 자물쇠 아이콘이 표시됩니다. 기본 배경 레이어에 일반적으로 기본값으로 표시되어 있습니다.

⓭ **Link layers(레이어를 연결합니다)** : 선택된 레이어와 다른 레이어들끼리 연결시킵니다.

⓮ **Add a layer style(레이어 스타일을 추가합니다)** : 선택한 레이어에 레이어 스타일을 적용합니다. 레이어 스타일은 레이어 상의 텍스트나 이미지에 글미자, 입체, 후광 등의 다양한 효과를 적용할 수 있습니다.

⓯ **Add layer mask(마스크를 추가합니다)** : 선택된 레이어에 레이어 마스크를 적용합니다.

⓰ **Create new fill or adjustment layer(새 칠 또는 조정 레이어를 만듭니다)** : 레이어 상의 이미지 색상, 명도, 채도를 수정할 수 있는 보정 레이어를 만듭니다. 보정 레이어에서는 언제든지 수정이 가능합니다.

⓱ **Create a new group(새 그룹을 만듭니다)** : 새로운 레이어 그룹을 만듭니다.

⓲ **Create a new layer(새 레이어를 만듭니다)** : 새로운 레이어를 만듭니다.

⓳ **Delete layer(레이어를 삭제합니다)** : 선택된 레이어를 삭제합니다.

1. 레이어 생성

– 메뉴를 이용한 레이어 만들기

Layer(레이어) 메뉴에서 New(새로 만들기)–Layer(레이어)를 선택합니다. 새로 만들기 대화상자에서 새로 만들 레이어의 이름을 입력하고 확인 버튼을 클릭합니다.

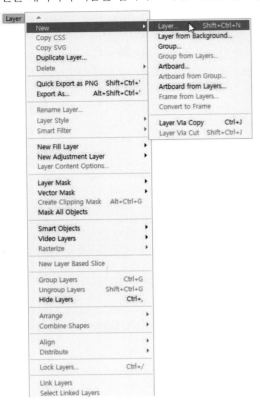

– 레이어 패널의 팝업 메뉴를 이용한 레이어 만들기

레이어 패널 오른쪽 상단에 있는 삼각형 모양의 팝업 메뉴를 클릭하여 New Layer(새 레이어)를 클릭합니다.

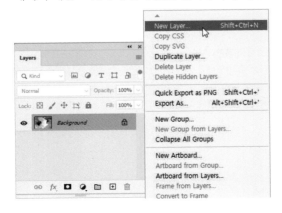

– 레이어 패널의 새 레이어 버튼을 이용한 레이어 만들기

가장 많이 사용하는 방법으로 레이어 패널 하단의 Create a new layer(새 레이어를 만듭니다) 버튼을 클릭하여 새로운 레이어를 만듭니다.

2. 레이어 삭제

레이어 생성과 마찬가지 방법으로 삭제할 레이어를 선택한 후 Layer(레이어) 메뉴에서 Delete(삭제)〉Layer(레이어 삭제)를 선택하거나 팝업 메뉴에서 Delete Layer(레이어 삭제), 또는 레이어 패널에서 Delete layer(레이어를 삭제합니다) 버튼을 클릭하여 삭제하면 됩니다.

3. 레이어 복제

– 메뉴에서 레이어 복제하기

복제할 레이어를 선택한 후 Layer(레이어) 메뉴에서 Duplicate Layer(레이어 복제)를 선택합니다. 대화 상자에서 이름을 입력하고 확인 버튼을 클릭하면 레이어 패널에 복제된 레이어가 만들어진 것을 볼 수 있습니다.

– 팝업 메뉴에서 레이어 복제하기

복레이어 패널의 팝업 메뉴에서 Duplicate Layer(레이어 복제)를 선택하고 복제될 레이어의 이름을 입력하고 확인 버튼을 클릭합니다.

– ［Alt］ 키를 이용한 레이어 복제하기

가장 빠른 방법으로 복제할 레이어를 선택하고 도구 패널에서 Move Tool(이동 도구)을 선택합니다. ［Alt］ 키를 누른 채 이미지를 드래그하면 레이어가 복제되는 것을 볼 수 있습니다.

– 패널 하단의 생성 아이콘을 이용한 레이어 복제하기

복제하고자 하는 레이어를 선택하고 패널 하단의 Create a new layer(새 레이어를 만듭니다) 버튼으로 드래그하여 레이어를 복사합니다.

4. Layer Style(레이어 스타일)

레이어 스타일은 레이어를 사용할 때 가장 많이 사용되는 기능 중 하나입니다. 그림자 효과나 입체 효과 등 문자나 이미지에 특수한 효과를 적용하고자 할 경우 쉽고 빠르게 다양한 효과를 적용할 수 있습니다.

- Drop Shadow(그림자 효과)

레이어 이미지의 외곽에 그림자 효과를 적용합니다.

 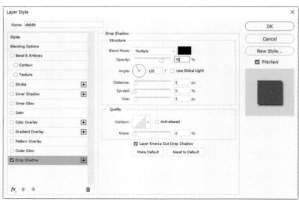

❶ Blend Mode(혼합 모드) : 이미지에 적용할 혼합 모드를 선택합니다.
❷ Set color of shadow(색상) : 그림자의 색상을 지정합니다.
❸ Opacity(불투명도) : 그림자의 불투명도를 조절합니다.
❹ Angle(각도) : 그림자의 생성 각도를 조절합니다.
❺ Use Global Light(전체 조명 사용) : 이 항목을 체크하면 레이어 스타일을 적용한 모든 레이어의 그림자 각도가 자동적으로 한꺼번에 조절됩니다.
❻ Distance(거리) : 그림자의 거리를 조절합니다.
❼ Spread(스프레드) : 그림자의 퍼지는 정도를 조절합니다.
❽ Size(크기) : 그림자의 크기를 조절합니다.
❾ Contour(윤곽선) : 그림자의 외형 모양을 지정합니다.
❿ Noise(노이즈) : 그림자에 노이즈 효과를 주어 거칠게 표현합니다.
⓫ Layer Knocks Out Drop Shadow(레이어 녹아웃 그림자) : 투명 레이어의 그림자를 흐리게 처리합니다.

- Inner Shadow(내부 그림자)

레이어 이미지의 안쪽으로 그림자 효과를 적용합니다.

❶ Choke(경계 감소) : 그림자의 강도를 조절합니다.

- Outer Glow(외부 광선)

레이어 이미지 외곽으로 빛이 퍼지는 발광 효과를 적용합니다.

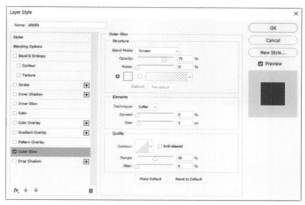

❶ Noise(노이즈) : 거친 점 형태로 퍼지는 효과를 적용합니다.
❷ Set color of glow(색상) : 빛 효과를 내는 색상을 지정합니다. 보다 멋진 빛 효과를 제작하려면 그레이디언트 색상을 지정하면 더 좋습니다.
❸ Technique(기법) : 빛 효과를 부드럽게 퍼지게 할 것인지, 정교한 색상으로 만들 것인지를 선택합니다.
❹ Range(범위) : 테두리가 여러 겹인 빛을 제작할 때 사용하는 옵션으로 테두리의 두께를 조절합니다.
❺ Jitter(파형) : 색상을 그레이디언트로 지정한 경우, 그레이디언트 색상을 랜덤으로 퍼지게 하는 기능입니다.

– Inner Glow(내부 광선)

레이어 이미지의 안쪽으로 빛이 퍼지는 발광 효과를 적용합니다.

❶ Source(소스) : 퍼짐 효과를 레이어 내부 전체에 적용할
것인지, 내부 테두리를 따라 적용할 것인지를 선택합니다.

– Bevel and Emboss(경사와 엠보스)

레이어 이미지에 볼륨감을 주어 입체 효과를 적용합니다.

❶ Style(스타일) : 다섯 가지의 입체 효과를 선택할 수 있습니다.

[Outer Bevel(외부 경사)]

[Inner Bevel(내부 경사)]

[Emboss(엠보스)]

[Pillow Emboss(쿠션 엠보스)]

[Stroke Emboss(선 엠보스)]

❷ Technique(기법) : 입체 효과를 적용할 때의 기법을 지정합니다.

❸ Depth(깊이) : 입체 효과의 경사각 깊이를 조절합니다.

❹ Direction(방향) : 입체 효과의 방향을 조절합니다.

❺ Size(크기) : 입체효과의 폭의 크기를 조절합니다.

❻ Soften(부드럽기) : 입체 효과의 부드러움 정도를 조절합니다.

❼ Angle(각도) : 입체 효과의 각도를 조절합니다.

❽ Use Global Light(전체 조명 사용) : 이 항목을 체크하면 레이어 스타일을 적용한 모든 레이어의 그림자 각도가 자동적으로 한꺼번에 조절됩니다.

❾ Altitude(높이) : 입체 효과 높이의 각도를 지정합니다.

❿ Gloss Contour(광택 윤곽선) : 입체 효과의 모양을 지정하는 곳입니다.

⓫ Highlight Mode(밝은 영역 모드) : 밝은 영역에 입체 효과를 적용하는 방법을 지정합니다.

⓬ Shadow Mode(그림자 모드) : 어두운 영역에 입체 효과를 적용하는 방법을 지정합니다.

⓭ Opacity(불투명도) : 입체 효과의 불투명도를 조절합니다.

⓮ Contour, Texture(윤곽선, 텍스처) : 입체 효과의 모양과 질감을 지정합니다.

[Contour(윤곽선)을 적용한 경우]

[Texture(텍스처)를 적용한 경우]

- Satin(새틴)

레이어 이미지에 광택 효과를 적용합니다.

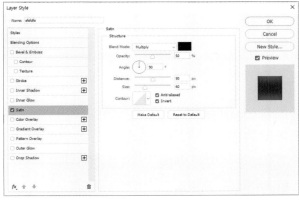

– Color Overlay(색상 오버레이)

레이어 이미지에 색상을 덧씌우는 기능입니다.

– Gradient Overlay(그레이디언트 오버레이)

레이어 이미지에 그레이디언트 색상을 덧씌우는 기능입니다.

❶ Gradient(그레이디언트) : 그레이디언트 색상을 지정하거나 원하는 색상을 만들 수 있습니다.
❷ Style(스타일) : 그레이디언트의 스타일을 지정합니다.
❸ Angle(각도) : 그레이디언트의 적용 각도를 조절합니다.
❹ Scale(비율) : 그레이디언트의 무늬 간격을 조절합니다.

– Pattern Overlay(패턴 오버레이)

레이어 이미지에 패턴 무늬를 덧씌우는 기능입니다.

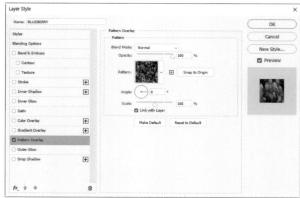

❶ Pattern(패턴) : 적용할 패턴 무늬를 지정합니다.
❷ Snap to Origin(원본에 스냅) : 패턴을 레이어 상단 왼쪽에 자동으로 맞춥니다.
❸ Link with Layer(레이어와 연결) : 레이어에 링크를 걸어줍니다.

– Stroke(선/획)

레이어 이미지의 외곽으로 테두리를 만듭니다.

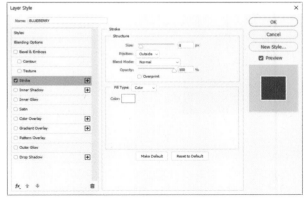

❶ Size(크기) : 테두리 두께를 조절합니다.
❷ Position(위치) : 테두리가 만들어질 위치를 지정합니다.
❸ Color(색상) : 테두리에 적용할 색상을 지정합니다.

5. Blending Mode(혼합 모드)

Blending Mode(혼합 모드)는 레이어 패널뿐만 아니라 메뉴의 칠, 선 기능, 페인팅 도구 등의 옵션 패널에서도
적용할 수 있는 기능으로 두 이미지의 색상이 혼합되어 보이는 방식을 말합니다.

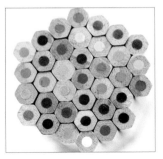

1. Normal(표준)

　두 레이어를 합성하지 않은 일반 작업 모드입니다.

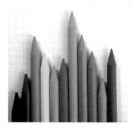

2. Dissolve(디졸브)

　이미지가 픽셀 단위로 불규칙하게 뿌려집니다. 불투명도 값을 조절하여 뿌려지는 정도를 조절합니다.

3. Darken(어둡게 하기)

　적용되는 이미지의 색상 값보다 하위 레이어 이미지의 밝은 부분은 전체적으로 어둡게 표시됩니다.

4. Multiply(곱하기)

　흰색을 제외한 색상들이 곱해져서 겹치는 부분의 이미지가 전체적으로 어두워집니다.

5. Color Burn(색상 번)

　번 도구을 사용하듯이 이미지 전체를 어둡게 표현합니다.

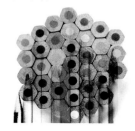

6. Linear Burn(선형 번)

　Color Burn보다 좀 더 강하게 어둡게 표현합니다.

7. Darker Color(어두운 색상)

　Color Burn보다 좀 더 강하게 어둡게 표현합니다.

8. Lighten(밝게 하기)

　어둡기 하기 모드와 반대로 배경 레이어보다 어두운 부분은 사라지고 밝은 이미지 부분만 보이게 되어 전체적으로 밝게 표현됩니다.

포토샵

9. Screen(스크린)

레이어의 검은색 부분 이미지가 밝아지고 흰색은 그대로 유지되어 전체적으로 밝게 표현합니다.

10. Color Dodge(색상 닷지)

전체적으로 명도 값을 밝게 하여 전체적인 합성 이미지를 밝게 표시합니다.

11. Linear Dodge(선형 닷지)

색상 닷지보다 좀 더 강한 명도 값을 증가시켜 이미지를 밝게 표현합니다.

12. Lighter Color(밝은 색상)

선형 닷지보다 좀 더 강한 명도 값을 증가시켜 이미지를 밝게 표현합니다.

13. Overlay(오버레이)

두 개의 레이어 이미지를 혼합하여 중간색은 사라지고 밝고 어두움만 표현합니다.

14. Soft Light(소프트 라이트)

레이어 이미지의 100%의 흰색과 검정색은 사라지고 어두운 부분은 더욱 어둡게, 밝은 부분은 더욱 밝게 표현합니다.

15. Hard Light(하드 라이트)

레이어 이미지의 100%의 흰색과 검정색도 적용되며, 어두운 부분은 더욱 어둡게 밝은 부분은 더욱 밝게 표현합니다.

16. Vivid Light(선명한 라이트)

Hard Light 보다 채도는 높고, 명도는 낮게 표현합니다.

17. Linear Light(선형 라이트)

블랜딩 할 색상의 명도가 50%보다 밝으면 색의 밝기를 높여 밝게 표현하고, 50%보다 어두우면 색의 밝기를 낮추어 어둡게 표현합니다.

18. Pin Light(핀 라이트)

소프트 라이트 보다는 밝고 하드 라이트 보다는 어둡게 표현합니다.

19. Hard Mix(하드 혼합)

어떤 혼합 모드보다 강렬한 효과를 만드는 모드로, 중간톤을 제거하고 밝은 색과 어두운 색만을 이용하여 혼합시킵니다.

20. Difference(차이)

합성되는 부분의 색상에서 밝은 색상으로 보색으로 블랜딩 되며, 색상 차이가 없을 경우에는 검은색으로 나타냅니다.

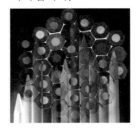

21. Exclusion(제외)

차이 모드와 유사하지만 효과가 약하게 나타납니다.

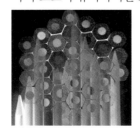

22. Hue(색조)

하위 레이어의 채도와 명도를 제외한 색상 값에 영향을 받아 합성합니다.

23. Subtract(빼기)

각 채널의 색상 정보를 보고 기본 색상에서 혼합 색상을 뺍니다.

24. Divide(나누기)

각 채널의 색상 정보를 보고 기본 색상에서 혼합 색상을 나눕니다.

포토샵

25. Saturation(채도)

하위 레이어의 색상과 명도를 제외한 색상 값에 영향을 받아 합성합니다.

26. Color(색상)

하위 레이어에는 명도만을 적용시키고 상위 레이어에는 색상과 채도를 적용시킵니다.

27. Luminosity(광도)

하위 레이어에는 색상과 채도를 적용시키고 상위 레이어에는 명도를 적용시킵니다.

6. Layer Mask(레이어 마스크)

선택된 레이어에 마스크 기능을 적용하여 그레이디언트 도구를 함께 사용하면 경계면이 자연스러운 이미지를 합성할 수 있습니다. 그레이디언트 색상 사용 시 검정색 영역은 마스크 되어 가려지게 되고, 흰색 영역은 이미지가 그대로 보이게 됩니다.

7. Adjustment Layer(조정 레이어)

Adjustment Layer(조정 레이어)는 Properties(속성) 패널을 이용하여 원본을 그대로 유지하면서 이미지의
색상과 톤을 보정할 수 있는 기능으로 레이어가 따로 분리되어 색상 보정이 되기 때문에 언제든지 수정이 가능
하며, 이미지 제어 기능과 다양한 설정 기능으로 손쉽게 이미지를 보정할 수 있습니다.

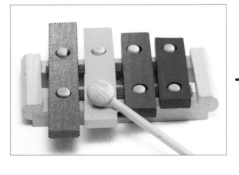 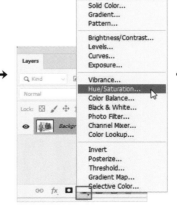 

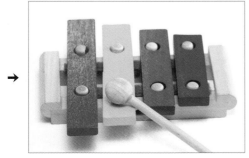 

Filter(필터) 익히기

:: Filter(필터) 이해하기

포토샵에서 필터는 이미지에 여러 가지 효과를 주어 사용자가 원하는 이미지로 바꿔주는 기능으로 이미지의 색상 보정, 형태 변형, 질감 추가, 회화적인 느낌 같은 다양한 효과를 적용할 수 있습니다. 또한 Convert for Smart Filters(고급 필터용으로 변환) 기능을 사용하면 필터 효과를 적용한 이후 레이어 패널에 작업 리스트가 남아있어 수정할 수 있습니다. 여러 가지 필터들이 있지만 여기서는 GTQ 시험에 자주 출제되는 효과 위주로 알아보겠습니다.

Last Filter	Alt+Ctrl+F
Convert for Smart Filters	
Neural Filters...	
Filter Gallery...	
Adaptive Wide Angle...	Alt+Shift+Ctrl+A
Camera Raw Filter...	Shift+Ctrl+A
Lens Correction...	Shift+Ctrl+R
Liquify...	Shift+Ctrl+X
Vanishing Point...	Alt+Ctrl+V
3D	▶
Blur	▶
Blur Gallery	▶
Distort	▶
Noise	▶
Pixelate	▶
Render	▶
Sharpen	▶
Stylize	▶
Video	▶
Other	▶

:: Filter Gallery(필터 갤러리)

필터 효과를 미리보기하고 필터를 바로 적용하거나 값을 수정할 수 있는 기능입니다.

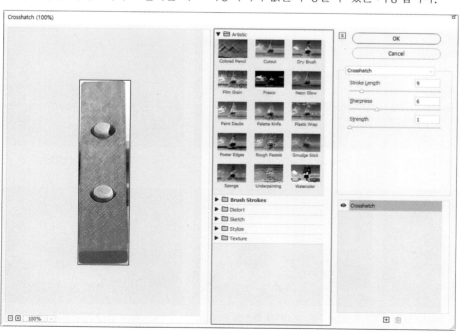

:: Artistic(예술 효과) ||||||||||||||||||||||||||||||||||||||||||||||||||||||||||||||||||||||||||||||||||||||||||||||||||||||||||||||||||||||||||

이미지에 예술적인 표현 방식으로 다양한 회화적 표현을 할 수 있습니다.

[Colored Pencil(색연필)]

[Cutout(오려내기)]

[Dry Brush(드라이 브러시)]

[Film Grain(필름 그레인)]

[Fresco(프레스코)]

[Neon Glow(네온광)]

[Paint Daubs(페인트 바르기)]

[Palette Knife(팔레트 나이프)]

[Plastic Wrap(비닐랩)]

[Poster Edges(포스터 가장자리)]

[Rough Pastels(거친 파스텔 효과)]

[Smudge Stick(문지르기 효과)]

[Sponge(스폰지)]

[Underpainting(언더페인팅 효과)]

[Watercolor(수채화 효과)]

:: Blur(흐림 효과)

이미지의 선명도를 조절하여 부드럽게 처리하는 기능입니다.

[Average(평균)]

[Blur(흐리게)]

[Blur More(더 흐리게)]

[Box Blur(상자 흐림 효과)]

[Gaussian Blur(가우시안 흐림 효과)]

[Lens Blur(렌즈 흐림 효과)]

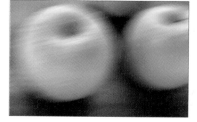
[Motion Blur(동작 흐림 효과)]

[Radial Blur(방사형 흐림 효과)]

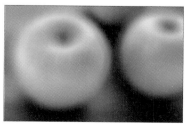
[Shape Blur(모양 흐림 효과)]

[Smart Blur(고급 흐림 효과)]

[Surface Blur(표면 흐림 효과)]

:: Brush Strokes(브러시 선)

이미지를 다양한 형태의 붓으로 페인팅한 느낌을 주는 필터들입니다.

[Accented Edges(강조된 가장자리)]

[Angled Strokes(각진 획)]

[Crosshatch(그물눈)]

[Dark Strokes(어두운 획)]

[Ink Outlines(잉크 윤곽선)]

[Spatter(뿌리기)]

[Sprayed Strokes(스프레이 획)]

[Sumi-e(수묵화)]

:: Distort(왜곡) ||||||||||||||||||||||||||||||||||||||||||||||||||||||||||||||||||||||||||||

원본 이미지를 변형하여 다양한 효과를 적용하는 필터들입니다.

[Diffuse Glow(광선 확산)]

[Displace(변위)]

[Glass(유리)]

[Lens Correction(렌즈 교정)]

[Ocean Ripple(바다 물결)]

[Pinch(핀치)]

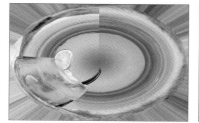

[Polar Coordinates(극좌표)]

[Ripple(잔물결)]

[Shear(기울임)]

[Spherize(구형화)]

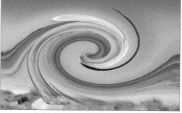

[Twirl(돌리기)]

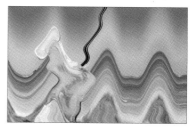

[Wave(파도)]

[ZigZag(지그재그)]

:: Noise(노이즈)

이미지에 여러 형태의 잡티 및 노이즈, 흠집 등을 추가 또는 제거하는
필터입니다.

[Add Noise(노이즈 추가)]

[Despeckle(반점 제거)]

[Dust and Scratches(먼지와 스크래치)]

[Median(중간값)]

[Reduce Noise(노이즈 감소)]

:: Pixelate(픽셀화) ||||||||||||||||||||||||||||||||||||||||||||||||||||||||||||||||||||||||||||||||||||||||||||||||||||||

이미지의 픽셀들을 조합하거나 혼합하여 새로운 이미지로 변형하는
필터들입니다.

[Color Halftone(색상 하프톤)]

[Crystallize(수정화)]

[Facet(단면화)]

[Fragment(분열)]

[Mezzotint(메조틴트)]

[Mosaic(모자이크)]

[Pointillize(점묘화)]

:: Render(렌더) ‖‖‖

이미지에 입체감 및 각종 빛과 조명 효과를 줄 수 있는 필터입니다.

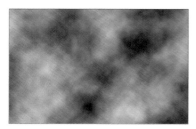

[Clouds(구름 효과1)]

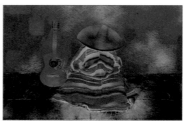

[Difference Clouds(구름 효과2)]

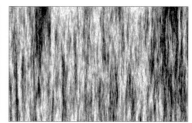

[Fibers(섬유)]

[Rens Flare(렌즈 플레어)]

[Lighting Effects(조명 효과)]

:: Sharpen(선명 효과) ‖‖‖

Blur(흐림 효과) 필터와 반대로 이미지를 선명하게 만들어주는 필터
들입니다.

[Sharpen(선명하게)]

[Sharpen Edges(가장자리 선명하게)]

[Sharpen More(더 선명하게)]

[Smart Sharpen(고급 선명 효과)]

[Unsharp Mask(언샵 마스크)]

:: Sketch(스케치 효과)

전경색과 배경색에 영양을 받아 이미지에 스케치한듯한 효과를 적용
하는 필터입니다.

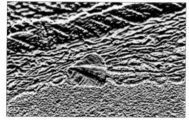

[Bas Relief(저부조)]

[Chalk & Charcoal(분필과 목탄)]

[Charcoal(목탄)]

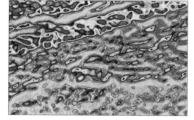

[Chrome(크롬)]

[Cont' Crayon(크레용)]

[Graphic Pen(그래픽 펜)]

[Halftone Pattern(하프톤 패턴)]

[Note Paper(메모지)]

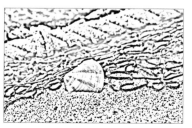

[Photocopy(복사)]

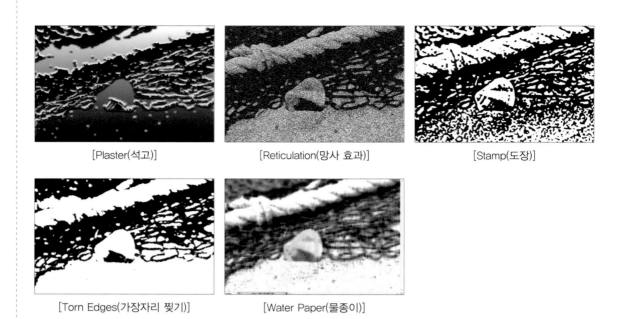

[Plaster(석고)]   [Reticulation(망사 효과)]   [Stamp(도장)]

[Torn Edges(가장자리 찢기)]   [Water Paper(물종이)]

:: Stylize(스타일화)

이미지의 픽셀을 다양한 형태의 스타일로 변형시켜 새로운 느낌을 표현
하는 필터들입니다.

[Diffuse(확산)]

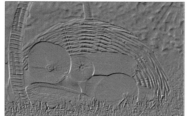

[Emboss(엠보스)]

[Extrude(돌출)]

[Find Edges(가장자리 찾기)]

[Glowing Edges(가장자리 광선 효과)]

[Solarize(과대 노출)]

[Tiles(타일)]

[Trace Contour(윤곽선 추적)]

[Wind(바람)]

:: Texture(텍스처)

이미지에 다양한 형태의 질감 효과를 적용하는 필터들입니다.

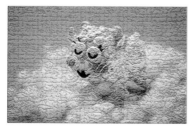

[Craquelure(균열)]

[Grain(그레인)]

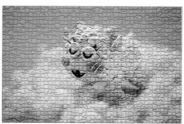

[Mosaic Tiles(모자이크 타일)]

[Patchwork(이어붙이기)]

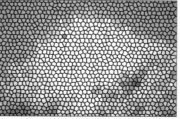

[Stained Glass(채색 유리)]

[Texturizer(텍스처화)]

PART 03

기출문제
유형 따라하기

GTQ(그래픽기술자격)-(S/W:포토샵)

급수	문제유형	시험시간	수험번호	성 명
1급		90분		

수험자 유의사항

● 수험자는 문제지를 받는 즉시 응시하고자 하는 **과목 및 급수가 맞는지 확인**한 후 수험번호와 성명을 작성합니다.

● 파일명은 본인의 "수험번호-성명-문제번호"로 공백 없이 정확히 입력하고 답안폴더(내 PC₩문서₩GTQ)에 jpg 파일과 psd 파일의 2가지 포맷으로 저장해야 하며, jpg 파일과 psd 파일의 내용이 상이할 경우 0점 처리됩니다. 답안문서 파일명이 "수험번호-성명-문제번호"와 일치하지 않거나, 답안 파일을 전송하지 않아 미제출로 처리될 경우 불합격 처리됩니다.

● 문제의 세부조건은 '영문(한글)' 형식으로 표기되어 있으니 유의하시기 바랍니다.

● 수험자 정보와 저장한 파일명, 저장 위치가 다를 경우 전송이 되지 않으므로, 주의하시기 바랍니다.

● 답안 작성 중에도 <u>주기적으로 '저장'과 '답안 전송'</u>을 이용하여 감독위원 PC로 답안을 전송하셔야합니다. (※ 작업한 내용을 <u>저장하지 않고 전송할 경우</u> 이전의 저장내용이 전송되오니 이점 반드시 유념하시기 바랍니다.)

● 답안문서는 지정된 경로 외의 다른 보조기억장치에 저장하는 행위, 지정된 시험 시간 외에 작성된 파일을 활용한 행위, 기타 허용되지 않은 프로그램(이메일, 메신저, 게임, 네트워크 등) 이용 시 부정행위로 간주되어 **자격기본법 제32조**에 의거 본 시험 및 국가공인 자격시험을 2년간 응시할 수 없습니다.

● 시험 중 부주의 또는 고의로 시스템을 파손한 경우와 <수험자 유의사항>에 기재된 방법대로 이행하지 않아 생기는 불이익은 수험자의 책임임을 알려 드립니다.

● 시험을 완료한 수험자는 최종적으로 저장한 답안파일이 전송되었는지 확인한 후 감독위원의 지시에 따라 문제지를 제출하고 퇴실합니다.

답안 작성요령

● 온라인 답안 작성 절차
수험자 등록 ⇒ 시험 시작 ⇒ 답안파일 저장 ⇒ 답안 전송 ⇒ 시험 종료

● 내 PC₩문서₩GTQ₩Image폴더에 있는 그림 원본파일을 사용하여 답안을 작성하시고, 최종답안을 답안폴더(내 PC₩문서₩GTQ)에 저장하여 답안을 전송하시고, 이미지의 크기가 다른 경우 감점 처리됩니다.

● 배점은 총 100점으로 이루어지며, 점수는 각 문제별로 차등 배분됩니다.

● 각 문제는 제시된 <조건에>에 따라 작성하고, 언급하지 않은 조건은 《출력형태》와 같이 작성합니다.

● 배치 등의 편의를 위해 주어진 눈금자의 단위는 '픽셀'입니다.
그 외는 출력형태(효과, 이미지, 문자, 색상, 레이아웃, 규격 등)와 같게 작업하시오.

● 문제 조건에 서체의 지정이 없을 경우 한글은 굴림이나 돋움, 영문은 Arial로 작업하십시오.
(단, 그 외 제시되지 않은 문자 속성을 기본값으로 작성하지 않은 경우는 감점 처리됩니다.)

● Image Mode(이미지 모드)는 별도의 처리조건이 없을 경우에는 RGB(8비트)로 작업하십시오.

● 모든 답안 파일은 해상도 72 pixels/inch로 작업하십시오.

● Layer(레이어)는 각 기능별로 분할해야 하며, 임의로 합칠 경우나 각 기능에 대한 속성을 해지할 경우 해당 요소는 0점 처리됩니다.

문제1 [기능평가] 고급 Tool(도구) 활용 [20점]

다음의 《조건》에 따라 아래의 《출력형태》와 같이 작업하시오.

《조건》

원본 이미지		문서₩GTQ₩Image₩1급-1.jpg, 1급-2.jpg, 1급-3.jpg	
파일 저장 규칙	JPG	파일명	문서₩GTQ₩수험번호-성명-1.jpg
		크기	400 × 500 pixels
	PSD	파일명	문서₩GTQ₩수험번호-성명-1.psd
		크기	40 × 50 pixels

《출력형태》

1. 그림 효과

① 1급-1.jpg : 필터 – Paint Daubs(페인트 덥스/페인트 바르기)
② Save Path(패스 저장) : 망치 모양
③ Mask(마스크) : 망치 모양, 1급-2.jpg를 이용하여 작성
　레이어 스타일 – Stroke(선/획)(4px, 그라디언트(#990099, #ffff66),
　Inner Shadow(내부 그림자))
④ 1급-3.jpg : 레이어 스타일 – Outer Glow(외부 광선)
⑤ Shape Tool(모양 도구) :
　– 꽃 모양 (#cc99cc, 레이어 스타일 – Drop Shadow(그림자 효과))
　– 폭발 모양 (#ffcc66, #ccffcc, 레이어 스타일 – Inner Shadow(내부 그림자))

2. 문자 효과

① 장신구 만들기 (궁서, 48pt, 레이어 스타일 – 그라디언트 오버레이
　(#6600cc, #ff9933), Stroke(선/획)(3px, #ffffcc))

문제2 [기능평가] 사진편집 응용 [20점]

다음의 《조건》에 따라 아래의 《출력형태》와 같이 작업하시오.

《조건》

원본 이미지		문서₩GTQ₩Image₩1급-4.jpg, 1급-5.jpg, 1급-6.jpg	
파일 저장 규칙	JPG	파일명	문서₩GTQ₩수험번호-성명-2.jpg
		크기	400 × 500 pixels
	PSD	파일명	문서₩GTQ₩수험번호-성명-2.psd
		크기	40 × 50 pixels

《출력형태》

1. 그림 효과

① 1급-4.jpg : 필터 – Crosshatch(그물눈)
② 색상 보정 : 1급-5.jpg – 빨간색, 파란색 계열로 보정
③ 1급-5.jpg : 레이어 스타일 – Drop Shadow(그림자 효과)
④ 1급-6.jpg : 레이어 스타일 – Outer Glow(외부 광선)
⑤ Shape Tool(모양 도구) :
　– 해 모양(#ff6600, 레이어 스타일 – Drop Shadow(그림자 효과))
　– 장식 모양(#cc66ff,
　　레이어 스타일 – Bevel and Emboss(경사와 엠보스))

2. 문자 효과

① Ceramic Art (Arial, Bold, 52pt, 레이어 스타일 – 그라디언트
　오버레이(#99ffff, #cc00ff), Bevel and Emboss(경사와 엠보스))

문제3 [실무응용] 포스터 제작   [25점]

다음의 《조건》에 따라 아래의 《출력형태》와 같이 작업하시오.

《조건》

원본이미지	문서₩GTQ₩Image₩1급-7.jpg, 1급-8.jpg, 1급-9.jpg, 1급-10.jpg, 1급-11.jpg		
파일 저장규칙	JPG	파일명	문서₩GTQ₩수험번호-성명-3.jpg
		크기	600 × 400 pixels
	PSD	파일명	문서₩GTQ₩수험번호-성명-3.psd
		크기	60 × 40 pixels

1. 그림 효과

① 배경 : #cccc99
② 1급-7.jpg : Blending Mode(혼합 모드) - Hard Light(하드 라이트), Opacity(불투명도)(80%)
③ 1급-8.jpg : 필터 - Crosshatch(그물눈), 레이어 마스크 - 가로 방향으로 흐릿하게
④ 1급-9.jpg : 필터 - Poster Edges(포스터 가장자리)
⑤ 1급-10.jpg : 레이어 스타일 - Outer Glow(외부 광선), Drop Shadow(그림자 효과)
⑥ 1급-11.jpg : 색상 보정 - 녹색 계열로 보정, 레이어 스타일 - Stroke(선/획)(5px, 그라디언트(#660000, #ccff66))
⑦ 그 외 《출력형태》 참조

2. 문자 효과

① 목공예 체험 프로그램 (돋움, 36pt, 48pt, 레이어 스타일 - 그라디언트 오버레이(#ff6600, #ffff66, #cc00ff),
   Stroke(선/획)(2px, #000066), Bevel and Emboss(경사와 엠보스))
② Woodworking Experience Program (Arial, Regular, 20pt, #996600, 레이어 스타일 - Stroke(선/획)(2px, #ffffff))
③ 숲속의 집 / 수목원 (굴림, 16pt, #ffffcc, #ff99ff, 레이어 스타일 - Stroke(선/획)(2px, #663366))
④ 지금 바로 신청하세요! (굴림, 18pt, 레이어 스타일 - 그라디언트 오버레이(#ff6600, #33cc00),
   Stroke(선/획)(2px, #ffffcc))

《출력형태》

Shape Tool(모양 도구) 사용
#660033, 레이어 스타일 - Drop
Shadow(그림자 효과),
Opacity(불투명도)(70%)

Shape Tool(모양 도구) 사용
#006600, #cc6600,
레이어 스타일 -
Drop Shadow(그림자 효과),
Opacity(불투명도)(80%)

Shape Tool(모양 도구) 사용
레이어 스타일 - 그라디언트
오버레이(#33ffcc, #ff3300),
Drop Shadow(그림자 효과)

문제4 [실무응용] 웹 페이지 제작   [35점]

다음의 《조건》에 따라 아래의 《출력형태》와 같이 작업하시오.

〈조건〉

원본이미지		문서₩GTQ₩Image₩1급-12.jpg, 1급-13.jpg, 1급-14.jpg, 1급-15.jpg, 1급-16.jpg, 1급-17.jpg	
파일 저장규칙	JPG	파일명	문서₩GTQ₩수험번호-성명-4.jpg
		크기	600× 400 pixels
	PSD	파일명	문서₩GTQ₩수험번호-성명-4.psd
		크기	60 × 40 pixels

1. 그림 효과

① 배경 : #99cccc
② 패턴(꽃 장식, 물결 모양) : #99ffff, #ffffff
③ 1급-12.jpg : Blending Mode(혼합 모드) - Multiply(곱하기), 레이어 마스크 - 가로 방향으로 흐릿하게
④ 1급-13.jpg : 필터 - Texturizer(텍스처화), 레이어 마스크 - 대각선 방향으로 흐릿하게
⑤ 1급-14.jpg : 레이어 스타일 - Bevel and Emboss(경사와 엠보스), Drop Shadow(그림자 효과)
⑥ 1급-15.jpg : 필터 - Lens Flare(렌즈 플레어), 레이어 스타일 - Outer Glow(외부 광선)
⑦ 1급-16.jpg : 색상 보정 - 빨간색 계열로 보정, 레이어 스타일 - Drop Shadow(그림자 효과)
⑧ 그 외 《출력형태》 참조

2. 문자 효과

① Special Jewelry Craft (Times New Roman, Italic, 20pt, 32pt, #003399, 레이어 스타일 - Stroke(선/획)(2px, #ffffff)
② 특별한 보석 공예 샵 (굴림, 40pt, 레이어 스타일 - 그라디언트 오버레이(#ff66ff, #33ff99, #ffff33),
   Stroke(선/획)(3px, #666699))
③ 나만의 반지 만들기 (궁서, 16pt, #003333, 레이어 스타일 - Stroke(선/획)(2px, #ffffff))
④ 체험안내 샘플보기 참여하기 (돋움, 18pt, #003333, 레이어 스타일 - Stroke(선/획)(2px, #ccffff, #ffff99))

〈출력형태〉

Shape Tool(모양 도구) 사용
레이어 스타일 - 그라디언트
오버레이(#ff6666, #ccffcc),
Stroke(선/획)(2px, #339999, #ffcc33)

Shape Tool(모양 도구) 사용
#ff9933, 레이어 스타일 -
Inner Glow(내부 광선),
Opacity(불투명도)(80%)

Pen Tool(펜 도구) 사용
#cccccc, #ffccff, #ffff99,
레이어 스타일 -
Inner Shadow(내부 그림자)

Shape Tool(모양 도구) 사용
#99ffff, 레이어 스타일 -
Drop Shadow(그림자 효과)

문제 1 [기능평가] 고급 Tool(도구) 활용 · · · 20점

새 작업 이미지 만들기 및 파일 저장 → 배경 이미지 표현 → 망치 모양 패스 작업 → Clipping Mask(클리핑 마스크) 적용 → 이미지 크기 조절 및 Layer Style(레이어 스타일) 적용 → Shape(모양) 그리기 및 Layer Style(레이어 스타일) 적용 → 문자 입력과 왜곡, Layer Style(레이어 스타일) 적용 → 레이아웃 정리와 저장, 답안 전송

01. 새 작업 이미지 만들기 및 파일 저장

01 File(파일)-New(새로 만들기) 메뉴를 선택하고 Width(폭) 400pixels(픽셀)과 Height(높이) 500 pixels(픽셀)을 입력합니다. Resolution(해상도)은 72pixels/inch(픽셀/인치), Color Mode(색상 모드)는 RGB를 지정하고, Background Contents(배경 내용)는 White(흰색)를 설정합니다.

새 문서 파일을 만들 때 최신 버전 환경이 아닌 기존의 간단한 인터페이스를 원하신다면, Edit(편집)-Preference(환경설정) 메뉴에서 General(일반)의 Use Legacy "New Document" Interface(레거시 새 문서 인터페이스 사용) 항목을 체크하고 사용하면 됩니다. 본 도서는 인터페이스가 좀 더 단순한 기존 방식의 환경을 사용하도록 하겠습니다.

▽ 합격 Point
≪조건≫에서 제시한 파일 크기를 정확하게 지켜주어야 하며, 답안 작성요령에 제시된 것처럼 Image Mode(이미지 모드)는 RGB를 지정하고, 해상도는 72 pixels/inch(픽셀/인치), 눈금자의 단위는 '픽셀'을 지정하여야 합니다.

02 전체적인 작업을 위해서 먼저 View(보기) 메뉴에서 Ruler(눈금자)를 선택하여 작업 창에 눈금자를
표시합니다. 그리고 눈금자 안쪽에서부터 마우스를 클릭 드래그하여 가로 안내선을 끌어옵니다.
계속하여 세로 방향의 안내선 또한 위와 동일한 방법으로 끌어와 작업 창을 4등분합니다.

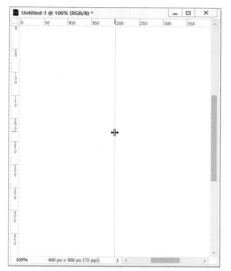

눈금자를 표시하였을 때 눈금자 단위가 Pixels(픽셀)이
아닐 경우에는 눈금자 위에 마우스 오른쪽 키를 누르
면 단위를 변경할 수 있습니다.

문제에서 제시된 ≪출력형태≫와 레이아웃 구성을 동일하게 작
업하기 위해서 안내선을 표시하고, 안내선이 움직이는 것을 방지
하고자 한다면 View(보기) 메뉴에서 Lock Guides(눈금자 잠금) 메
뉴를 실행하여 잠금 상태에서 작업하면 됩니다. 눈금자를 불러온
후 안내선을 함께 사용하면 ≪출력형태≫와 동일한 크기나 레이
아웃으로 작업하기 용이합니다.

03 작업 창을 저장하기 위해서 [File(파일)]-[Save(저장)] 메뉴를 선택하여 '내 PC₩문서₩GTQ' 폴더가
아닌 바탕화면이나 다른 폴더에 '수험번호-성명-문제번호.psd'로 임시 파일을 저장합니다.

임시로 파일을 저장하는 이유는 작업 중 시스템이나 프로
그램에 문제가 생기거나 작업자가 최종 점검 시 오류나
누락된 부분이 있을 경우 수정 작업을 할 수 있도록 저장
해 놓는 임시 파일로 실제 제출하지 않습니다.

02. 배경 이미지 표현

01 File(파일)–Open(열기) 메뉴를 실행하여 'Part 03〉유형01〉소스파일' 폴더 안의 1급-1.jpg 파일을 불러옵니다.

포토샵

02 도구 패널에서 Move Tool(이동 도구)✛ 을 선택하고 **Shift** 키를 누른 채 작업 창으로 드래그합니다.

이미지를 다른 작업 창으로 드래그할 때 **Shift** 키를 누른 채로 드래그하면 정중앙에 이미지가 배치됩니다.

03 Edit(편집)-Free Transform(자유 변형) 메뉴를 실행하여 **Alt** 키를 누른 채 변형 컨트롤의 모서리 부분을 드래그하여 크기를 축소한 후 **Enter** 키를 누릅니다. 그리고 출력형태와 동일하게 이미지를 이동시켜 배치합니다.

Alt 키를 누른 채 변형 컨트롤의 모서리를 드래그하면 중심이 이미지의 정중앙이 됩니다. 또한 예전 버전에서는 **Shift** 키를 동시에 누른 채 드래그해야 가로세로 같은 비율로 크기를 조정할 수 있었으나, 최신 버전에서는 옵션 패널의 'Maintain aspect ratio(가로 세로 비율 유지)' 체크 유무에 따라 사용법이 달라졌습니다. **Ctrl** + **T** 를 눌렀을 때 옵션 패널의 가로 세로 비율 유지 버튼을 해제하면 기존 버전처럼 사용할 수 있으며, Edit(편집)-Preferences(환경설정)-General(일반)에서 'Use Legacy Free Transform(레거시 자유 변형)'을 선택하고 사용하면 됩니다.

04 Layers(레이어) 패널에서 이미지 레이어를 선택하고 Filter(필터)-Filter Gallery(필터 갤러리)-Artistic(예술 효과)-Paint Daubs(페인트 딥스/페인트 바르기) 메뉴를 실행하여 출력형태와 동일하게 옵션값을 조절합니다.

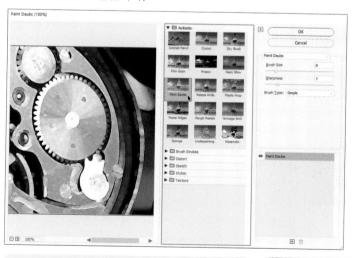 

Filter(필터) 효과 중에 일부 필터는 Filter Gallery(필터 갤러리) 메뉴에 있으므로 미리 숙지하는 것이 시간을 낭비하지 않고, 조건에서 옵션값을 제시하지 않으므로 출력형태와 비슷하게 효과가 표현될 수 있도록 옵션을 임의로 조절합니다.

✔합격 Point
《출력형태》와 동일한 이미지 배치와 Filter(필터) 효과를 적용합니다.
① 1급-1.jpg : 필터 - Paint Daubs(페인트 딥스/페인트 바르기)

03. 망치 모양 패스 작업

01 도구 패널에서 Pen Tool(펜 도구) ✐을 선택하고 옵션 패널의 Path(패스) 항목을 선택합니다. 그리고 Window(창) 메뉴에서 Paths(패스) 패널을 불러온 후 패스 패널 하단의 Create new path(새 패스를 만듭니다) 버튼을 눌러 저장된 패스를 생성합니다.

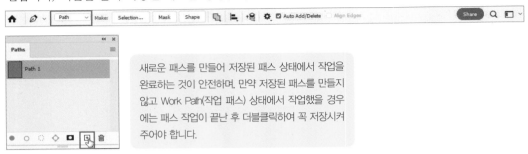

새로운 패스를 만들어 저장된 패스 상태에서 작업을 완료하는 것이 안전하며, 만약 저장된 패스를 만들지 않고 Work Path(작업 패스) 상태에서 작업했을 경우에는 패스 작업이 끝난 후 더블클릭하여 꼭 저장시켜 주어야 합니다.

02 망치 헤드 부분에 해당하는 곡선 모양을 그려주고, 모양 수정이 필요할 경우에는 Direct Selection Tool(직접 선택 도구) ▷로 수정합니다.

03 다시 도구 패널에서 Rectangle Tool(사각형 도구)□을 선택하고, 옵션 패널의 Path(패스) 항목을 선택합니다. 또한 Path operations(패스 작업) 항목에서 Combine Shapes(모양 결합)를 선택하고, Radius(반경)을 설정한 후 앞서 작업한 곡선 모양에 드래그합니다.

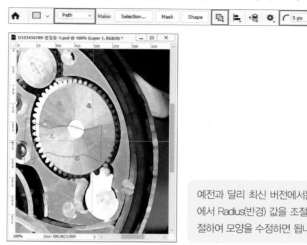

예전과 달리 최신 버전에서는 둥근 사각형 도구가 사라졌기 때문에 사각형 도구에서 Radius(반경) 값을 조절하여 사용하거나 사각형을 그린 후 모서리 반경을 조절하여 모양을 수정하면 됩니다.

04 Edit(편집)-Free Transform(자유 변형) 메뉴를 실행하여 회전시키고, 계속하여 Path Selection Tool(패스 선택 도구)▶을 선택하고 Alt 키를 누른 채 드래그하여 하나를 더 복사합니다.

05 손잡이 부분을 만들기 위해 다시 Rectangle Tool(사각형 도구)□을 선택합니다. 그리고 옵션 패널의 Path(패스) 항목이 지정된 상태에서 Path operations(패스 작업) 항목의 Combine Shapes(모양 결합)를 선택하고, Radius(반경)을 설정한 후 길쭉한 직사각형 모양을 그려줍니다.

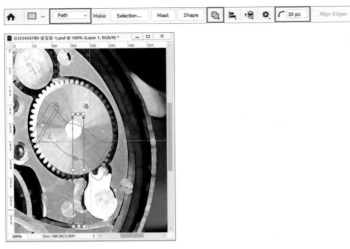

06 해당 패스가 선택된 상태에서 Edit(편집)-Transform(변형)-Perspective(원근) 메뉴를 실행하여 하단 부분이 퍼지도록 모양을 수정하고, 계속하여 Edit(편집)-Free Transform(자유 변형) 메뉴를 실행하여 회전시킵니다.

07 이번에는 중앙의 원 부분을 그리기 위해서 도구 패널에서 Ellipse Tool(타원 도구)◯을 선택하고, 옵션 패널의 Path(패스) 항목을 선택합니다. 그리고 Path operations(패스 작업)에서 Exclude Overlapping Shapes(모양 오버랩 제외)를 지정하고 원을 그려줍니다.

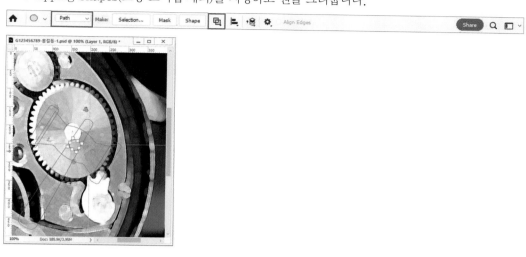

08 만일 패스 작업한 부분에 수정이 필요할 경우에는 도구 패널에서 Direct Selection Tool(직접 선택 도구)▸을 사용하여 모양을 수정하면 됩니다.

♕합격 Point

《출력형태》와 동일한 모양으로 패스를 만들고, Paths(패스) 패널에 반드시 저장된 패스로 작업해야 합니다.

② Save Path(패스 저장) : 망치 모양

04. Clipping Mask(클리핑 마스크) 적용

01 먼저 완료된 패스 영역을 선택하기 위해서 Paths(패스) 패널 하단의 Load path as a selection (패스를 선택 영역으로 불러옵니다) 버튼을 클릭하거나 **Ctrl** + **Enter** 키를 눌러 선택 영역을 활성화합니다.

패스 패널에 등록된 패스 영역을 선택 영역으로 활성화하기 위해서 키보드의 **Ctrl** 키를 누른 채해당 패스 썸네일 영역을 클릭하면 좀 더 용이하게 패스 영역을 선택할 수 있습니다.

02 Layers(레이어) 패널 하단의 'Create a new layer(새 레이어를 만듭니다)' 버튼을 클릭하여 투명 레이어를 생성하고, **Alt** + **Delete** 키를 눌러 전경색을 채워 넣은 후 **Ctrl** + **D** 를 눌러 선택 영역을 해제합니다.

Alt + **Delete** 는 전경색을 한 번에 채워 넣는 단축키이고, **Ctrl** + **Delete** 는 배경색을 채워 넣습니다.

03 이제 마스크를 적용하기 위해서 File(파일)-Open (열기) 메뉴를 실행하여 'Part 03〉유형01〉소스파일' 폴더 안의 1급-2.jpg 파일을 불러옵니다.

포토샵

04 Move Tool(이동 도구)✛ 을 선택하고 작업 중인 창으로 드래그하여 이미지를 끌어옵니다. Layers (레이어) 패널에서 앞서 만들어 놓은 레이어 상단에 이미지가 위치하도록 확인하고, Layer(레이어) 메뉴에서 Create Clipping Mask(클리핑 마스크 만들기)를 실행하여 망치 모양 안에만 이미지가 보이도록 처리해 줍니다.

> 클리핑 마스크를 좀 더 빠르게 적용하려면 Layers(레이어) 패널에서 삽입하고자 하는 레이어가 선택된 상태에서 키 보드의 [Alt] 키를 누르고 패스 작업한 레이어와 삽입하고자 하는 레이어 사이에서 마우스를 클릭하면 됩니다.

05 Edit(편집)-Free Transform(자유 변형) 메뉴를 실행하여 [Shift] 키 누른 채 변형 컨트롤의 모서리 부분을 드래그하여 크기를 축소한 후 [Enter] 키를 누릅니다. 그리고 출력형태와 동일하게 이미지를 이동시켜 배치합니다.

06 Layers(레이어) 패널에서 망치 모양 레이어를 선택하고 패널 하단의 Add a layer style(레이어 스타일을 추가합니다) 버튼을 클릭하여 Stroke(선/획)을 선택합니다. 대화상자에서 Size(크기)를 입력하고, Fill Type(칠 유형)을 Gradient(그레이디언트)로 설정한 후 Click to edit the gradient (클릭하여 그레이디언트 편집)를 클릭, 슬라이더 왼쪽 하단의 Color Stop(색상 정지점)을 더블클릭 하여 조건에서 제시한 색상을 적용합니다.

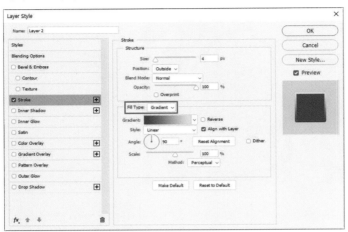 

07 오른쪽 색상 또한 위와 동일한 방법으로 색상을 적용하고, 연속적으로 Inner Shadow(내부 그림자)를 선택, 출력형태와 동일하게 옵션을 조절하여 효과를 적용합니다.

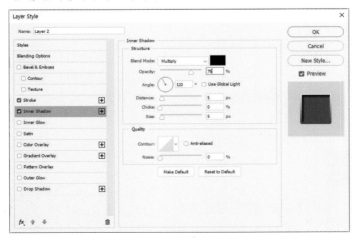 

▼합격 Point

≪출력형태≫와 동일하게 이미지를 표현하고, Layer Style(레이어 스타일) 효과를 적용합니다.

③ Mask(마스크) : 망치 모양. 1급-2.jpg를 이용하여 작성

레이어 스타일-Stroke(선/획)(4px, 그레이디언트(#990099, #ffff66)), Inner Shadow(내부 그림자)

05. 이미지 크기 조절 및 Layer Style(레이어 스타일) 적용

01 File(파일)-Open(열기) 메뉴를 실행하여 'Part 03〉유형01〉소스파일' 폴더 안의 1급-3.jpg 파일을 불러옵니다.

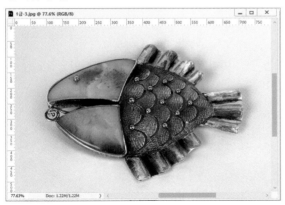

02 도구 패널에서 Object Selection Tool(개체 선택 도구)▣을 선택하고 옵션 패널에서 Mode(모드)를 Rectangle(사각형)로 지정한 후 이미지를 드래그하여 선택합니다. 선택 영역을 편집하고자 한다면 Lasso Tool(올가미 도구)◯을 사용하여 **Alt** 키를 누른 채 드래그하여 선택 영역을 제외하거나 **Shift** 키를 사용하여 선택 영역을 합쳐주면 됩니다.

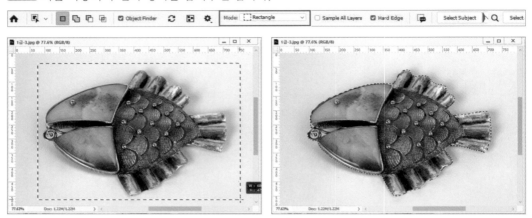

> 개체 선택 도구는 이미지에서 일부분을 드래그하여 선택할 때 유용하고, 반면에 'Select Subject(피사체 선택)' 항목을 체크하면 이미지 전체의 피사체를 선택하는 옵션입니다. 포토샵 버전 문제로 인하여 개체 선택 도구를 사용할 수 없는 경우에는 Magnetic Lasso Tool(자석 올가미 도구)▷이나 Quick Selection Tool(빠른 선택 도구)◯를 사용하여 선택할 수 있도록 합니다.

03 Move Tool(이동 도구)✛을 사용하여 작업 중인 이미지 창으로 드래그하여 끌어오면 Layers(레이어) 패널에 레이어가 추가된 것이 보일 것입니다.

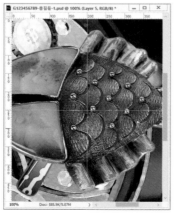 

04 Edit(편집)-Free Transform(자유 변형) 메뉴를 실행한 후 Shift 키를 누른 채 변형 컨트롤 모서리 부분을 드래그하여 크기를 축소하고 Enter 키를 누릅니다.

05 계속하여 Layers(레이어) 패널 하단의 Add a layer style(레이어 스타일을 추가합니다) 버튼을 클릭 하여 Outer Glow(외부 광선)를 선택하고 세부 옵션을 출력형태와 동일하게 조절합니다.

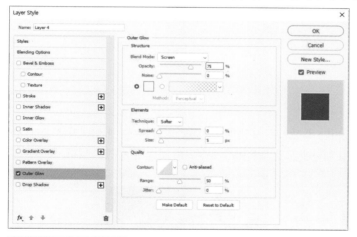

💙합격 Point

≪출력형태≫와 동일하게 크기 조절 후 이미지를 배치하고, Layer Style(레이어 스타일) 효과를 적용합니다.

④ 1급-3.jpg : 레이어 스타일-Outer Glow(외부 광선)

06. Shape(모양) 그리기 및 Layer Style(레이어 스타일) 적용

01 도구 패널에서 Custom Shape Tool(사용자 정의 모양 도구)을 선택하고, 옵션 패널의 Pick tool mode(선택 도구 모음)에서 Shape(모양)를 선택합니다. 그런 다음 오른쪽 Shape(모양)에서 Legacy Shapes and More(레거시 모양 및 기타)를 클릭, All Legacy Default Shapes(모든 레거시 기본 모양)의 Nature(자연)에서 꽃 모양을 선택합니다.

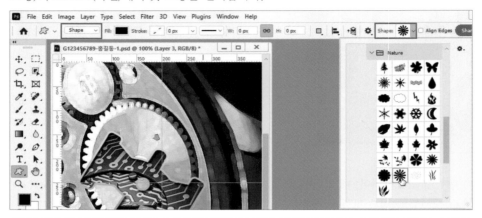

> 최신 버전의 인터페이스가 달라졌기 때문에 예전 버전의 Shape(도형)를 찾기 위해서는 상기 방법대로 찾아야 하며, Window(창) 메뉴에서 Shapes(모양) 패널을 불러와 사용해도 됩니다.

02 또한 전경색을 조건에서 제시한 색상으로 지정한 후 [Shift] 키를 누른 채 이미지에 드래그하여 모양을 그려주면 Layers(레이어) 패널에 모양 레이어가 생성되는 것을 볼 수 있습니다.

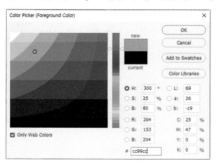

> 사용자 정의 모양 도구를 사용할 때 [Shift] 키를 누르는 이유는 저장된 모양의 가로, 세로 비율을 유지한 채로 그리기 위해서이고, 만일 모양을 만든 후 색상을 변경하고자 할 경우에는 해당 레이어의 썸네일 부분을 더블클릭하여 수정하면 됩니다.

포토샵

03 Layers(레이어) 패널 하단의 Add a layer style(레이어 스타일을 추가합니다) 버튼을 클릭하여 Drop Shadow(그림자 효과)를 선택한 후 출력형태와 동일하게 옵션을 조절합니다.

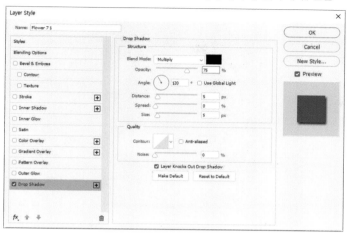 

04 계속하여 폭발 모양을 만들기 위해서 Custom Shape Tool(사용자 정의 모양 도구) 을 선택하고, 옵션 패널에서 Pick tool mode(선택 도구 모음)에서 Shape(모양)를 선택합니다. 그런 다음 오른쪽 Shape(모양)에서 Legacy Shapes and More(레거시 모양 및 기타)를 클릭, All Legacy Default Shapes(모든 레거시 기본 모양)의 Symbols(심볼)에서 폭발 모양을 선택합니다.

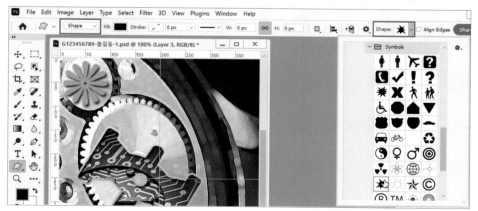

05 또한 전경색을 조건에서 제시한 색상으로 지정한 후 Shift 키를 누른 채 이미지에 드래그하여 그려 주고, Edit(편집)-Free Transform(자유 변형) 메뉴를 실행하여 회전시켜 줍니다.

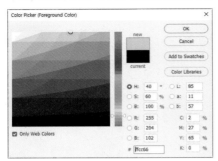  

Edit(편집)-Free Transform(자유 변형)은 자주 사용하는 기능이므로 단축키(Ctrl + T)를 사용하도록 합니다.

06 Layers(레이어) 패널 하단의 Add a layer style(레이어 스타일을 추가합니다) 버튼을 클릭하여 Inner Shadow(내부 그림자)를 선택하고 세부 옵션을 출력형태와 동일하게 조절합니다.

포토샵

07 하나를 더 만들기 위해서 Move Tool(이동 도구)✥을 선택하고 **Alt** 키를 누른 채 폭발 모양을 드래그하여 복사합니다. 그런 다음 Layers(레이어) 패널의 썸네일 부분을 더블클릭하여 조건에서 제시한 색상으로 변경하고 **Ctrl**+**T**를 눌러 회전 및 크기를 조절합니다.

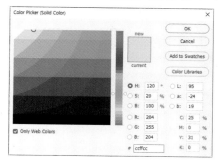  

♡ 합격 Point

≪출력형태≫와 동일한 Shape(모양)을 만든 후 Layer Style(레이어 스타일) 효과를 적용합니다.

⑤ Shape Tool(모양 도구) :

– 꽃 모양 (#cc99cc, 레이어 스타일 – Drop Shadow(그림자 효과))

– 폭발 모양 (#ffcc66, #ccffcc, 레이어 스타일 – Inner Shadow(내부 그림자))

07. 문자 입력과 왜곡, Layer Style(레이어 스타일) 적용

01 도구 패널에서 Horizontal Type Tool(수평 문자 도구) **T**을 선택하고 이미지 위에 마우스를 클릭하여 조건에서 제시한 문자를 입력합니다.

02 Layers(레이어) 패널을 보면 문자 레이어가 생성된 것을 볼 수 있는데, 이 레이어의 썸네일 부분을 더블클릭하여 블록을 잡거나 도구 패널에서 Move Tool(이동 도구)✥를 선택한 후 Character(문자) 패널에서 글꼴과 크기를 조절합니다.

> 문자 입력 시에는 조건에서 제시한 글꼴과 스타일, 크기, 색상을 설정하고 이 외의 다른 속성들은 모두 기본값을 사용해야 하기 때문에 반드시 Character(문자) 패널을 확인해야 합니다.

03 계속하여 블록이 잡힌 상태나 커서가 깜박이는 상태에서 문자를 변형시키기 위해서 옵션 패널 상단의 Create Warped Text(뒤틀어진 텍스트 만들기) 버튼을 클릭하여 Style(스타일)에서 Arc Lower(아래 부채꼴)를 선택하고 휘는 정도 값을 조절합니다.

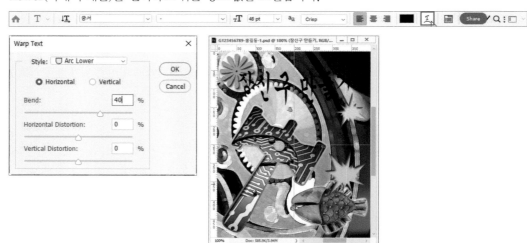

04 Layers(레이어) 패널 하단의 Add a layer style(레이어 스타일을 추가합니다) 버튼을 클릭하여 Gradient Overlay(그레이디언트 오버레이)를 선택하고, 색상을 각각 지정합니다.

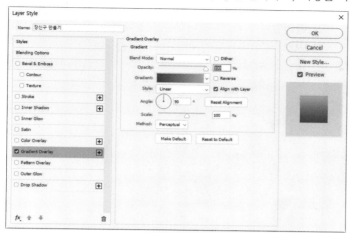

05 이어서 Stroke(선/획) 레이어 스타일을 선택하고 Size(크기)와 Color(색상)를 지정하여 작업을 완성합니다.

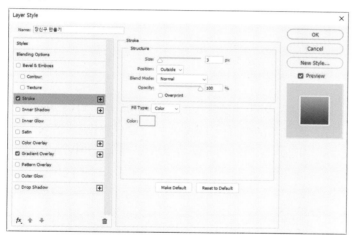

> ❤️ 합격 Point
>
> ≪조건≫에서 제시한 문자 입력 후 글꼴과 크기, 색상 등을 조절하고, Layer Style(레이어 스타일) 효과를 적용합니다. 문자 효과 적용 시 조건에서 제시한 글꼴과 크기 등을 제외한 나머지 항목에 대한 부분은 Character(문자) 패널에서 모두 기본값 이어야 합니다.
> ① 장신구 만들기 (궁서, 48pt, 레이어 스타일 – 그레이디언트 오버레이(#6600cc, #ff9933), Stroke (선/획)(3px, #ffffcc))

08. 레이아웃 정리와 저장, 답안 전송

01 전체 작업이 모두 끝났으므로 ≪출력형태≫와 동일하도록 눈금자 또는 안내선을 이용하여 최종적으로 이미지의 크기와 위치 등을 확인합니다. 또한 안내선을 사용하였을 경우 View(보기)–Show(보이기)–Guides(안내선) 메뉴를 실행하여 안내선을 삭제하거나 가려줍니다.

안내선을 생성하여 움직이지 않도록 처리한 경우 이동시키거나 삭제하기 위해서는 View(보기)–Lock Guides(안내선 잠금) 메뉴를 실행하여 잠금 해제하면 됩니다.

02 최종적으로 File(파일)–Save(저장)를 눌러 저장시키고, 제출할 파일을 다시 저장하기 위해서 File(파일)–Save As(다른 이름으로 저장) 메뉴를 실행하여 '내 PC₩문서₩GTQ' 폴더 안에 포맷 형식을 JPEG(*.JPG;*.JPEG)로 지정한 후 파일 이름을 '수험번호–성명–문제번호.jpg'를 입력하고 저장합니다.

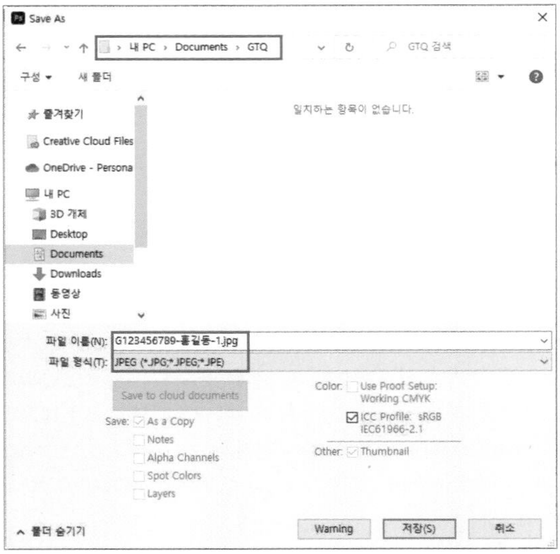

최종 파일인 jpg 파일과 psd 파일이 동일해야 하므로 마지막 저장 시 Layers(레이어) 패널을 다시 한 번 확인한 후 저장하여야 합니다.

03 이번에는 이미지 크기를 조절하여 PSD로 저장하기 위해서 Image(이미지)-Image Size(이미지 사이즈) 메뉴를 클릭합니다. 대화상자 중간의 Constrain aspect ratio(비율 제한) 버튼이 활성화되어 있는지 확인하고, 오른쪽 설정 버튼을 눌러 Scale Styles(스타일 크기) 또한 체크되어 있는지 확인합니다. 그런 다음 Width(폭) 사이즈를 '40'으로 입력하면 그러면 Height(세로) 사이즈가 같이 수정되는 것을 볼 수 있습니다.

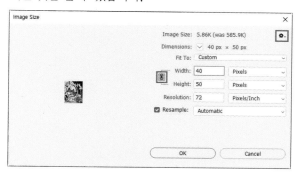

Constrain aspect ratio(비율 제한)은 가로나 세로 사이즈 하나만 조절하더라도 나머지가 동일한 비율로 크기가 조절되게 하기 위해서 체크하고 사용합니다.

04 마지막으로 File(파일)-Save As(다른 이름으로 저장) 메뉴를 실행하여 '내 PC₩문서₩GTQ' 폴더 안에 포맷 형식을 PSD(*.PSD;*.PDD)로 지정하고, 파일 이름을 '수험번호-성명-문제번호.psd'를 입력하고 저장합니다.

05 답안을 전송하기 전에 '문서' 폴더 안에 앞서 작업한 파일에 대한 파일 이름과 파일 형식 등을 확인하고, 수험 프로그램에서 [답안 전송]을 클릭하여 감독관 컴퓨터로 전송합니다.

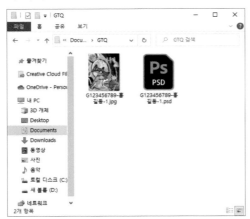

🔻합격 Point

수험자 유의사항에 제시된 파일명은 본인의 "수험번호 – 성명 – 문제번호"로 공백 없이 정확히 입력하고 답안폴더(내 PC\문서\GTQ)에 jpg 파일과 psd 파일의 2가지 포맷으로 저장해야 하며, jpg 파일과 psd 파일의 내용이 상이할 경우 0점 처리됩니다. 답안문서 파일명이 "수험번호 – 성명 – 문제번호"와 일치하지 않거나, 답안 파일을 전송하지 않아 미제출로 처리될 경우 불합격 처리됩니다. 수험자 정보와 저장한 파일명, 저장 위치가 다를 경우 전송이 되지 않으므로 주의하시고 위 내용을 꼭 지켜주어야 합니다.

파일 저장 규칙 :
JPG
– 파일명 : 내 PC\문서\GTQ\수험번호 – 성명 – 1.jpg
– 크기 : 400×500 pixels
PSD
– 파일명 : 내 PC\문서\GTQ\수험번호 – 성명 – 1.jpg
– 크기 : 400×500 pixels

문제 2 [기능평가] 사진편집 응용 ··· 20점

새 작업 이미지 만들기 및 파일 저장 → 배경 이미지 표현 → 색상 보정 및 Layer Style(레이어 스타일) 적용 → 이미지 선택 및 Layer Style(레이어 스타일) 적용 → Shape Tool(모양 도구) 사용 → 문자 입력과 왜곡, Layer Style(레이어 스타일) 적용 → 레이아웃 정리와 저장, 답안 전송

01. 새 작업 이미지 만들기 및 파일 저장

01 File(파일)-New(새로 만들기) 메뉴를 선택하고 Width(폭) 400pixels(픽셀)과 Height(높이) 500 pixels(픽셀)을 입력합니다. Resolution(해상도)은 72pixels/inch(픽셀/인치), Color Mode(색상 모드)는 RGB를 지정하고, Background Contents(배경 내용)는 White(흰색)를 설정합니다.

▼ 합격 Point

《조건》에서 제시한 파일 크기를 정확하게 지켜주어야 하며, 답안 작성요령에 제시된 것처럼 Image Mode(이미지 모드)는 RGB를 지정하고, 해상도는 72 pixels/inch(픽셀/인치), 눈금자의 단위는 '픽셀'을 지정하여야 합니다.

02 전체적인 작업을 위해서 먼저 View(보기) 메뉴에서 Ruler(눈금자)를 선택하여 작업 창에 눈금자를 표시합니다. 그리고 눈금자 안쪽에서부터 마우스를 클릭 드래그하여 가로 안내선을 끌어옵니다. 계속하여 세로 방향의 안내선 또한 위와 동일한 방법으로 끌어와 작업 창을 4등분합니다.

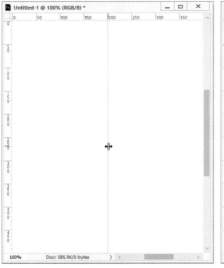

125

Photoshop

눈금자를 표시하였을 때 눈금자 단위가 Pixels(픽셀)이 아닐 경우에는 눈금자 위에 마우스 오른쪽 키를 누르면 단위를 변경할 수 있습니다.

문제에서 제시된 《출력형태》와 레이아웃 구성을 동일하게 작업하기 위해서 안내선을 표시하고, 안내선이 움직이는 것을 방지하고자 한다면 View(보기) 메뉴에서 Lock Guides(눈금자 잠금) 메뉴를 실행하여 잠금 상태에서 작업하면 됩니다. 눈금자를 불러온 후 안내선을 함께 사용하면 《출력형태》와 동일한 크기나 레이아웃으로 작업하기 용이합니다.

03 작업 창을 저장하기 위해서 [File(파일)]-[Save(저장)] 메뉴를 선택하여 '내 PC₩문서₩GTQ' 폴더가 아닌 바탕화면이나 다른 폴더에 '수험번호-성명-문제번호.psd'로 임시 파일을 저장합니다.

임시로 파일을 저장하는 이유는 작업 중 시스템이나 프로그램에 문제가 생기거나 작업자가 최종 점검 시 오류나 누락된 부분이 있을 경우 수정 작업을 할 수 있도록 저장해 놓는 임시 파일로 실제 제출하지 않습니다.

02. 배경 이미지 표현

01 File(파일)-Open(열기) 메뉴를 실행하여 'Part 03〉유형01〉소스파일' 폴더 안의 1급-4.jpg 파일을 불러옵니다.

02 도구 패널에서 Move Tool(이동 도구)✛을 선택하고 작업 창으로 끌어온 후 Edit(편집)−Free Transform(자유 변형) 메뉴를 실행하여 **Shift** 키를 누른 채 변형 컨트롤 모서리 부분을 드래그하여 축소합니다. 출력형태와 동일한 위치에 배치하고, Filter(필터)−Filter Gallery(필터 갤러리)−Brush Strokes(브러시 획)−Crosshatch(그물눈) 메뉴를 실행하여 필터 효과를 적용합니다.

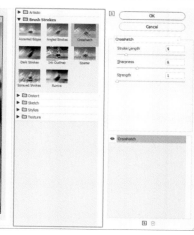

이미지를 다른 작업 창으로 드래그할 때 **Shift** 키를 누른 채로 드래그하면 정중앙으로 이미지가 이동됩니다.

✚합격 Point

≪출력형태≫와 동일한 이미지 배치와 Filter(필터) 효과를 적용합니다.

① 1급−4.jpg : 필터 − Crosshatch(그물눈)

03. 색상 보정 및 Layer Style(레이어 스타일) 적용

01 File(파일)−Open(열기) 메뉴를 실행하여 'Part 03〉
유형01〉소스파일' 폴더 안의 1급-5.jpg 파일을 불
러옵니다.

02 도구 패널에서 Magnetic Lasso Tool(자석 올가미 도구)🔗을 선택하고 옵션 패널에서 Frequency
(빈도수) 값을 높게 설정한 후 이미지에 마우스를 클릭합니다. 그리고 이미지 외곽을 따라 마우스를
이동하면 이미지에 달라붙듯이 포인트가 생성되며 따라오고, 처음 클릭했던 시작점에서 원형 모양
으로 포인트 모양이 바뀌면 클릭하여 선택영역으로 활성화합니다.

포인트 생성 도중 잘못 지정되었을 경우에는 **Delete** 키를 눌러 다시 선택할 수 있습니다. 또한 처음 클릭한 시작점
을 찾을 수 없을 경우에는 시작점 근처에서 더블클릭하면 선택영역이 활성화됩니다. 또한 선택영역이 정확하지 않
은 부분은 Lasso Tool(올가미 도구)🔗을 선택하고 **Shift** 키를 사용하여 선택영역을 추가하거나 **Alt** 키를 사용
하여 선택영역을 제외시키는 방법으로 선택영역을 편집합니다.

03 Move Tool(이동 도구)✛을 사용하여 작업 중인 이미지 창으로 끌어온 후 Edit(편집)-Free Transform(자유 변형) 메뉴를 실행하여 [Shift] 키를 누른 채 변형 컨트롤 모서리 부분을 드래그하여 축소합니다. 계속하여 Edit(변형)-Transform(변형)-Flip Horizontal(가로로 뒤집기)을 실행하여 반사시켜 줍니다.

04 이미지의 일부분만을 보정해야 하므로 [Ctrl] 키를 누른 채 해당 레이어의 썸네일 부분을 클릭하여 전체 영역을 선택합니다. 그런 다음 Lasso Tool(올가미 도구)◯로 제외시키고자 하는 부분을 드래그하여 선택영역에서 제외시켜 줍니다.

05 Layers(레이어) 패널 하단의 Create new fill or adjustment layer(새 칠 또는 조정 레이어를 만듭니다) 버튼을 클릭하여 Hue/Saturation(색조/채도)를 선택합니다. Properties(속성) 패널에서 하단의 Colorize(색상화) 항목을 체크하고, Hue(색조)와 Saturation(채도) 값을 조절하여 빨간색 계열로 보정합니다. 그러면 Layers(레이어) 패널에 조정 레이어가 따로 생긴 것을 볼 수 있습니다.

조정 레이어는 속성 패널을 이용하여 원본을 그대로 유지하면서 이미지의 색상과 톤을 보정할 수 있는 기능으로 수정이 가능하며, 이미지 제어 기능과 다양한 설정 기능으로 손쉽게 이미지를 보정할 수 있습니다. 또한 Colorize(색상화) 항목을 체크하게 되면 이미지 색상이 듀오톤으로 바뀌어 한 가지 색상으로만 보정되고, 체크하지 않을 경우에는 기존의 색상에 새롭게 조절하는 색상이 혼합되어 적용됩니다.

06 나머지 이미지 또한 위와 동일한 방법으로 선택 및 조정 레이어를 사용하여 파란색으로 색상을 보정합니다.

포토샵

07 Layers(레이어) 패널에서 이미지 레이어를 선택하고 하단의 Add a layer style(레이어 스타일을 추가합니다) 버튼을 클릭하여 Drop Shadow(그림자 효과)를 클릭한 후 출력형태와 동일하게 세부 옵션을 조절합니다.

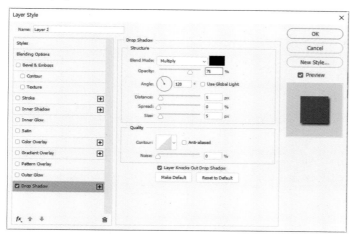

▽ 합격 Point

≪출력형태≫와 동일하게 이미지를 배치하고, 색상 보정 후 Layer Style(레이어 스타일)을 적용합니다.

② 색상 보정 : 1급—5.jpg – 빨간색, 파란색 계열로 보정

③ 1급—5.jpg : 레이어 스타일 – Drop Shadow(그림자 효과)

04. 이미지 선택 및 Layer Style(레이어 스타일) 적용

01 File(파일)-Open(열기) 메뉴를 실행하여 'Part 03〉유형01〉소스파일' 폴더 안의 1급-6.jpg 파일을 불러옵니다.

포토샵

02 도구 패널에서 Quick Selection Tool(빠른 선택 도구)을 선택하고 옵션 패널에서 브러시 크기를 조절한 후 마우스를 드래그하며 선택합니다. 다른 선택 도구와 마찬가지로 **Shift** 키를 눌러 선택 영역을 추가하거나 **Alt** 키를 눌러 제외시켜 가며 영역을 편집하면 됩니다.

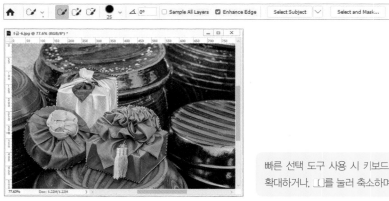

빠른 선택 도구 사용 시 키보드의]를 눌러 브러시의 크기를 확대하거나, [를 눌러 축소하며 빠르게 조절할 수 있습니다.

03 Move Tool(이동 도구)✛을 사용하여 작업 중인 이미지 창으로 드래그하여 이동시킨 후 Edit(편집)–Free Transform(자유 변형) 메뉴를 실행합니다. **Shift** 키를 누른 채 변형 컨트롤 모서리 부분을 드래그하여 크기를 축소하고 **Enter** 키를 누릅니다.

04 계속하여 Layers(레이어) 패널 하단의 Add a layer style(레이어 스타일을 추가합니다) 버튼을 클릭하여 Outer Glow(외부 광선)를 선택한 후 세부 옵션을 출력형태와 동일하게 조절합니다.

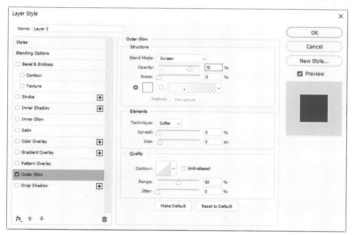 

▽ 합격 Point

≪출력형태≫와 동일하게 이미지를 배치하고, Layer Style(레이어 스타일)을 적용합니다.
④ 1급-6.jpg : 레이어 스타일-Outer Glow(외부 광선)

05. Shape Tool(모양 도구) 사용

01 도구 패널에서 Custom Shape Tool(사용자 정의 모양 도구)🐾을 선택하고, 옵션 패널의 Pick tool mode(선택 도구 모음)에서 Shape(모양)를 선택합니다. 그런 다음 오른쪽 Shape(모양)에서 Legacy Shapes and More(레거시 모양 및 기타)를 클릭, All Legacy Default Shapes(모든 레거시 기본 모양)의 Nature(자연)에서 해 모양을 선택합니다.

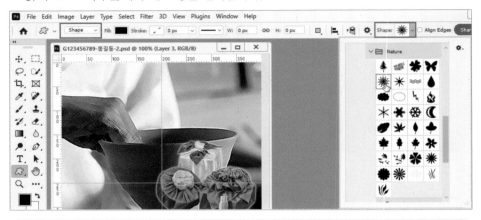

최신 버전의 인터페이스가 달라졌기 때문에 예전 버전의 Shape(도형)를 찾기 위해서는 상기 방법대로 찾아야 하며, Window(창) 메뉴에서 Shapes(모양) 패널을 불러와 사용해도 됩니다.

02 또한 전경색을 조건에서 제시한 색상으로 지정한 후 **Shift** 키를 누른 채 작업 창에 드래그하여 모양을 그려주면 Layers(레이어) 패널에 모양 레이어가 생성되는 것을 볼 수 있습니다.

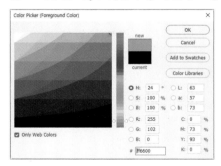

사용자 정의 모양 도구를 사용할 때 **Shift** 키를 누르는 이유는 저장된 모양의 가로, 세로 비율을 유지한 채로 그리기 위해서이고, 만일 모양을 만든 후 색상을 변경하고자 할 경우에는 해당 레이어의 썸네일 부분을 더블클릭하여 수정하면 됩니다.

포토샵

03 Layers(레이어) 패널 하단의 Add a layer style(레이어 스타일을 추가합니다) 버튼을 클릭하여 Drop Shadow(그림자 효과)를 선택한 후 출력형태와 동일하게 세부 옵션을 조절합니다.

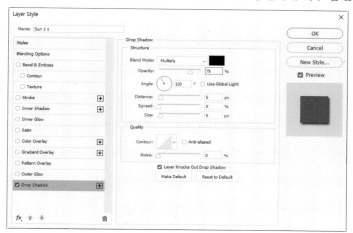

04 이번에는 장식 모양을 만들기 위해서 도구 패널의 Custom Shape Tool(사용자 정의 모양 도구)✿을 선택하고, 옵션 패널의 Pick tool mode(선택 도구 모음)에서 Shape(모양)를 선택합니다. 그런 다음 오른쪽 Shape(모양)에서 Legacy Shapes and More(레거시 모양 및 기타)를 클릭, All Legacy Default Shapes(모든 레거시 기본 모양)의 장식 모양을 선택합니다. 또한 전경색을 조건에서 제시한 색상으로 지정한 후 **Shift** 키를 누른 채 작업 창에 드래그하여 그려줍니다.

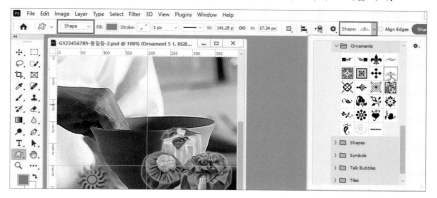

05 Layers(레이어) 패널 하단의 Add a layer style(레이어 스타일을 추가합니다) 버튼을 클릭하여 Bevel and Emboss(경사와 엠보스)를 선택하고 세부 옵션을 출력형태와 동일하게 조절합니다.

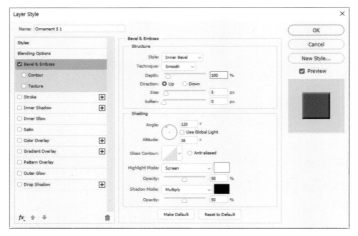

✔ 합격 Point

≪출력형태≫와 동일한 Shape(모양)를 만든 후 Layer Style(레이어 스타일) 효과를 적용합니다.

⑤ Shape Tool(모양 도구) :
- 해 모양 (#ff6600, 레이어 스타일 – Drop Shadow(그림자 효과))
- 장식 모양 (#cc66ff, 레이어 스타일 – Bevel and Emboss(경사와 엠보스))

06. 문자 입력과 왜곡, Layer Style(레이어 스타일) 적용

01 도구 패널에서 Horizontal Type Tool(수평 문자 도구) **T**을 선택하고 이미지 위에 마우스를 클릭하여
조건에서 제시한 문자를 입력합니다.

02 Layers(레이어) 패널에 생성된 문자 레이어의 썸네일 부분을 더블클릭하여 블록을 잡거나 도구
패널의 Move Tool(이동 도구) ✛를 선택한 후 Character(문자) 패널에서 글꼴과 스타일, 크기를 조절
합니다.

문자 입력 시에는 조건에서 제시한 글꼴과 스타일, 크기, 색상을 설정
하고 이 외의 다른 속성들은 모두 기본값을 사용해야 하기 때문에 반
드시 Character(문자) 패널을 확인해야 합니다.

03 계속하여 블록이 잡힌 상태나 커서가 깜박이는 상태에서 문자를 변형시키기 위해서 옵션 패널 상단의 Create Warped Text(뒤틀어진 텍스트 만들기) 버튼을 클릭하여 Style(스타일)에서 Flag(깃발)를 선택하고 휘는 정도 값을 조절합니다.

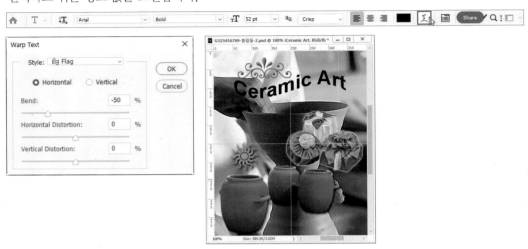

04 Layers(레이어) 패널 하단의 Add a layer style(레이어 스타일을 추가합니다) 버튼을 클릭하여 Gradient Overlay(그레이디언트 오버레이)를 선택하고, 색상을 각각 적용합니다.

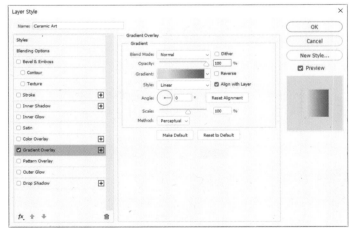

05 이어서 Bevel and Emboss(경사와 엠보스)를 선택하고 출력형태와 동일하게 옵션을 조절하여 작업을 완성합니다.

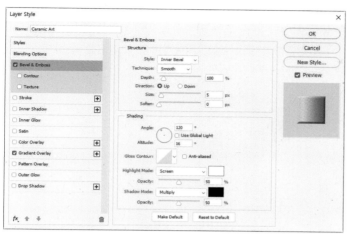

🔖 합격 Point

《조건》에서 제시한 문자 입력 후 글꼴과 스타일, 크기 등을 조절하고, Layer Style(레이어 스타일) 효과를 적용합니다. 문자 효과 적용 시 조건에서 제시한 글꼴과 크기 등을 제외한 나머지 항목에 대한 부분은 Character(문자) 패널에서 모두 기본값이여야 합니다.

① Ceramic Art (Arial, Bold, 52pt, 레이어 스타일 – 그라디언트 오버레이(#99ffff, #cc00ff), Bevel and Emboss(경사와 엠보스))

07. 레이아웃 정리와 저장, 답안 전송

01 전체 작업이 모두 끝났으므로 《출력형태》와 동일하도록 눈금자 또는 안내선을 이용하여 최종적으로 이미지의 크기와 위치 등을 확인합니다. 또한 안내선을 사용하였을 경우 View(보기)-Show(보이기)-Guides(안내선) 메뉴를 실행하여 안내선을 삭제하거나 가려줍니다.

안내선을 생성하여 움직이지 않도록 처리한 경우 이동시키거나 삭제하기 위해서는 View(보기)-Lock Guides(안내선 잠금) 메뉴를 실행하여 잠금 해제하면 됩니다.

포토샵

02 최종적으로 File(파일)-Save(저장)를 눌러 저장시키고, 제출할 파일을 다시 저장하기 위해서 File(파일)-Save As(다른 이름으로 저장) 메뉴를 실행하여 '내 PC₩문서₩GTQ' 폴더 안에 포맷 형식을 JPEG(*.JPG;*.JPEG)로 지정한 후 파일 이름을 '수험번호-성명-문제번호.jpg'를 입력하고 저장합니다.

최종 파일인 jpg 파일과 psd 파일이 동일해야 하므로 마지막 저장 시 Layers(레이어) 패널을 다시 한 번 확인한 후 저장하여야 합니다.

03 이번에는 이미지 크기를 조절하여 PSD로 저장하기 위해서 Image(이미지)–Image Size(이미지 사이즈) 메뉴를 클릭합니다. 대화상자 중간의 Constrain aspect ratio(비율 제한) 버튼이 활성화되어 있는지 확인하고, 오른쪽 설정 버튼을 눌러 Scale Styles(스타일 크기) 또한 체크되어 있는지 확인 합니다. 그런 다음 Width(폭) 사이즈를 '40'으로 입력하면 그러면 Height(세로) 사이즈가 같이 수정 되는 것을 볼 수 있습니다.

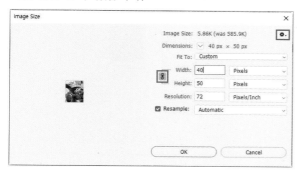

Constrain aspect ratio(비율 제한)는 가로나 세로 사 이즈 하나만 조절하더라도 나머지가 동일한 비율로 크기가 조절되게 하기 위해서 체크하고 사용합니다.

04 마지막으로 File(파일)–Save As(다른 이름으로 저장) 메뉴를 실행하여 '내 PC₩문서₩GTQ' 폴더 안에 포맷 형식을 PSD(*.PSD;*.PDD)로 지정하고, 파일 이름을 '수험번호–성명–문제번호.psd'를 입력하고 저장합니다.

05 답안을 전송하기 전에 '문서' 폴더 안에 앞서 작업한 파일에 대한 파일 이름과 파일 형식 등을 확인하고, 수험 프로그램에서 [답안 전송]을 클릭하여 감독관 컴퓨터로 전송합니다.

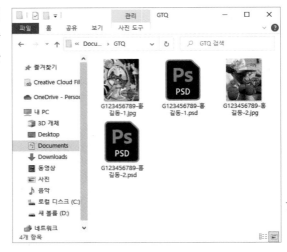

➕합격 Point

수험자 유의사항에 제시된 파일명은 본인의 "수험번호-성명-문제번호"로 공백 없이 정확히 입력하고 답안폴더(내 PC₩문서₩GTQ에 jpg 파일과 psd 파일의 2가지 포맷으로 저장해야 하며, jpg 파일과 psd 파일의 내용이 상이할 경우 0점 처리됩니다. 답안문서 파일명이 "수험번호-성명-문제번호"와 일치하지 않거나, 답안 파일을 전송하지 않아 미제출로 처리될 경우 불합격 처리됩니다.

수험자 정보와 저장한 파일명, 저장 위치가 다를 경우 전송이 되지 않으므로 주의하시고 위 내용을 꼭 지켜주어야 합니다.

파일 저장 규칙 :
JPG
- 파일명 : 내 PC₩문서₩GTQ₩수험번호-성명-2.jpg
- 크기 : 400×500 pixels
PSD
- 파일명 : 내 PC₩문서₩GTQ₩수험번호-성명-2.psd
- 크기 : 40×50 pixels

문제 3 [실무응용] 포스터 제작 · · · 25점

새 작업 이미지 만들기 및 파일 저장 → 배경 색상 표현 → Blending Mode(혼합 모드)를 이용한 이미지 합성 → Filter(필터)와 Layer Mask(레이어 마스크) 적용 → 이미지 선택과 합성 → Clipping Mask(클리핑 마스크)와 Filter(필터), Layer Style(레이어 스타일) 적용 → 이미지 선택 및 색상 보정, Layer Style(레이어 스타일) 적용 → Shape Tool(모양 도구) 사용 및 Layer Style(레이어 스타일) 적용 → 문자 입력과 왜곡, Layer Style(레이어 스타일) 적용 → 레이아웃 정리와 저장, 답안 전송

01. 새 작업 이미지 만들기 및 파일 저장

01 File(파일)-New(새로 만들기) 메뉴를 선택하고 Width(폭) 600pixels(픽셀)과 Height(높이) 400 pixels(픽셀)을 입력합니다. Resolution(해상도)은 72pixels/inch(픽셀/인치), Color Mode(색상 모드)는 RGB를 지정하고, Background Contents(배경 내용)는 White(흰색)를 설정합니다.

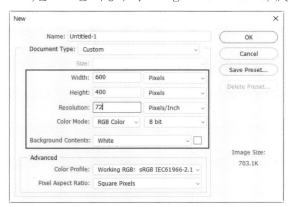

▼합격 Point

≪조건≫에서 제시한 파일 크기를 정확하게 지켜주어야 하며, 답안 작성요령에 제시된 것처럼 Image Mode(이미지 모드)는 RGB를 지정하고, 해상도는 72 pixels/inch(픽셀/인치), 눈금자의 단위는 '픽셀'을 지정하여야 합니다.

02 전체적인 작업을 위해서 먼저 View(보기) 메뉴에서 Ruler(눈금자)를 선택하여 작업 창에 눈금자를 표시합니다. 그리고 눈금자 안쪽에서부터 마우스를 클릭 드래그하여 가로 안내선을 끌어옵니다. 계속하여 세로 방향의 안내선 또한 위와 동일한 방법으로 끌어와 작업 창을 4등분합니다.

눈금자를 표시하였을 때 눈금자 단위가 Pixels(픽셀)이 아닐 경우에는 눈금자 위에 마우스 오른쪽 키를 누르면 단위를 변경할 수 있습니다.

문제에서 제시된 《출력형태》와 레이아웃 구성을 동일하게 작업하기 위해서 안내선을 표시하고, 안내선이 움직이는 것을 방지하고자 한다면 View(보기) 메뉴에서 Lock Guides(눈금자 잠금) 메뉴를 실행하여 잠금 상태에서 작업하면 됩니다. 눈금자를 불러온 후 안내선을 함께 사용하면 《출력형태》와 동일한 크기나 레이아웃으로 작업하기 용이합니다.

03 작업 창을 저장하기 위해서 [File(파일)]−[Save(저장)] 메뉴를 선택하여 '내 PCW문서WGTQ' 폴더가 아닌 바탕화면이나 다른 폴더에 '수험번호−성명−문제번호.psd'로 임시 파일을 저장합니다.

임시로 파일을 저장하는 이유는 작업 중 시스템이나 프로그램에 문제가 생기거나 작업자가 최종 점검 시 오류나 누락된 부분이 있을 경우 수정 작업을 할 수 있도록 저장해 놓는 임시 파일로 실제 제출하지 않습니다.

02. 배경 색상 표현

01 도구 패널에서 전경색 버튼을 클릭하여 조건에서 제시한 색상을 지정하고 OK(확인) 버튼을 클릭합니다.

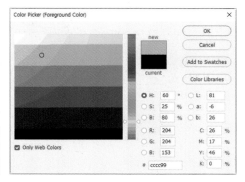

포토샵

02 Layers(레이어) 패널 하단의 Create a new layer(새 레이어를 만듭니다) 버튼을 클릭하여 투명 레이어를 추가하고, **Alt** + **Delete** 키를 눌러 지정된 전경색을 채워 넣습니다.

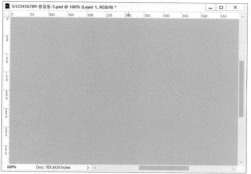

> **Alt** + **Delete** 키는 전경색을 한 번에 채워 넣고, **Ctrl** + **Delete** 키는 배경색을 채워 넣는 단축키입니다.

> **합격 Point**
> ≪출력형태≫와 동일한 색상으로 배경색을 채워 넣습니다.
> ① 배경 : #cccc99

03. Blending Mode(혼합 모드)를 이용한 이미지 합성

01 File(파일)-Open(열기) 메뉴를 실행하여 'Part 03>유형01>소스파일' 폴더 안의 1급-7.jpg 파일을 불러옵니다.

02 도구 패널에서 Move Tool(이동 도구)✛을 선택하고 작업 창으로 드래그한 후 Edit(편집)-Free Transform(자유 변형) 명령을 실행하여 크기를 축소합니다.

03 그리고 Layers(레이어) 패널 상단의 Blending Mode(혼합 모드)에서 Hard Light(하드 라이트)를 선택하고, Opacity(불투명도)를 조절합니다.

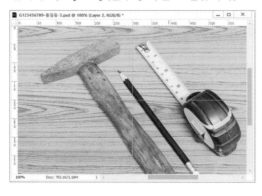 

▼합격 Point

≪출력형태≫와 동일하게 이미지 배치 후 Blending Mode(혼합 모드)와 Opacity(불투명도)를 적용합니다.
② 1급-7.jpg : Blending Mode(혼합 모드) - Hard Light(하드 라이트), Opacity(불투명도)(80%)

04. Filter(필터)와 Layer Mask(레이어 마스크) 적용

01 File(파일)-Open(열기) 메뉴를 실행하여 'Part 03〉유형01〉소스파일' 폴더 안의 1급-8.jpg 파일을 불러옵니다.

02 Move Tool(이동 도구)✛을 사용하여 **Shift** 키를 누른 채 작업 중인 이미지 창으로 드래그하여 이동 시킵니다. 그런 다음 Edit(편집)-Free Transform(자유 변형) 메뉴를 실행하여 **Alt** + **Shift** 키를 누른 채 변형 컨트롤의 모서리 부분을 드래그하여 크기를 축소한 후 출력형태와 동일하게 이미지를 배치합니다.

Alt 키를 누른 채 변형 컨트롤의 모서리를 드래그하면 중심이 이미지의 정중앙이 됩니다. 또한 **Shift** 키를 동시에 눌러주면 가로세로 같은 비율로 크기를 조절할 수 있습니다.

03 Filter(필터)-Filter Gallery(필터 갤러리)-Brush Strokes(브러시 획)-Crosshatch(그물눈) 메뉴를 실행하여 출력형태와 동일하게 옵션을 조절하여 필터 효과를 적용합니다.

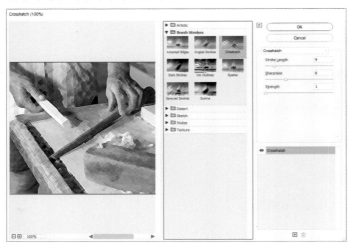

포토샵

04 이번에는 레이어 마스크를 적용하게 위해서 Layers(레이어) 패널 하단의 Add layer mask(레이어 마스크를 추가합니다) 버튼을 클릭하여 마스크 썸네일을 추가합니다. 그리고 도구 패널에서 Gradient Tool(그레이디언트 도구)■을 선택하고 옵션 패널에서 Classic gradient(클래식 그라디언트) 항목을 선택, 그레이디언트 드롭다운 아이콘을 클릭하여 Basics(기본)에서 검정, 흰색의 색상을 지정합니다.

최신 버전에서 업그레이드 된 부분으로 Gradient(그레이디언트)와 Classic gradient(클래식 그레이디언트) 두 방식으로 선택하여 명령을 적용할 수 있으며, Gradient(그레이디언트) 모드를 사용할 경우에는 Gradients(그레이디언트) 패널을 불러와 색상을 편집할 수 있습니다.

05 마스크를 씌운 이미지에 마우스를 가로 방향으로 드래그하여 색상을 채워주면 검정색으로 채워지는 부분이 자연스럽게 가려지게 됩니다.

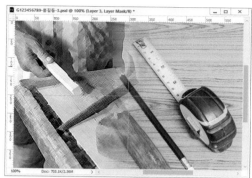

레이어 마스크는 이미지를 가려주는 기능으로 검정색 영역은 마스크 되어 가려지게 되고, 흰색 영역은 이미지가 그대로 보이게 됩니다.

▼ 합격 Point

≪출력형태≫와 동일하게 이미지 배치 후 필터와 Layer Mask(레이어 마스크)를 적용합니다.
③ 1급-8.jpg : 필터 – Crosshatch(그물눈), 레이어 마스크 – 가로 방향으로 흐릿하게

05. 이미지 선택과 합성

01 File(파일)-Open(열기) 메뉴를 실행하여 'Part 03〉유형01〉소스파일' 폴더 안의 1급-10.jpg 파일을 불러옵니다.

02 도구 패널에서 Object Selection Tool(개체 선택 도구)📱을 선택하고 옵션 패널에서 Mode(모드)를 Rectangle(사각형)로 지정한 후 이미지를 드래그하여 선택합니다. 선택영역을 편집하고자 한다면 Lasso Tool(올가미 도구)🔾을 사용하여 **Alt** 키를 누른 채 드래그하여 선택영역을 제외하거나 **Shift** 키를 사용하여 선택영역을 합쳐주면 됩니다.

> 개체 선택 도구는 이미지에서 일부분을 드래그하여 선택할 때 유용하고, 반면에 'Select Subject(피사체 선택)' 항목을 체크하면 이
> 미지 전체의 피사체를 선택하는 옵션입니다. 포토샵 버전 문제로 인하여 개체 선택 도구를 사용할 수 없는 경우에는 Magnetic
> Lasso Tool(자석 올가미 도구)🖈이나 Quick Selection Tool(빠른 선택 도구)🗹를 사용하여 선택할 수 있도록 합니다.

03 Move Tool(이동 도구)⊕을 선택하고 작업 중인 이미지 창으로 드래그하여 이동시킵니다. 그리고 Edit(편집)-Free Transform(자유 변형) 메뉴를 실행한 후 **Shift** 키를 누른 채 변형 컨트롤의 모서리 부분을 드래그하여 크기를 축소하고, 계속하여 Edit(변형)-Transform(변형)-Flip Horizontal(가로로 뒤집기)을 실행하여 반사시킵니다.

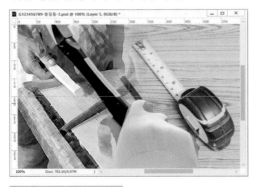

포토샵

06. Clipping Mask(클리핑 마스크)와 Filter(필터), Layer Style(레이어 스타일) 적용

01 File(파일)-Open(열기) 메뉴를 실행하여 'Part 03〉유형01〉소스파일' 폴더 안의 1급-9.jpg 파일을 불러옵니다.

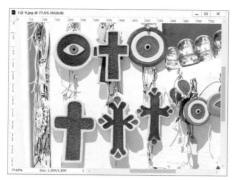

02 Move Tool(이동 도구)✛을 선택하고 작업 중인 이미지 창으로 드래그하여 앞서 작업해 놓은 레이어 바로 위에 위치하도록 배치합니다.

03 그리고 끌어온 레이어가 선택된 상태에서 Layer(레이어) 메뉴에서 Create Clipping Mask(클리핑 마스크 만들기)를 실행하여 하위 레이어 모양 안에만 이미지가 보이도록 처리해 줍니다.

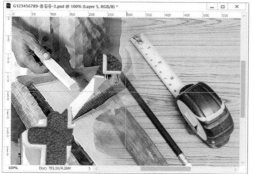 

> 클리핑 마스크를 좀 더 빠르게 적용하려면 Layers(레이어) 패널에서 삽입하고자 하는 레이어가 선택된 상태에서 키보드의 **Alt** 키를 누르고 패스 작업한 레이어와 삽입하고자 하는 레이어 사이에서 마우스를 클릭하면 됩니다.

04 Edit(편집)-Free Transform(자유 변형) 메뉴를 실행하여 [Shift] 키를 누른 채 변형 컨트롤의 모서리 부분을 드래그하여 크기를 축소하고, Filter(필터)-Filter Gallery(필터 갤러리)-Artistic(예술 효과)- Poster Edges(포스터 가장자리) 메뉴를 실행하여 옵션을 조절합니다.

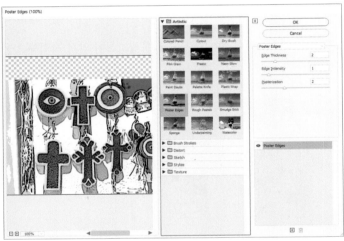

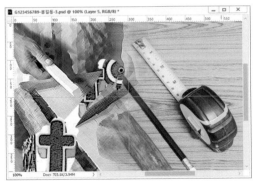

포토샵

05 마지막으로 레이어 스타일을 적용하기 위해서 Layers(레이어) 패널에서 망치 이미지가 있는 레이어를 선택하고 하단의 Add a layer style(레이어 스타일을 추가합니다) 버튼을 클릭하여 Outer Glow (외부 광선)를 클릭합니다. 세부 옵션을 조절한 후 다시 Drop Shadow(그림자 효과)를 클릭하여 출력 형태와 동일하게 옵션을 조절합니다.

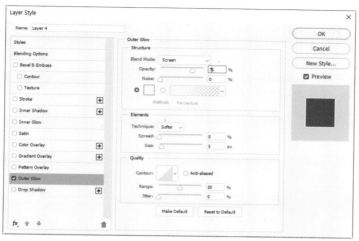

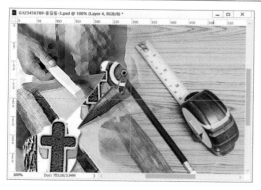

07. 이미지 선택 및 색상 보정

01 File(파일)-Open(열기) 메뉴를 실행하여 'Part 03>유형01>소스파일' 폴더 안의 1급-11.jpg 파일을 불러옵니다.

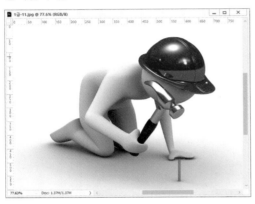

02 도구 패널에서 Object Selection Tool(개체 선택 도구)🖳을 선택하고 옵션 패널에서 Mode(모드)를 Rectangle(사각형)로 지정한 후 이미지를 드래그하여 선택합니다. 선택영역을 편집하고자 한다면 Lasso Tool(올가미 도구)🔾을 사용하여 **Alt** 키를 누른 채 드래그하여 선택영역을 제외하거나 **Shift** 키를 사용하여 선택영역을 합쳐주면 됩니다.

포토샵

체 선택 도구는 이미지에서 일부분을 드래그하여 선택할 때 유용하고, 반면에 'Select Subject(피사체 선택)' 항목을 체크하면 이미지 전체의 피사체를 선택하는 옵션입니다. 포토샵 버전 문제로 인하여 개체 선택 도구를 사용할 수 없는 경우에는 Magnetic Lasso Tool(자석 올가미 도구) 이나 Quick Selection Tool(빠른 선택 도구) 를 사용하여 선택할 수 있도록 합니다.

03 Move Tool(이동 도구) 을 사용하여 작업 중인 이미지 창으로 드래그하여 이동시킨 후 Edit(편집)-Free Transform(자유 변형) 메뉴를 실행, [Shift] 키를 누른 채 변형 컨트롤의 모서리 부분을 드래그하여 크기를 축소합니다.

04 이미지의 일부분만을 보정 하기 위해 [Ctrl] 키를 누른 채 해당 레이어의 썸네일 부부을 클릭하여 전체 영역을 선택합니다. 그런 다음 Lasso Tool(올가미 도구) 로 제외시키고자 하는 부분을 드래그하여 선택영역에서 제외시켜줍니다.

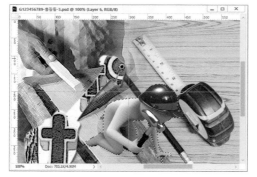 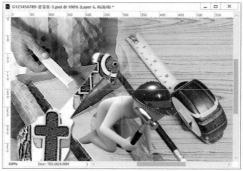

05 Layers(레이어) 패널 하단의 Create new fill or adjustment layer(새 칠 또는 조정 레이어를 만듭니다) 버튼을 클릭하여 Hue/Saturation(색조/채도)를 선택합니다. Properties(속성) 패널에서 Hue(색조)와 Saturation(채도) 값을 조절하여 녹색 계열로 보정합니다.

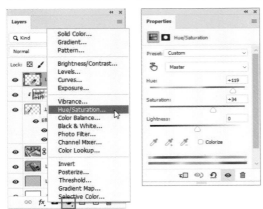

조정 레이어는 속성 패널을 이용하여 원본을 그대로 유지하면서 이미지의 색상과 톤을 보정할 수 있는 기능으로 수정이 가능하며, 이미지 제어 기능과 다양한 설정 기능으로 손쉽게 이미지를 보정할 수 있습니다. 또한 Colorize(색상화) 항목을 체크하게 되면 이미지 색상이 듀오톤으로 바뀌어 한 가지 색상으로만 보정되고, 체크하지 않을 경우에는 기존의 색상에 새롭게 조절하는 색상이 혼합되어 적용됩니다.

06 마지막으로 Layers(레이어) 패널 하단의 Add a layer style(레이어 스타일을 추가합니다) 버튼을 클릭하여 Stroke(선/획)을 선택합니다. 대화상자에서 Size(크기)를 입력하고, Fill Type(칠 유형)을 Gradient(그레이디언트)로 설정한 후 Click to edit the gradient(클릭하여 그레이디언트 편집)를 클릭하여 조건에서 제시한 색상을 각각 적용합니다.

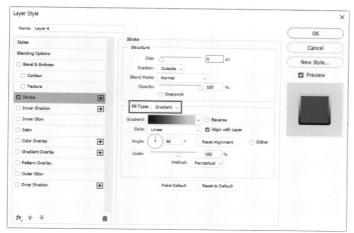

☑ 합격 Point
≪출력형태≫와 동일하게 이미지를 배치하고 색상 보정 후 Layer Style(레이어 스타일)을 적용합니다.
⑥ 1급-11.jpg : 색상 보정 – 녹색 계열로 보정, 레이어 스타일 – Stroke(선/획)(5px, 그레이디언트(#660000, #ccff66))

08. Shape Tool(모양 도구) 사용 및 Layer Style(레이어 스타일) 적용

01 도구 패널에서 Custom Shape Tool(사용자 정의 모양 도구)을 선택하고, 옵션 패널의 Pick tool mode(선택 도구 모음)에서 Shape(모양)를 선택합니다. 그런 다음 오른쪽 Shape(모양)에서 Legacy Shapes and More(레거시 모양 및 기타)를 클릭, All Legacy Default Shapes(모든 레거시 기본 모양)의 Nature(자연)에서 나무 모양을 선택합니다.

최신 버전의 인터페이스가 달라졌기 때문에 예전 버전의 Shape(도형)를 찾기 위해서는 상기 방법대로 찾아야 하며, Window(창) 메뉴에서 Shapes(모양) 패널을 불러와 사용해도 됩니다.

포토샵

02 전경색을 조건에서 제시한 색상으로 지정한 후 **Shift** 키를 누른 채 이미지에 드래그하여 모양을 그려주고, Layers(레이어) 패널 상단의 Opacity(불투명도) 값을 조절합니다.

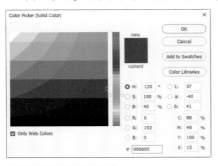

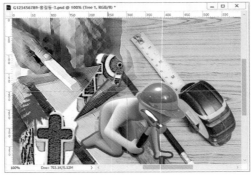

사용자 정의 모양 도구를 사용할 때 **Shift** 키를 누르는 이유는 저장된 모양의 가로, 세로 비율을 유지한 채로 그리기 위해서이고, 만일 모양을 만든 후 색상을 변경하고자 할 경우에는 해당 레이어의 썸네일 부분을 더블클릭하여 수정하면 됩니다.

03 Layers(레이어) 패널 하단의 Add a layer style(레이어 스타일을 추가합니다) 버튼을 클릭하여 Drop Shadow(그림자 효과)를 선택한 후 출력형태와 동일하게 옵션을 조절합니다.

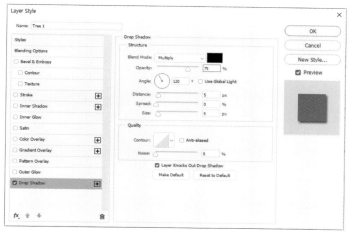

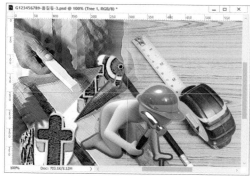

04 하나를 더 만들기 위해서 Move Tool(이동 도구)✛을 선택하고, **Alt** 키를 누른 채 나무 모양을 드래그하여 복사한 후 Edit(편집)−Free Transform(자유 변형) 메뉴를 실행, 크기를 조절합니다.

05 또한 Layers(레이어) 패널의 썸네일 부분을 더블클릭하여 조건에서 제시한 색상으로 변경하고, 출력 형태와 동일한 위치에 배치합니다.

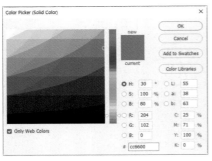

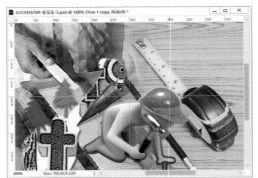

06 이번에는 나뭇잎 모양을 만들기 위해 다시 도구 패널에서 Custom Shape Tool(사용자 정의 모양 도구)🔅을 선택하고, 옵션 패널의 Shape(모양)에서 Legacy Shapes and More(레거시 모양 및 기타)를 클릭, All Legacy Default Shapes(모든 레거시 기본 모양)의 Nature(자연)에서 나뭇잎 모양을 선택합니다.

07 조건에서 제시한 색상을 지정하고, [Shift] 키를 누른 채 드래그하여 나뭇잎을 그린 후 Edit(편집)−
Free Transform(자유 변형)으로 회전시켜줍니다.

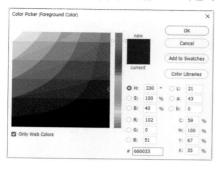

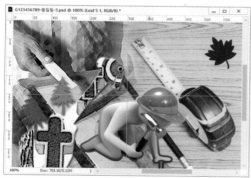

08 Layers(레이어) 패널에서 Opacity(불투명도) 값을 조절하고, 하단의 Add a layer style(레이어 스타
일을 추가합니다) 버튼을 클릭하여 Drop Shadow(그림자 효과)를 출력형태와 동일하게 적용합니다.

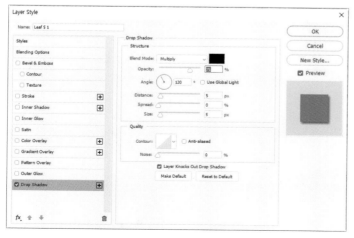

09 마지막 압정 모양 또한 위와 동일한 방법으로 Custom Shape Tool(사용자 정의 모양 도구)🐝을 사용하여 그려준 뒤 Edit(변형)−Transform(변형)−Flip Horizontal(가로로 뒤집기)을 실행하여 반사 시킵니다.

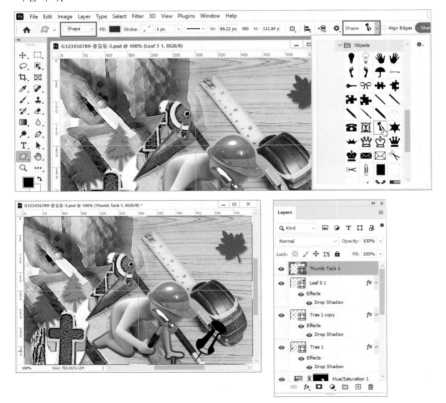

10 Layers(레이어) 패널 하단의 Add a layer style(레이어 스타일을 추가합니다) 버튼을 클릭하여 Gradient Overlay(그레이디언트 오버레이)를 선택하고, 색상을 각각 지정합니다.

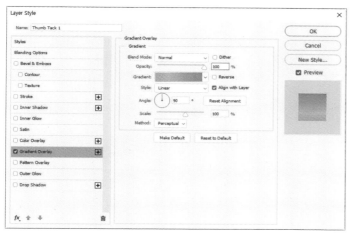

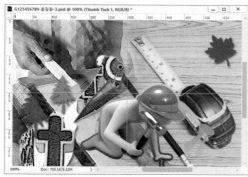

11 계속하여 Drop Shadow(그림자 효과)를 클릭하여 출력형태와 동일하게 옵션을 조절합니다.

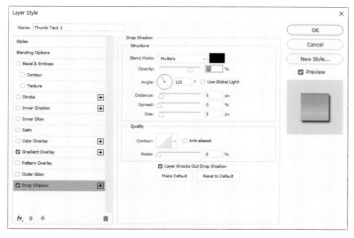

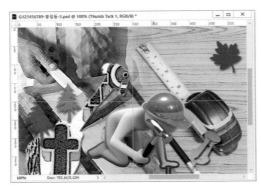 

✚합격 Point

≪출력형태≫와 동일한 Shape(모양)로 제작 및 배치 후 Layer Style(레이어 스타일)과 Opacity(불투명도)를 적용합니다.

Shape Tool(모양 도구) 사용

#006600, #cc6600, 레이어 스타일 – Drop Shadow(그림자 효과), Opacity(불투명도)(80%)

Shape Tool(모양 도구) 사용

#660033, 레이어 스타일 – Drop Shadow(그림자 효과), Opacity(불투명도)(70%)

Shape Tool(모양 도구) 사용

레이어 스타일 – 그레이디언트 오버레이(#33ffcc, #ff3300), Drop Shadow(그림자 효과)

09. 문자 입력과 왜곡, Layer Style(레이어 스타일) 적용

01 도구 패널에서 Horizontal Type Tool(수평 문자 도구) **T**을 선택하고 이미지 위에 마우스를 클릭하여 조건에서 제시한 문장을 입력합니다.

02 문자의 크기가 서로 다르므로 Horizontal Type Tool(수평 문자 도구) **T**로 단어를 드래그하여 블록을 잡은 후 Character(문자) 패널에서 조건에서 제시한 글꼴과 크기를 각각 설정합니다.

03 계속하여 전체 블록이 잡힌 상태에서 문자를 변형시키기 위해서 옵션 패널 상단의 Create Warped Text(뒤틀어진 텍스트 만들기) 버튼을 클릭하여 Style(스타일)에서 Rise(상승)를 선택하고 휘는 정도 값을 조절합니다.

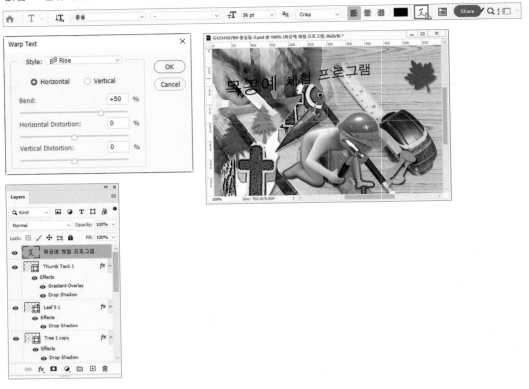

04 Layers(레이어) 패널 하단의 Add a layer style(레이어 스타일을 추가합니다) 버튼을 클릭하여 Gradient Overlay(그레이디언트 오버레이)를 선택하고, 세 가지 색상을 적용해야 하므로 Color Stop(색상 정지점)을 하나 더 클릭하여 추가한 후 색상을 각각 적용합니다.

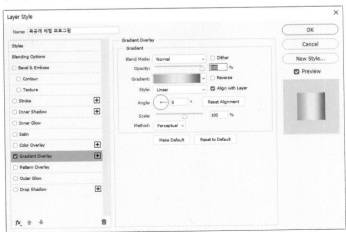

05 계속하여 Stroke(선/획)을 클릭하고, Size(크기)를 설정한 후 조건에서 제시한 색상을 적용합니다.

06 마지막으로 Bevel and Emboss(경사와 엠보스)를 선택하고 출력형태와 동일하게 옵션을 조절합니다.

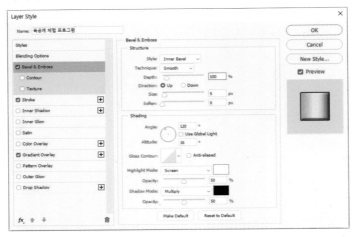

포토샵

07 다시 Horizontal Type Tool(수평 문자 도구) **T**을 사용하여 문장을 입력하고, Character(문자) 패널에서 글꼴과 스타일, 크기를 조절합니다.

08 또한 전체 블록이 잡힌 상태에서 문자를 변형시키기 위해서 옵션 패널 상단의 Create Warped Text (뒤틀어진 텍스트 만들기) 버튼을 클릭하여 Style(스타일)에서 Arc Upper(위 부채꼴)를 선택하고 휘는 정도 값을 조절합니다.

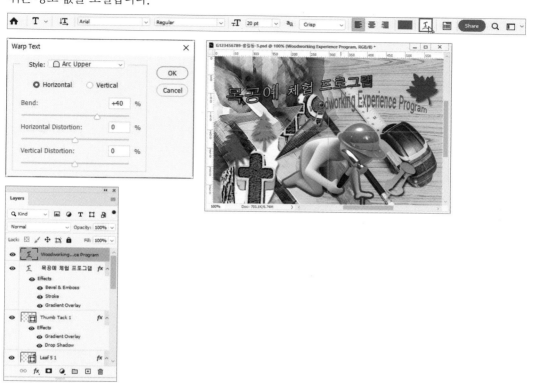

09 Layers(레이어) 패널 하단의 Add a layer style(레이어 스타일을 추가합니다) 버튼을 클릭하여 Stroke(선/획)을 선택하고 Size(크기)와 Color(색상)를 설정합니다.

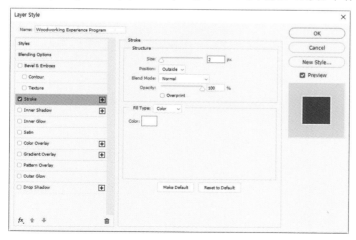

10 오른쪽 상단의 문장 또한 위와 동일한 방법으로 입력 후 Character(문자) 패널에서 글꼴과 크기를 조절하고, 색상을 각각 적용합니다.

11 그리고 Layers(레이어) 패널 하단의 Add a layer style(레이어 스타일을 추가합니다) 버튼을 클릭
하여 Stroke(선/획)을 선택하고 Size(크기)와 Color(색상)를 설정합니다.

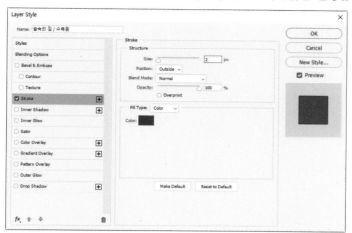

12 왼쪽 상단의 마지막 문장 또한 위와 동일한 방법으로 문자 입력 후 Gradient Overlay(그레이디언트
오버레이)와 Stroke(선/획) Layer Style(레이어 스타일)을 적용합니다.

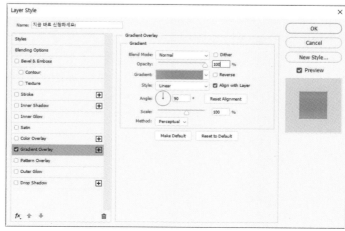

포토샵

🏆 합격 Point

≪조건≫에서 제시한 문자 입력 후 글꼴과 스타일, 크기, 색상 등을 조절하고, ≪출력형태≫와 동일하게 Create Warped Text(뒤틀어진 텍스트 만들기)와 Layer Style(레이어 스타일) 효과를 적용합니다. 문자 효과 적용 시 조건에서 제시한 글꼴과 스타일, 크기 등을 제외한 나머지 항목에 대한 부분은 Character(문자) 패널에서 모두 기본값 이여야 합니다.

① 목공예 체험 프로그램 (돋움, 36pt, 48pt, 레이어 스타일 – 그레이디언트 오버레이(#ff6600, #ffff66, #cc00ff), Stroke(선/획)
   (2px, #000066), Bevel and Emboss(경사와 엠보스))

② Woodworking Experience Program (Arial, Regular, 20px, #996600, 레이어 스타일 – Stroke(선/획)(2px, #ffffff))

③ 숲속의 집 / 수목원 (굴림, 16pt, #ffffcc, #ff99ff, 레이어 스타일 – Stroke(선/획)(2px, #663366))

④ 지금 바로 신청하세요! (굴림, 18pt, 레이어 스타일 – 그레이디언트 오버레이(#ff6600, #33cc00), Stroke(선/획)(2px, #ffffcc))

10. 레이아웃 정리와 저장, 답안 전송

01 전체 작업이 모두 끝났으므로 《출력형태》와 동일하도록 눈금자 또는 안내선을 이용하여 최종적으로 이미지의 크기와 위치 등을 확인합니다. 또한 안내선을 사용하였을 경우 View(보기)−Show(보이기)−Guides(안내선) 메뉴를 실행하여 안내선을 삭제하거나 가려줍니다.

안내선을 생성하여 움직이지 않도록 처리한 경우 이동시키거나 삭제하기 위해서는 View(보기)−Lock Guides(안내선 잠금) 메뉴를 실행하여 잠금 해제하면 됩니다.

02 최종적으로 File(파일)−Save(저장)를 눌러 저장시키고, 제출할 파일을 다시 저장하기 위해서 File(파일)−Save As(다른 이름으로 저장) 메뉴를 실행하여 '내 PC₩문서₩GTQ' 폴더 안에 포맷 형식을 JPEG(*.JPG;*.JPEG)로 지정한 후 파일 이름을 '수험번호−성명−문제번호.jpg'를 입력하고 저장합니다.

최종 파일인 jpg 파일과 psd 파일이 동일해야 하므로 마지막 저장 시 Layers(레이어) 패널을 다시 한 번 확인한 후 저장하여야 합니다.

03 이번에는 이미지 크기를 조절하여 PSD로 저장하기 위해서 Image(이미지)-Image Size(이미지 사이즈) 메뉴를 클릭합니다. 대화상자 중간의 Constrain aspect ratio(비율 제한) 버튼이 활성화되어 있는지 확인하고, 오른쪽 설정 버튼을 눌러 Scale Styles(스타일 크기) 또한 체크되어 있는지 확인합니다. 그런 다음 Width(폭) 사이즈를 '60'으로 입력하면 그러면 Height(세로) 사이즈가 같이 수정되는 것을 볼 수 있습니다.

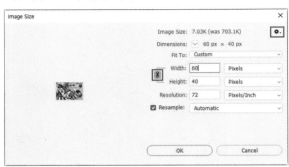

Constrain aspect ratio(비율 제한)는 가로나 세로 사이즈 하나만 조절하더라도 나머지가 동일한 비율로 크기가 조절되게 하기 위해서 체크하고 사용합니다.

포토샵

04 마지막으로 File(파일)-Save As(다른 이름으로 저장) 메뉴를 실행하여 '내 PC₩문서₩GTQ' 폴더 안에 포맷 형식을 PSD(*.PSD;*.PDD)로 지정하고, 파일 이름을 '수험번호-성명-문제번호.psd'를 입력하고 저장합니다.

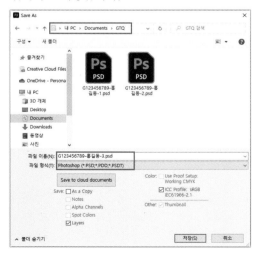

05 답안을 전송하기 전에 '문서' 폴더 안에 앞서 작업한 파일에 대한 파일 이름과 파일 형식 등을 확인하고, 수험 프로그램에서 [답안 전송]을 클릭하여 감독관 컴퓨터로 전송합니다.

⊕ 합격 Point

수험자 유의사항에 제시된 파일명은 본인의 "수험번호―성명―문제번호"로 공백 없이 정확히 입력하고 답안폴더(내 PC₩문서₩GTQ에 jpg 파일과 psd 파일의 2가지 포맷으로 저장해야 하며, jpg 파일과 psd 파일의 내용이 상이할 경우 0점 처리됩니다. 답안문서 파일명이 "수험번호―성명―문제번호"와 일치하지 않거나, 답안 파일을 전송하지 않아 미제출로 처리될 경우 불합격 처리됩니다.

수험자 정보와 저장한 파일명, 저장 위치가 다를 경우 전송이 되지 않으므로 주의하시고 위 내용을 꼭 지켜주어야 합니다.

파일 저장 규칙 :
JPG
– 파일명 : 내 PC₩문서₩GTQ₩수험번호―성명―3.jpg
– 크기 : 600×400 pixels
PSD
– 파일명 : 내 PC₩문서₩GTQ₩수험번호―성명―3.psd
– 크기 : 60×40 pixels

문제 4 [실무응용] 웹 페이지 제작 ··· 35점

새 작업 이미지 만들기 및 파일 저장 → 배경 색상 표현 → Filter(필터)와 Layer Mask(레이어 마스크), Blending Mode(혼합 모드) 적용 → Pen Tool(펜 도구) 사용 → 패턴 등록 및 활용, Layer Style(레이어 스타일) 적용 → 이미지 합성과 Filter(필터), Layers Style(레이어 스타일) 적용 → 색상 보정과 Layer Style(레이어 스타일) 적용 → Shape Tool(모양 도구) 사용 → 문자 입력과 왜곡, Layer Style(레이어 스타일) 적용 → 레이아웃 정리와 저장, 답안 전송

01. 새 작업 이미지 만들기 및 파일 저장

01 File(파일)−New(새로 만들기) 메뉴를 선택하고 Width(폭) 600pixels(픽셀)과 Height(높이) 400 pixels(픽셀)을 입력합니다. Resolution(해상도)은 72pixels/inch(픽셀/인치), Color Mode(색상 모드)는 RGB를 지정하고, Background Contents(배경 내용)는 White(흰색)를 설정합니다.

✔️합격 Point

≪조건≫에서 제시한 파일 크기를 정확하게 지켜주어야 하며, 답안 작성요령에 제시된 것처럼 Image Mode(이미지 모드)는 RGB를 지정하고, 해상도는 72 pixels/inch(픽셀/인치), 눈금자의 단위는 '픽셀'을 지정하여야 합니다.

02 전체적인 작업을 위해서 먼저 View(보기) 메뉴에서 Ruler(눈금자)를 선택하여 작업 창에 눈금자를 표시합니다. 그리고 눈금자 안쪽에서부터 마우스를 클릭 드래그하여 가로 안내선을 끌어옵니다. 계속하여 세로 방향의 안내선 또한 위와 동일한 방법으로 끌어와 작업 창을 4등분합니다.

눈금자를 표시하였을 때 눈금자 단위가 Pixels(픽셀)이 아닐 경우에는 눈금자 위에 마우스 오른쪽 키를 누르면 단위를 변경할 수 있습니다.

문제에서 제시된 ≪출력형태≫와 레이아웃 구성을 동일하게 작업하기 위해서 안내선을 표시하고, 안내선이 움직이는 것을 방지하고자 한다면 View(보기) 메뉴에서 Lock Guides(눈금자 잠금) 메뉴를 실행하여 잠금 상태에서 작업하면 됩니다. 눈금자를 불러온 후 안내선을 함께 사용하면 ≪출력형태≫와 동일한 크기나 레이아웃으로 작업하기 용이합니다.

03 작업 창을 저장하기 위해서 [File(파일)]-[Save(저장)] 메뉴를 선택하여 '내 PC₩문서₩GTQ' 폴더가 아닌 바탕화면이나 다른 폴더에 '수험번호-성명-문제번호.psd'로 임시 파일을 저장합니다.

임시로 파일을 저장하는 이유는 작업 중 시스템이나 프로그램에 문제가 생기거나 작업자가 최종 점검 시 오류나 누락된 부분이 있을 경우 수정 작업을 할 수 있도록 저장해 놓는 임시 파일로 실제 제출하지 않습니다.

02. 배경 색상 표현

01 도구 패널에서 전경색 버튼을 클릭하여 조건에서 제시한 색상을 지정하고 OK(확인) 버튼을 클릭합니다.

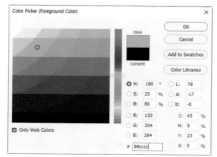

02 Layers(레이어) 패널 하단의 Create a new layer(새 레이어를 만듭니다) 버튼을 클릭하여 투명 레이어를 추가하고, **Alt** + **Delete** 키를 눌러 지정된 전경색을 채워 넣습니다.

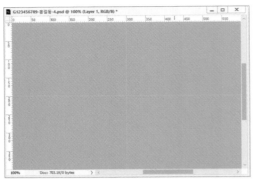 

Alt + **Delete** 키는 전경색을 한 번에 채워 넣고, **Ctrl** + **Delete** 키는 배경색을 채워 넣는 단축키입니다.

✔️ 합격 Point
≪출력형태≫와 동일한 색상으로 배경색을 채워 넣습니다.
① 배경 : #99cccc

03. Filter(필터)와 Layer Mask(레이어 마스크), Blending Mode(혼합 모드) 적용

01 File(파일)-Open(열기) 메뉴를 실행하여 'Part 03〉유형01〉소스파일' 폴더 안의 1급-12.jpg 파일을 불러옵니다.

02 도구 패널에서 Move Tool(이동 도구) ✛을 선택하고 작업창으로 드래그하여 이동시킨 후 Edit(편집)−Free Transform(자유 변형) 명령을 실행하여 크기를 축소하고, Layers(레이어) 패널 상단의 Blending Mode(혼합 모드)에서 Multiply(곱하기)를 적용합니다.

03 레이어 마스크를 적용하기 위해서 Layers(레이어) 패널 하단의 Add layer mask(레이어 마스크를 추가합니다) 버튼을 클릭하여 마스크 썸네일을 추가합니다. 그리고 도구 패널에서 Gradient Tool(그레이디언트 도구)▤을 선택하고 Classic gradient(클래식 그레이디언트) 항목을 선택, 그레이디언트 드롭다운 아이콘을 클릭하여 Basics(기본)에서 검정, 흰색의 색상을 지정합니다.

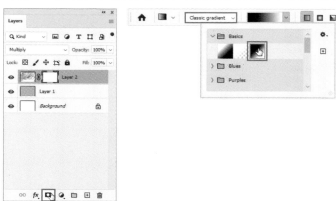

04 마스크를 씌운 이미지에 마우스를 가로 방향으로 드래그하여 색상을 채워주면 검정색으로 채워지는 부분이 자연스럽게 가려지게 됩니다.

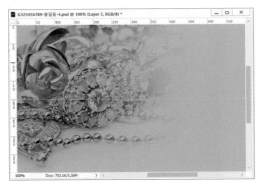

> 레이어 마스크는 이미지를 가려주는 기능으로 검정색 영역은 마스크 되어 가려지게 되고, 흰색 영역은 이미지가 그대로 보이게 됩니다.

05 File(파일)-Open(열기) 메뉴를 실행하여 'Part 03〉유형01〉소스파일' 폴더 안의 1급-13.jpg 파일을 불러옵니다.

06 도구 패널에서 Move Tool(이동 도구)✛을 선택하고 작업 중인 이미지 창으로 드래그한 후 Edit (편집)-Free Transform(자유 변형) 메뉴를 실행하여 **Shift** 키를 누른 채 변형 컨트롤 모서리 부분을 드래그하여 축소합니다.

포토샵

07 Filter(필터)-Filter Gallery(필터 갤러리)-Texture(텍스처)-Texturizer(텍스처화) 메뉴를 실행하여 출력형태와 동일하게 옵션 값을 조절합니다.

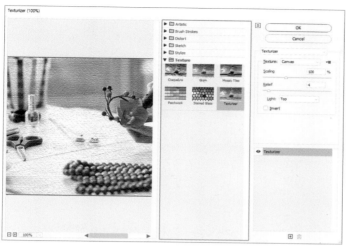

08 레이어 마스크를 적용하기 위해서 Layers(레이어) 패널 하단의 Add layer mask(레이어 마스크를 추가합니다) 버튼을 클릭하여 마스크 썸네일을 추가합니다. 그리고 도구 패널에서 Gradient Tool(그레이디언트 도구)▣을 선택하고 검정, 흰색의 색상을 지정합니다. 그런 다음 마스크를 씌운 이미지에 마우스를 대각선 방향으로 드래그하여 이미지 경계부분을 자연스럽게 사라지게 표현 합니다.

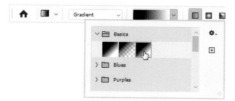

▼합격 Point

≪출력형태≫와 동일하게 이미지 배치 후 필터 효과와 레이어 마스크, 혼합 모드를 적용합니다.

③ 1급-12.jpg : Blending Mode(혼합 모드) – Multiply(곱하기), 레이어 마스크 – 가로 방향으로 흐릿하게

④ 1급-13.jpg : 필터 – Texturizer(텍스처화), 레이어 마스크 – 대각선 방향으로 흐릿하게

04. Pen Tool(펜 도구) 사용

01 도구 패널에서 Ellipse Tool(타원 도구)◯을 선택하고, 옵션 패널의 Path(패스) 항목을 지정한 후 **Shift** 키를 누른 채 드래그하여 정원을 그립니다.

02 계속하여 Ellipse Tool(타원 도구)◯이 선택된 상태에서 옵션 패널의 Path operations(패스 작업) 에서 Exclude Overlapping Shapes(모양 오버랩 제외)를 지정하고 원을 그려줍니다.

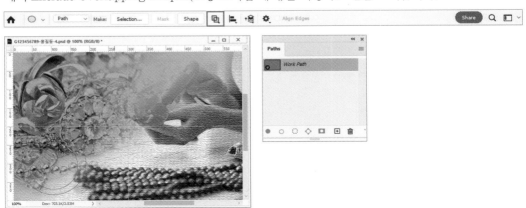

03 Path Selection Tool(패스 선택 도구) ▶을 사용하여 앞서 제작한 원을 각각 지정하여 Edit(편집)-Free Transform(자유 변형)으로 크기를 조절하거나 이동할 수 있습니다.

04 Window(창) 메뉴에서 Paths(패스) 패널을 불러온 후 Work Path를 더블클릭하여 패스를 저장시켜 주고, **Ctrl** 키를 누른 채 해당 패스의 썸네일 영역을 클릭하여 선택합니다.

새로운 패스를 만들어 저장된 패스인 상태에서 작업을 완료하는 것이 안전하며, 만약 저장된 패스를 만들지 않고 Work Path(작업 패스) 상태에서 작업하였을 경우에는 패스 작업이 끝난 후 더블클릭하여 저장시켜 주면 됩니다.

05 Layers(레이어) 패널 하단의 Create a new layer(새 레이어를 만듭니다) 버튼을 클릭하여 투명 레이어를 생성하고, 조건에서 제시한 색상을 지정한 후 `Alt` + `Delete` 키를 눌러 채워 넣습니다.

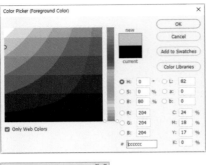 

06 Paths(패스) 패널에서 하단의 Create new path(새 패스를 만듭니다) 버튼을 눌러 저장된 패스를 생성합니다. 그런 다음 도구 패널에서 Triangle Tool(삼각형 도구)△을 선택하고 옵션 패널의 Path(패스) 항목을 지정한 후 삼각형 모양을 그려줍니다.

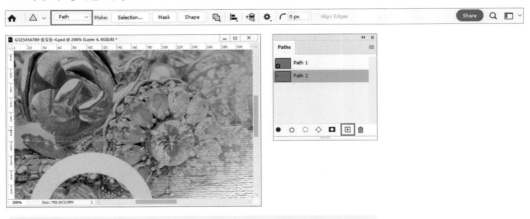

삼각형 도구는 최신 버전에서 추가된 도구이므로 Custom Shape Tool(사용자 정의 모양 도구)을 사용하거나 Pen Tool(펜 도구)을 사용하여 모양을 만들어도 됩니다.

07 여러 개를 복사하기 위해서 Path Selection Tool(패스 선택 도구) ▶을 선택하고 앞서 제작한 삼각형을 선택하고 **Alt** 키를 누른 채 드래그하여 복사합니다. 그런 다음 변형 컨트롤을 드래그하여 회전시켜 주고 위와 동일한 방법으로 여러 개를 복사합니다.

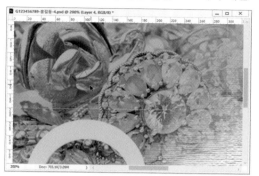
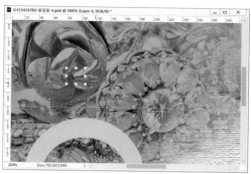

08 하단의 길쭉한 모양 또한 앞서 제작해 놓은 삼각형을 복사한 후 Direct Selection Tool(직접 선택 도구) ▶로 모양을 수정합니다.

09 각각 위와 동일한 방법으로 나머지 모양을 복사 및 수정하여 형태를 완성합니다. 그리고 Ctrl 키를 누른 채 해당 패스의 썸네일 부분을 클릭하거나, Ctrl + Enter 키를 눌러 선택영역을 활성화합니다.

10 그리고 Layers(레이어) 패널 하단의 Create a new layer(새 레이어를 만듭니다) 버튼을 클릭하여 투명 레이어를 생성하고, 조건에서 제시한 색상을 지정한 후 Alt + Delete 키를 눌러 채워 넣습니다.

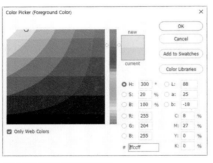

11　마지막 반짝이는 모양을 만들기 위해 Pen Tool(펜 도구) ✏을 선택하고 옵션 패널에서 Paths(패스) 항목을 선택합니다. 그리고 Paths(패스) 패널에서 하단의 Create new path(새 패스를 만듭니다) 버튼을 눌러 저장된 패스를 생성하고, 모양을 그려줍니다.

12　마찬가지 방법으로 Path Selection Tool(패스 선택 도구) ▶을 선택하고 하나를 더 복사한 후 크기를 조절합니다. 그리고 Layers(레이어) 패널에서 투명 레이어를 생성하고, 조건에서 제시한 색상을 지정한 후 Alt + Delete 키를 눌러 채워 넣습니다.

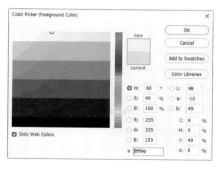

05. 패턴 등록 및 활용, Layer Style(레이어 스타일) 적용

01 이제 패턴 등록을 위해서 먼저 도구 패널에서 Custom Shape Tool(사용자 정의 모양 도구) 을 선택하고, 옵션 패널의 Pick tool mode(선택 도구 모음)에서 Shape(모양)를 선택합니다. 그런 다음 오른쪽 Shape(모양)에서 Legacy Shapes and More(레거시 모양 및 기타)를 클릭, All Legacy Default Shapes(모든 레거시 기본 모양)의 Ornaments(장식)에서 꽃 모양을 선택합니다.

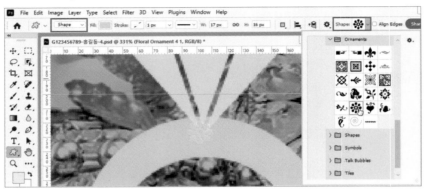

> 최신 버전의 인터페이스가 달라졌기 때문에 예전 버전의 Shape(도형)를 찾기 위해서는 상기 방법대로
> 찾아야 하며, Window(창) 메뉴에서 Shapes(모양) 패널을 불러와 사용해도 됩니다.

02 또한 전경색을 조건에서 제시한 색상으로 지정한 후 [Shift] 키를 누른 채 이미지에 드래그하여 모양을 그려주면 Layers(레이어) 패널에 모양 레이어가 생성되는 것을 볼 수 있습니다.

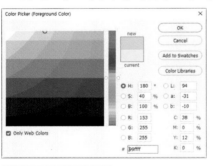

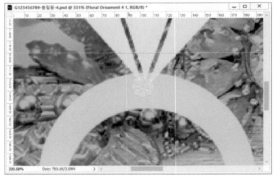

> 사용자 정의 모양 도구를 사용할 때 [Shift] 키를 누르는 이유는 저장된 모양의 가로, 세로
> 비율을 유지한 채로 그리기 위해서이고, 만일 모양을 만든 후 색상을 변경하고자 할 경우
> 에는 해당 레이어의 썸네일 부분을 더블클릭하여 수정하면 됩니다.

03 다시 한번 위와 동일한 방법으로 Custom Shape Tool(사용자 정의 모양 도구)🎨을 선택하고 물결 모양을 찾아 조건에서 제시한 색상을 지정하고 그려줍니다.

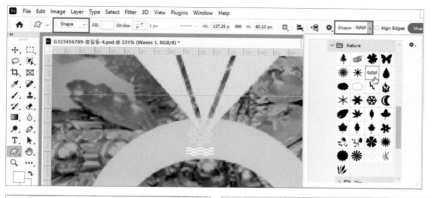

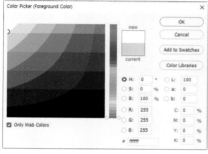

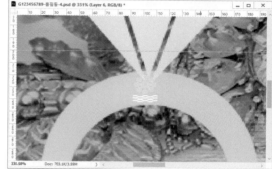

04 이제 패턴으로 등록하기 위해서 Rectangular Marquee Tool(사각형 선택 윤곽 도구)⬚을 선택하고 두 개의 모양을 포함하는 영역을 만듭니다. 그리고 Layers(레이어) 패널에서 해당 레이어를 제외한 모든 레이어의 눈 아이콘을 클릭하여 보이지 않도록 가려줍니다.

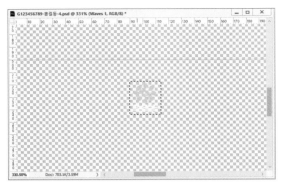 

여기서 모든 레이어를 화면에서 가려주는 이유는 왕관을 제외한 나머지 부분을 투명하게 패턴으로 등록하여 하단의 다른 색상이 보이도록 하기 위해서입니다.

05 그런 다음 Edit(편집) 메뉴의 Define Pattern(패턴 정의)을 클릭하여 패턴으로 등록한 후 `Ctrl`+`D` 를 눌러 선택영역을 해제합니다. 앞서 가려놓았던 레이어들을 다시 보이게 하고, Layers(레이어) 패널에서 Create a new layer(새 레이어를 만듭니다) 버튼을 클릭하여 앞서 작업해 놓은 각각의 면 레이어 위에 투명 레이어를 추가합니다.

 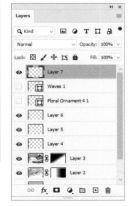

06 [Ctrl] 키를 누른 채 Paths(패스) 패널에서 원 패스의 썸네일을 클릭하거나 [Ctrl]+[Enter] 키를 눌러 선택합니다. 그런 다음 Edit(편집)-Fill(칠) 메뉴를 실행하여 앞서 등록한 패턴 무늬를 채워 넣습니다.

07 Layers(레이어) 패널에서 앞서 제작해 놓은 반지 모양의 레이어를 선택하고, 하단의 Add a layer style(레이어 스타일을 추가합니다) 아이콘을 클릭하여 출력형태와 동일하게 Inner Shadow(내부 그림자)를 적용합니다.

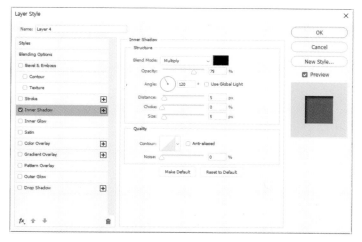

08 나머지 두 개의 레이어에도 동일한 효과를 적용하기 위해서 레이어 패널에서 앞서 적용한 Inner Shadow(내부 그림자)에 마우스 오른쪽 키를 눌러 Copy Layer Style(레이어 스타일 복사)을 클릭하고, 적용하고자 하는 레이어의 마우스 오른쪽 키를 눌러 Paste Layer Style(레이어 스타일 붙여 넣기)을 클릭합니다.

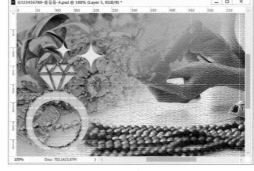
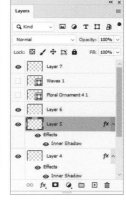

09 나머지 레이어에도 위와 동일한 방법으로 Paste Layer Style(레이어 스타일 붙여넣기)을 클릭하여 레이어 스타일을 적용합니다.

✔합격 Point

≪출력형태≫와 동일한 모양의 패스 작업과 패턴 적용 후 Layer Style(레이어 스타일)을 적용합니다.

② 패턴(꽃 장식, 물결 모양) : #99ffff, #ffffff

Pen Tool(펜 도구) 사용

#cccccc, #ffccff, #ffff99, 레이어 스타일 – Inner Shadow(내부 그림자)

06. 이미지 합성과 Filter(필터), Layer Style(레이어 스타일) 적용

01 File(파일)–Open(열기) 메뉴를 실행하여 'Part03〉유형01〉소스파일' 폴더 안의 1급-14.jpg 파일을 불러옵니다.

02 도구 패널에서 Object Selection Tool(개체 선택 도구)█을 선택하고, 옵션 패널의 Object Finder (개체 찾기 도구)가 체크된 상태에서 선택하고자 하는 이미지에 마우스를 클릭합니다. 계속하여 **Shift** 키를 누른 채 나머지 이미지 또한 클릭하여 선택영역을 추가합니다.

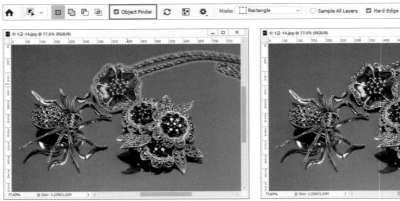

개체 찾기 도구 옵션은 선택하려는 이미지 위로 포인 터를 가져가면 테두리 형태가 보이며, 마우스를 클릭하 면 자동으로 선택합니다. 이 항목이 체크되어 있으면 옵션 바로 옆에 회전하는 새로 고침 아이콘이 표시됩 니다.

개체 선택 도구는 이미지에서 일부분을 드래그하여 선택할 때 유 용하고, 반면에 'Select Subject(피사체 선택)' 항목을 체크하면 이미 지 전체의 피사체를 선택하는 옵션입니다. 포토샵 버전 문제로 인 하여 개체 선택 도구를 사용할 수 없는 경우에는 Magnetic Lasso Tool(자석 올가미 도구)█이나 Quick Selection Tool(빠른 선택 도 구)█를 사용하여 선택할 수 있도록 합니다.

03 Move Tool(이동 도구)✛을 사용하여 작업 중인 이미지 창으로 끌어온 후 Edit(편집)–Free Transform(자유 변형) 메뉴를 실행하여 **Shift** 키를 누른 채 변형 컨트롤 모서리 부분을 드래그하여 축소합니다.

04 Layers(레이어) 패널 하단의 Add a layer style(레이어 스타일을 추가합니다) 버튼을 클릭하여 Bevel and Emboss(경사와 엠보스)를 클릭, 세부 옵션을 출력형태와 동일하게 조절합니다.

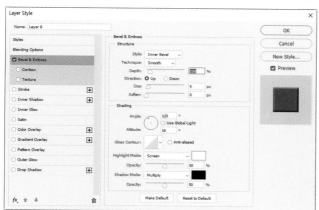

05 계속하여 Drop Shadow(그림자 효과)를 선택하여 출력형태와 동일하게 세부 옵션을 조절합니다.

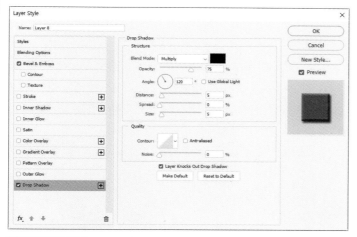

06 File(파일)-Open(열기) 메뉴를 실행하여 'Part03〉유형01〉소스파일' 폴더 안의 1급-15.jpg 파일을
불러옵니다.

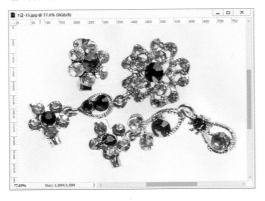

07 도구 패널에서 Object Selection Tool(개체 선택 도구)▦을 선택하고 옵션 패널에서 Mode(모드)를
Lasso(올가미)로 지정한 후 선택하고자 하는 이미지 주위를 드래그하여 영역을 잡아줍니다. 선택
영역을 편집하고자 한다면 Lasso Tool(올가미 도구)◯을 사용하여 [Alt]키를 누른 채 드래그하여
선택영역을 제외하거나 [Shift] 키를 사용하여 선택영역을 합쳐주면 됩니다.

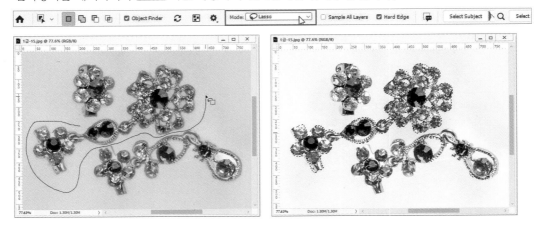

08 Move Tool(이동 도구)✛을 사용하여 작업 중인 이미지 창으로 드래그하여 이미지를 이동시키고, Edit(편집)-Free Transform(자유 변형) 메뉴를 실행한 후 `Shift` 키를 누른 채 변형 컨트롤의 모서리 부분을 드래그하여 크기를 축소하고 회전시켜 출력형태와 동일하게 배치합니다.

09 Filter(필터)-Render(렌더)-Lens Flare(렌즈 플레어) 메뉴를 실행하여 출력형태와 동일하게 조명 효과를 적용합니다.

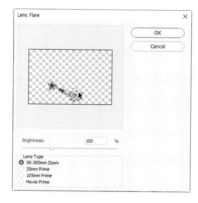 

10 계속하여 Layers(레이어) 패널 하단의 Add a layer style(레이어 스타일을 추가합니다) 버튼을 클릭하여 Outer Glow(외부 광선)를 적용합니다.

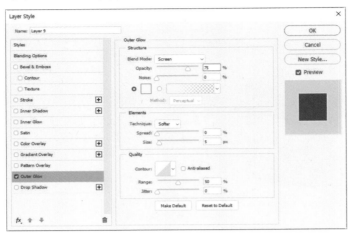

포토샵

✅ 합격 Point

《출력형태》와 동일한 이미지 배치와 Filter(필터), Layer Style(레이어 스타일)을 적용합니다.

⑤ 1급-14.jpg : 레이어 스타일 – Bevel and Emboss(경사와 엠보스), Drop Shadow(그림자 효과)

⑥ 1급-15.jpg : 필터 – Lens Flare(렌즈 플레어), 레이어 스타일 – Outer Glow(외부 광선)

07. 색상 보정과 Layer Style(레이어 스타일) 적용

01 File(파일)-Open(열기) 메뉴를 실행하여 'Part03〉유형01〉소스파일' 폴더 안의 1급-16.jpg 파일을 불러옵니다.

02 도구 패널에서 Quick Selection Tool(빠른 선택 도구) 을 선택하고 옵션 패널에서 브러시 크기를 조절한 후 마우스를 드래그하며 선택합니다. 다른 선택 도구와 마찬가지로 **Shift** 키를 눌러 선택 영역을 추가하거나 **Alt** 키를 눌러 제외시켜가며 영역을 편집하면 됩니다.

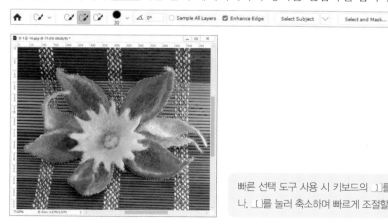

> 빠른 선택 도구 사용 시 키보드의]를 눌러 브러시의 크기를 확대하거나, [를 눌러 축소하며 빠르게 조절할 수 있습니다.

03 Move Tool(이동 도구)✛을 사용하여 작업 중인 이미지 창으로 드래그하여 이동시킨 후 Edit(편집)-Free Transform(자유 변형) 메뉴를 실행합니다. `Shift` 키를 누른 채 변형 컨트롤 모서리 부분을 드래그하여 크기를 축소합니다.

04 이미지의 일부분만을 보정해야 하므로 `Ctrl` 키를 누른 채 해당 레이어의 썸네일 부분을 클릭하여 전체 영역을 선택합니다. 그런 다음 Lasso Tool(올가미 도구)◯로 제외하고자 하는 부분을 `Alt` 키를 누른 채 드래그하여 선택영역에서 제외합니다.

05 그런 다음 Layers(레이어) 패널 하단의 Create new fill or adjustment layer(새 칠 또는 조정 레이어를 만듭니다) 버튼을 클릭하여 Hue/Saturation(색조/채도)를 선택합니다. Properties(속성) 패널에서 하단의 Colorize(색상화) 항목을 체크하고, Hue(색조)와 Saturation(채도) 값을 조절하여 빨간색 계열로 보정합니다.

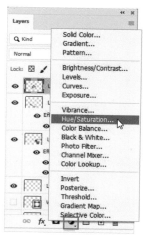

조정 레이어는 속성 패널을 이용하여 원본을 그대로 유지하면서 이미지의 색상과 톤을 보정할 수 있는 기능으로 수정이 가능하며, 이미지 제어 기능과 다양한 설정 기능으로 손쉽게 이미지를 보정할 수 있습니다. 또한 Colorize(색상화) 항목을 체크하게 되면 이미지 색상이 듀오톤으로 바뀌어 한 가지 색상으로만 보정되고, 체크 하지 않을 경우에는 기존의 색상에 새롭게 조절하는 색상이 혼합되어 적용됩니다.

06 Layers(레이어) 패널에서 원본 이미지 레이어를 선택하고 하단의 Add a layer style(레이어 스타일을 추가합니다) 버튼을 클릭한 후 Drop Shadow(그림자 효과)를 적용합니다.

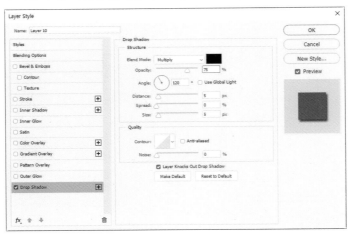

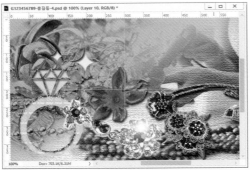
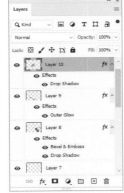

포토샵

07 File(파일)-Open(열기) 메뉴를 실행하여 'Part03〉유형01〉소스파일' 폴더 안의 1급-17.jpg 파일을 불러옵니다.

08 도구 패널에서 Object Selection Tool(개체 선택 도구)▣을 선택하고 옵션 패널에서 Mode(모드)를 Rectangle(사각형)로 지정한 후 이미지를 드래그하여 선택합니다. 선택영역을 편집하고자 한다면 Lasso Tool(올가미 도구)♀을 사용하여 **Alt** 키를 누른 채 드래그하여 선택영역을 제외하거나 **Shift** 키를 사용하여 선택영역을 합쳐주면 됩니다.

포토샵 버전 문제로 인하여 개체 선택 도구를 사용할 수 없는 경우에는 Magnetic Lasso Tool(자석 올가미 도구)▨이나 Quick Selection Tool(빠른 선택 도구)◪를 사용하여 선택할 수 있도록 합니다.

09 Move Tool(이동 도구)✛을 사용하여 작업 중인 이미지 창으로 드래그하여 이동시킨 후 Edit(편집)-Free Transform(자유 변형) 메뉴를 실행하여 크기를 축소하고, 회전시켜 줍니다.

☑ 합격 Point

≪출력형태≫와 동일한 이미지 배치와 색상 보정, 레이어 스타일을 적용합니다.

⑦ 1급-16.jpg : 색상 보정-빨간색 계열로 보정, 레이어 스타일-Drop Shadow(그림자 효과)

08. Shape Tool(모양 도구) 사용

01 도구 패널에서 Custom Shape Tool(사용자 정의 모양 도구)✿을 선택하고, 옵션 패널의 Pick tool mode(선택 도구 모음)에서 Shape(모양)를 선택합니다. 그런 다음 오른쪽 Shape(모양)에서 Legacy Shapes and More(레거시 모양 및 기타)를 클릭, All Legacy Default Shapes(모든 레거시 기본 모양)의 Ornaments(장식)에서 백합 문장 모양을 선택합니다.

> 최신 버전의 인터페이스가 달라졌기 때문에 예전 버전의 Shape(도형)를 찾기 위해서는 상기 방법대로 찾아야 하며, Window(창) 메뉴에서 Shapes(모양) 패널을 불러와 사용해도 됩니다.

02 또한 전경색을 조건에서 제시한 색상으로 지정한 후 **Shift** 키를 누른 채 이미지에 드래그하여 모양을 그려주면 Layers(레이어) 패널에 모양 레이어가 생성되는 것을 볼 수 있습니다.

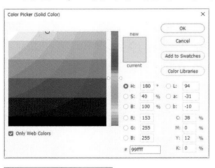

> 사용자 정의 모양 도구를 사용할 때 **Shift** 키를 누르는 이유는 저장된 모양의 가로, 세로 비율을 유지한 채로 그리기 위해서이고, 만일 모양을 만든 후 색상을 변경하고자 할 경우 에는 해당 레이어의 썸네일 부분을 더블클릭하여 수정하면 됩니다.

03 Layers(레이어) 패널 하단의 Add a layer style(레이어 스타일을 추가합니다) 버튼을 클릭하여 Drop Shadow(그림자 효과)를 선택한 후 출력형태와 동일하게 옵션을 조절합니다.

04 다시 Custom Shape Tool(사용자 정의 모양 도구)🐾을 선택하고, 옵션 패널의 Shape(모양)에서 Legacy Shapes and More(레거시 모양 및 기타)를 클릭, All Legacy Default Shapes(모든 레거시 기본 모양)의 Objects(물건)에서 열쇠 모양을 선택합니다.

05 조건에서 제시한 색상을 지정한 후 **Shift** 키를 누른 채 드래그하여 그려주고, Edit(편집)–Free Transform(자유 변형) 메뉴를 실행하여 회전시켜줍니다.

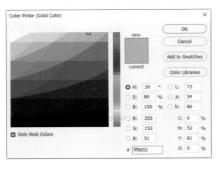 

06 Layers(레이어) 패널 하단의 Add a layer style(레이어 스타일을 추가합니다) 버튼을 클릭하여 Inner Glow(내부부 광선)를 적용하고, 레이어 패널 상단의 Opacity(불투명도) 값을 조절합니다.

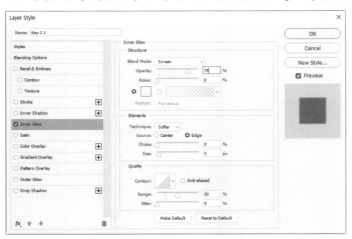

07 이제 메뉴 부분을 표현하기 위해서 Custom Shape Tool(사용자 정의 모양 도구)🐾을 선택하고, 옵션 패널의 Shape(모양)에서 Legacy Shapes and More(레거시 모양 및 기타)를 클릭, All Legacy Default Shapes(모든 레거시 기본 모양)의 Talk Bubbles(말풍선)에서 모서리가 둥근 말풍선 모양을 선택합니다.

08 작업 창 오른쪽 상단에 마우스를 드래그하여 출력형태와 동일한 모양으로 그려준 뒤 Layers(레이어) 패널 하단의 Add a layer style(레이어 스타일을 추가합니다) 버튼을 클릭하여 Gradient Overlay (그레이디언트 오버레이)를 선택하고, 색상을 각각 지정합니다.

09 이어서 Stroke(선/획) 레이어 스타일을 선택하고 Size(크기)와 Color(색상)를 지정합니다.

10 두 개를 더 만들기 위해서 도구 패널에서 Move Tool(이동 도구)✛을 선택하고 **Alt**키를 누른 상태에서 배너 모양을 드래그하여 복사합니다.

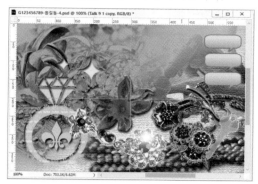 

11 그런 다음 Layers(레이어) 패널에서 중앙에 있는 배너를 선택하고, 레이어 스타일을 더블클릭하여 Stroke(선/획)의 색상을 변경합니다.

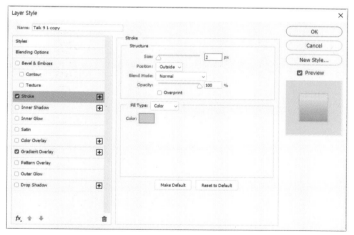

Photoshop

09. 문자 입력과 왜곡, Layer Style(레이어 스타일) 적용

01 도구 패널에서 Horizontal Type Tool(수평 문자 도구) **T**을 선택하고 이미지 상단에 마우스를 클릭하여 조건에서 제시한 문자를 입력합니다. Layers(레이어) 패널에서 문자 레이어의 썸네일 부분을 더블클릭하여 블록을 잡거나 Move Tool(이동 도구) ✛를 선택한 후 Character(문자) 패널에서 글꼴과 크기를 조절합니다.

02 계속하여 블록이 잡힌 상태나 커서가 깜박이는 상태에서 문자를 변형시키기 위해서 옵션 패널 상단의 Create Warped Text(뒤틀어진 텍스트 만들기) 버튼을 클릭하여 Style(스타일)에서 Shell Lower(아래가 넓은 조개)를 선택하고 휘는 정도 값을 조절합니다.

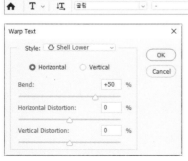

03 Layers(레이어) 패널 하단의 Add a layer style(레이어 스타일을 추가합니다) 버튼을 클릭하여 Gradient Overlay(그레이디언트 오버레이)를 선택하고 색상을 각각 적용하고, 또한 Stroke(선/획)을 선택하여 조건에서 제시한 선의 두께와 색상을 지정합니다.

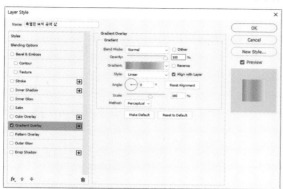

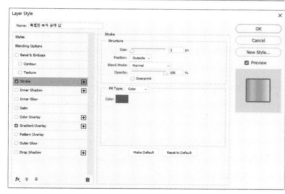

211

Photoshop

04 위와 동일한 방법으로 Horizontal Type Tool(수평 문자 도구) **T**로 영문을 입력한 후 문자의 크기가 서로 다르므로 각각 드래그하여 블록을 잡은 후 Character(문자) 패널에서 조건에서 제시한 글꼴과 크기를 설정하고, 스타일과 색상을 적용합니다.

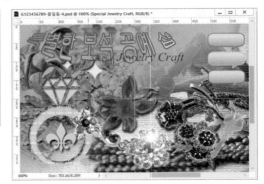

05 그리고 블록이 잡힌 상태나 커서가 깜박이는 상태에서 문자를 변형시키기 위해서 옵션 패널 상단의 Create Warped Text(뒤틀어진 텍스트 만들기) 버튼을 클릭하여 Style(스타일)에서 Rise(상승)를 선택하고 휘는 정도 값을 조절합니다.

포토샵

06 Layers(레이어) 패널 하단의 Add a layer style(레이어 스타일을 추가합니다) 버튼을 클릭하여 Stroke(선/획)을 선택하고 조건에서 제시한 선의 두께와 색상을 지정합니다.

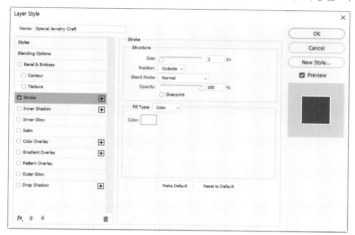

07 이번에는 메뉴에 해당하는 문자를 입력한 후 Character(문자) 패널에서 글꼴과 크기, 색상을 조절하고, Layer Style(레이어 스타일)에서 Stroke(선/획)을 적용합니다.

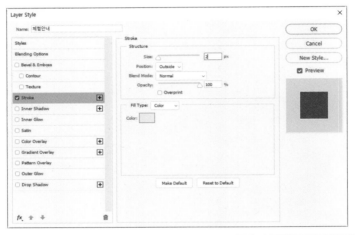

08 Move Tool(이동 도구)✛을 선택하고 [Alt] 키를 누른 상태에서 드래그하여 문자 레이어를 복사하고, Horizontal Type Tool(수평 문자 도구) T로 내용을 수정한 후 Layer Style(레이어 스타일)의 Stroke (선/획)에서 색상을 변경합니다.

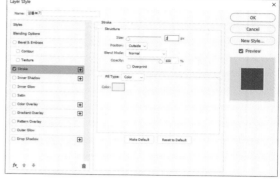

09 위와 동일한 방법으로 나머지 메뉴 문자들 또한 복사 후 내용을 수정합니다.

10 마지막으로 이미지 하단의 내용을 입력한 후 글꼴과 크기, 색상을 조절하고 Layer Style(레이어 스타일)에서 Stroke(선/획) 효과를 적용합니다.

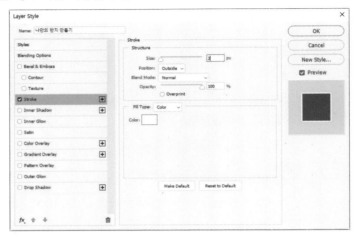

✔️합격 Point

《조건》에서 제시한 문자 입력 후 글꼴과 크기, 색상 등을 조절하고, 《출력형태》와 동일하게 Create Warped Text(뒤틀어진 텍스트 만들기)와 Layer Style(레이어 스타일) 효과를 적용합니다.

① Special Jewelry Craft (Times New Roman, Italic, 20pt, 32pt, #003399, 레이어 스타일 – Stroke(선/획)(2px, #ffffff)
② 특별한 보석 공예 샵 (굴림, 40pt, 레이어 스타일 – 그레이디언트 오버레이(#ff66ff, #33ff99, #ffff33), Stroke(선/획)(3px, #666699))
③ 나만의 반지 만들기 (궁서, 16pt, #003333, 레이어 스타일 – Stroke(선/획)(2px, #ffffff))
④ 체험안내 샘플보기 참여하기 (돋움, 18pt, #003333, 레이어 스타일 – Stroke(선/획)(2px, #ccffff, #ffff99))

10. 레이아웃 정리와 저장, 답안 전송

01 전체 작업이 모두 끝났으므로 ≪출력형태≫와 동일하도록 눈금자 또는 안내선을 이용하여 최종적으로 이미지의 크기와 위치 등을 확인합니다. 또한 안내선을 사용하였을 경우 View(보기)–Show(보이기)–Guides(안내선) 메뉴를 실행하여 안내선을 삭제하거나 가려줍니다.

안내선을 생성하여 움직이지 않도록 처리한 경우 이동시키거나 삭제하기 위해서는 View(보기)–Lock Guides(안내선 잠금) 메뉴를 실행하여 잠금 해제하면 됩니다.

02 최종적으로 File(파일)–Save(저장)를 눌러 저장시키고, 제출할 파일을 다시 저장하기 위해서 File(파일)–Save As(다른 이름으로 저장) 메뉴를 실행하여 '내 PC\문서\GTQ' 폴더 안에 포맷 형식을 JPEG(*.JPG;*.JPEG)로 지정한 후 파일 이름을 '수험번호–성명–문제번호.jpg'를 입력하고 저장합니다.

최종 파일인 jpg 파일과 psd 파일이 동일해야 하므로 마지막 저장 시 Layers(레이어) 패널을 다시 한 번 확인한 후 저장하여야 합니다.

03 이번에는 이미지 크기를 조절하여 PSD로 저장하기 위해서 Image(이미지)–Image Size(이미지 사이즈) 메뉴를 클릭합니다. 대화상자 중간의 Constrain aspect ratio(비율 제한) 버튼이 활성화되어 있는지 확인하고, 오른쪽 설정 버튼을 눌러 Scale Styles(스타일 크기) 또한 체크되어 있는지 확인 합니다. 그런 다음 Width(폭) 사이즈를 '60'으로 입력하면 그러면 Height(세로) 사이즈가 같이 수정 되는 것을 볼 수 있습니다.

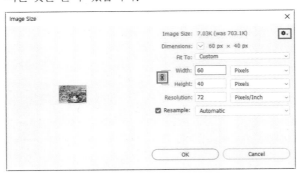

Constrain aspect ratio(비율 제한)는 가로나 세로 사이즈 하나만 조절하 더라도 나머지가 동일한 비율로 크기가 조절되게 하기 위해서 체크하 고 사용합니다.

04 마지막으로 File(파일)–Save As(다른 이름으로 저장) 메뉴를 실행하여 '내 PC₩문서₩GTQ' 폴더 안에 포맷 형식을 PSD(*.PSD;*.PDD)로 지정하고, 파일 이름을 '수험번호–성명–문제번호.psd'를 입력 하고 저장합니다.

05 답안을 전송하기 전에 '문서' 폴더 안에 앞서 작업한 파일에 대한 파일 이름과 파일 형식 등을 확인하고, 수험 프로그램에서 [답안 전송]을 클릭하여 감독관 컴퓨터로 전송합니다.

✔합격 Point - - - - -

수험자 유의사항에 제시된 파일명은 본인의 "수험번호−성명−문제번호"로 공백 없이 정확히 입력하고 답안폴더(내 PC\문서\GTQ에 jpg 파일과 psd 파일의 2가지 포맷으로 저장해야 하며, jpg 파일과 psd 파일의 내용이 상이할 경우 0점 처리됩니다. 답안문서 파일명이 "수험번호−성명−문제번호"와 일치하지 않거나, 답안 파일을 전송하지 않아 미제출로 처리될 경우 불합격 처리됩니다.

수험자 정보와 저장한 파일명, 저장 위치가 다를 경우 전송이 되지 않으므로 주의하시고 위 내용을 꼭 지켜주어야 합니다.

파일 저장 규칙 :
JPG
− 파일명 : 내 PC\문서\GTQ\수험번호−성명−4.jpg
− 크기 : 600×400 pixels
PSD
− 파일명 : 내 PC\문서\GTQ\수험번호−성명−4.psd
− 크기 : 60×40 pixels

PART 04

기출문제
유형 모의고사

GTQ(그래픽기술자격)-(S/W:포토샵)

급수	문제유형	시험시간	수험번호	성 명
1급		90분		

수험자 유의사항

● 수험자는 문제지를 받는 즉시 응시하고자 하는 **과목 및 급수가 맞는지 확인**한 후 수험번호와 성명을 작성합니다.

● 파일명은 본인의 "수험번호-성명-문제번호"로 공백 없이 정확히 입력하고 답안폴더(내 PC₩문서₩GTQ)에 jpg 파일과 psd 파일의 2가지 포맷으로 저장해야 하며, jpg 파일과 psd 파일의 내용이 상이할 경우 0점 처리됩니다. 답안문서 파일명이 "수험번호-성명-문제번호"와 일치하지 않거나, 답안 파일을 전송하지 않아 미제출로 처리될 경우 불합격 처리됩니다.

● 문제의 세부조건은 '영문(한글)' 형식으로 표기되어 있으니 유의하시기 바랍니다.

● 수험자 정보와 저장한 파일명, 저장 위치가 다를 경우 전송이 되지 않으므로, 주의하시기 바랍니다.

● 답안 작성 중에도 <u>주기적으로 '저장'과 '답안 전송'</u>을 이용하여 감독위원 PC로 답안을 전송하셔야합니다. (**※ 작업한 내용을 <u>저장하지 않고 전송할 경우</u> 이전의 저장내용이 전송되오니 이점 반드시 유념하시기 바랍니다.**)

● 답안문서는 지정된 경로 외의 다른 보조기억장치에 저장하는 행위, 지정된 시험 시간 외에 작성된 파일을 활용한 행위, 기타 허용되지 않은 프로그램(이메일, 메신저, 게임, 네트워크 등) 이용 시 부정행위로 간주되어 **자격기본법 제32조에 의거 본 시험 및 국가공인 자격시험을 2년간 응시할 수 없습니다.**

● 시험 중 부주의 또는 고의로 시스템을 파손한 경우와 <수험자 유의사항>에 기재된 방법대로 이행하지 않아 생기는 불이익은 수험자의 책임임을 알려 드립니다.

● 시험을 완료한 수험자는 최종적으로 저장한 답안파일이 전송되었는지 확인한 후 감독위원의 지시에 따라 문제지를 제출하고 퇴실합니다.

답안 작성요령

● 온라인 답안 작성 절차
  수험자 등록 ⇒ 시험 시작 ⇒ 답안파일 저장 ⇒ 답안 전송 ⇒ 시험 종료

● 내 PC₩문서₩GTQ₩Image폴더에 있는 그림 원본파일을 사용하여 답안을 작성하시고, 최종답안을 답안폴더(내 PC₩문서₩GTQ)에 저장하여 답안을 전송하시고, 이미지의 크기가 다른 경우 감점 처리됩니다.

● 배점은 총 100점으로 이루어지며, 점수는 각 문제별로 차등 배분됩니다.

● 각 문제는 제시된 <조건에>에 따라 작성하고, 언급하지 않은 조건은 《출력형태》와 같이 작성합니다.

● 배치 등의 편의를 위해 주어진 눈금자의 단위는 '픽셀'입니다.
  그 외는 출력형태(효과, 이미지, 문자, 색상, 레이아웃, 규격 등)와 같이 작업하시오.

● 문제 조건에 서체의 지정이 없을 경우 한글은 굴림이나 돋움, 영문은 Arial로 작업하십시오.
  (단, 그 외 제시되지 않은 문자 속성을 기본값으로 작성하지 않은 경우는 감점 처리됩니다.)

● Image Mode(이미지 모드)는 별도의 처리조건이 없을 경우에는 RGB(8비트)로 작업하십시오.

● 모든 답안 파일은 해상도 72 pixels/inch로 작업하십시오.

● Layer(레이어)는 각 기능별로 분할해야 하며, 임의로 합칠 경우나 각 기능에 대한 속성을 해지할 경우 해당 요소는 0점 처리됩니다.

문제1 [기능평가] 고급 Tool(도구) 활용   [20점]

다음의 《조건》에 따라 아래의 《출력형태》와 같이 작업하시오.

《조건》

원본 이미지	문서₩GTQ₩Image₩1급-1.jpg, 1급-2.jpg, 1급-3.jpg		
파일 저장 규칙	JPG	파일명	문서₩GTQ₩수험번호-성명-1.jpg
		크기	400 × 500 pixels
	PSD	파일명	문서₩GTQ₩수험번호-성명-1.psd
		크기	40 × 50 pixels

《출력형태》

1. 그림 효과

① 1급-1.jpg : 필터 – Texturizer(텍스처화)
② Save Path(패스 저장) : 글러브 모양
③ Mask(마스크) : 글러브 모양, 1급-2.jpg를 이용하여 작성
  레이어 스타일 – Stroke(선/획)(3px, 그라디언트(#cc0099, #00cc66),
  Inner Shadow(내부 그림자))
④ 1급-3.jpg : 레이어 스타일 – Bevel and Emboss(경사와 엠보스)
⑤ Shape Tool(모양 도구) :
  - 자전거 모양 (#333366, 레이어 스타일 – Outer Glow(외부 광선))
  - 깃발 모양 (#990099, #ff6633, 레이어 스타일 – Drop Shadow(그림자 효과))

2. 문자 효과

① 생활체육 프로그램 (굴림, 40pt, 레이어 스타일 – 그라디언트 오버레이
  (#ffcc33, #0033cc), Stroke(선/획)(3px, #ccffcc))

문제2 [기능평가] 사진편집 응용   [20점]

다음의 《조건》에 따라 아래의 《출력형태》와 같이 작업하시오.

《조건》

원본 이미지	문서₩GTQ₩Image₩1급-4.jpg, 1급-5.jpg, 1급-6.jpg		
파일 저장 규칙	JPG	파일명	문서₩GTQ₩수험번호-성명-2.jpg
		크기	400 × 500 pixels
	PSD	파일명	문서₩GTQ₩수험번호-성명-2.psd
		크기	40 × 50 pixels

《출력형태》

1. 그림 효과

① 1급-4.jpg : 필터 – Dry Brush(드라이 브러시)
② 색상 보정 : 1급-5.jpg – 보라색, 녹색 계열로 보정
③ 1급-5.jpg : 레이어 스타일 – Bevel and Emboss(경사와 엠보스)
④ 1급-6.jpg : 레이어 스타일 – Drop Shadow(그림자 효과)
⑤ Shape Tool(모양 도구) :
  - 시계 모양(#663366, 레이어 스타일 – Outer Glow(외부 광선))
  - 음표 모양(#000066, #990033,
    레이어 스타일 – Stroke(선/획)(2px, #ffff99))

2. 문자 효과

① Daily Sports (Time New Roman, Bold, 50pt, 레이어 스타일 –
  그라디언트 오버레이(#ff33ff, #ffcc33), Drop Shadow(그림자 효과))

문제3 [실무응용] 포스터 제작 [25점]

다음의 《조건》에 따라 아래의 《출력형태》와 같이 작업하시오.

《조건》

원본이미지			문서₩GTQ₩Image₩1급-7.jpg, 1급-8.jpg, 1급-9.jpg, 1급-10.jpg, 1급-11.jpg
파일 저장규칙	JPG	파일명	문서₩GTQ₩수험번호-성명-3.jpg
		크기	600 × 400 pixels
	PSD	파일명	문서₩GTQ₩수험번호-성명-3.psd
		크기	60 × 40 pixels

1. 그림 효과
① 배경 : #006600
② 1급-7.jpg : Blending Mode(혼합 모드) - Screen(스크린), Opacity(불투명도)(70%)
③ 1급-8.jpg : 필터 - Film Grain(필름 그레인), 레이어 마스크 - 가로 방향으로 흐릿하게
④ 1급-9.jpg : 필터 - Wind(바람), 레이어 스타일 - Inner Shadow(내부 그림자)
⑤ 1급-10.jpg : 레이어 스타일 - Outer Glow(외부 광선), Drop Shadow(그림자 효과)
⑥ 1급-11.jpg : 색상 보정 - 빨간색 계열로 보정, 레이어 스타일 - Stroke(선/획)(3px, 그라디언트(#ff9900, #ffffcc))
⑦ 그 외 《출력형태》 참조

2. 문자 효과
① 세계 스포츠산업 포럼 (궁서, 30pt, 50pt, 레이어· 스타일 - 그라디언트 오버레이(#ff33ff, #ffff33, #00cc00),
  Stroke(선/획)(2px, #333366), Drop Shadow(그림자 효과))
② World Sports Industry Forum (Arial, Regular, 18pt, #66ffff, 레이어 스타일 - Stroke(선/획)(2px, #000066))
③ 상담신청 / 참가안내 (돋움, 18pt, , 레이어 스타일 - 그라디언트 오버레이(#00cc33, #ffff33,
  Stroke(선/획)(2px, #cc3366))
④ 한국체육학회 / 스포츠 산업 (돋움, 16pt, #ffffff, #66ffff, 레이어 스타일 - Stroke(선/획)(2px, #660033))

《출력형태》

Shape Tool(모양 도구) 사용
#330033, 레이어 스타일 - Outer
Glow(외부 광선), Opacity(불투명도)(60%)

Shape Tool(모양 도구) 사용
#ccffff, 레이어 스타일 -
Stroke(선/획(1px, #003399))

Shape Tool(모양 도구) 사용
레이어 스타일 - 그라디언트
오버레이(#cc00cc, #ffff33),
Drop Shadow(그림자 효과)

문제4 [실무응용] 웹 페이지 제작 [35점]

다음의 《조건》에 따라 아래의 《출력형태》와 같이 작업하시오.

《조건》

원본이미지			문서₩GTQ₩Image₩1급-12.jpg, 1급-13.jpg, 1급-14.jpg, 1급-15.jpg, 1급-16.jpg, 1급-17.jpg
파일 저장규칙	JPG	파일명	문서₩GTQ₩수험번호-성명-4.jpg
		크기	600x 400 pixels
	PSD	파일명	문서₩GTQ₩수험번호-성명-4.psd
		크기	60 × 40 pixels

1. 그림 효과

① 배경 : #cc6666
② 패턴(체크 표시, 자전거 모양) : #cc9999, #ffcc66
③ 1급-12.jpg : Blending Mode(혼합 모드) - Hard Light(하드 라이트), 레이어 마스크 - 대각선 방향으로 흐릿하게
④ 1급-13.jpg : 필터 - Cutout(오려내기), 레이어 마스크 - 가로 방향으로 흐릿하게
⑤ 1급-14.jpg : 레이어 스타일 - Inner Shadow(내부 그림자), Stroke(선/획)(2px, #ffff99)
⑥ 1급-15.jpg : 필터 - Paint Daubs(페인트 덥스/페인트 바르기), 레이어 스타일 - Outer Glow(외부 광선)
⑦ 1급-16.jpg : 색상 보정 - 보라색 계열로 보정, 레이어 스타일 - Bevel and Emboss(경사와 엠보스)
⑧ 그 외 《출력형태》 참조

2. 문자 효과

① Sports Industry Conference (Times New Roman, Regular, 24pt, 38pt, #cc0099, 레이어 스타일 - Stroke(선/획)(2px, #ffffff))
② 스포츠산업 활성화 전략 (굴림, 40pt, 레이어 스타일 - 그라디언트 오버레이(#ffcc33, #00ff00, #cc00ff), Stroke(선/획)(3px, #ffffcc))
③ 한국스포츠산업협회 (궁서, 20pt, #ffcc33, 레이어 스타일 - Stroke(선/획)(2px, #003300))
④ 협회사업 정보알림 후원하기 (돋움, 16pt, #000000, 레이어 스타일 - Stroke(선/획)(2px, #ccccff, #9999ff))

《출력형태》

Shape Tool(모양 도구) 사용
#ffcc33, 레이어 스타일 -
Stroke(선/획)(2px, #cc0066)

Shape Tool(모양 도구) 사용
#ccffff, 레이어 스타일 -
Drop Shadow(그림자 효과)

Pen Tool(펜 도구) 사용
#996633. #cc9966, #cc6600,
레이어 스타일 -
Drop Shadow(그림자 효과)

Shape Tool(모양 도구) 사용
레이어 스타일 - 그라디언트 오버레이(#996699, #ffccff),
Stroke(선/획)(2px, #cc66cc, #3333cc)

문제1 [기능평가] 고급 Tool(도구) 활용   ··· 20점

새 작업 이미지 만들기 및 파일 저장 → 배경 이미지 표현 → 글러브 모양 패스 작업 → Clipping Mask(클리핑 마스크) 적용 → 이미지 선택 및 Layer Style(레이어 스타일) 적용 → Shape(모양) 그리기 및 Layer Style(레이어 스타일) 적용 → 문자 입력과 Layer Style(레이어 스타일) 적용 → 레이아웃 정리와 저장, 답안 전송

01. 새 작업 이미지 만들기 및 파일 저장

01 File(파일)-New(새로 만들기) 메뉴를 선택하고 Width(폭) 400pixels(픽셀)과 Height(높이) 500pixels(픽셀)을 입력합니다. Resolution(해상도)은 72pixels/inch(픽셀/인치), Color Mode(색상 모드)는 RGB를 지정하고, Background Contents(배경 내용)는 White(흰색)를 설정합니다.

> **✔ 합격 Point**
> 《조건》에서 제시한 파일 크기를 정확하게 지켜주어야 하며, 답안 작성요령에 제시된 것처럼 Image Mode(이미지 모드)는 RGB를 지정하고, 해상도는 72 pixels/inch(픽셀/인치), 눈금자의 단위는 '픽셀'을 지정하여야 합니다.

02 앞서 학습했듯이 안내선을 이용하여 작업 창을 4등분 한 후 [File(파일)]-[Save(저장)] 메뉴를 선택하여 '내 PC₩문서₩GTQ' 폴더가 아닌 바탕화면이나 다른 폴더에 '수험번호-성명-문제번호.psd'로 임시 파일을 저장합니다.

> 임시로 파일을 저장하는 이유는 작업 중 시스템이나 프로그램에 문제가 생기거나 작업자가 최종 점검 시 오류나 누락된 부분이 있을 경우 수정 작업을 할 수 있도록 저장해 놓는 임시 파일로 실제 제출하지 않습니다.

02. 배경 이미지 표현

01 File(파일)-Open(열기) 메뉴를 실행하여 'Part 04〉유형01〉소스파일' 폴더 안의 1급-1.jpg 파일을 불러온 후 Move Tool(이동 도구) ⊕ 을 선택하고 **Shift** 키를 누른 채 작업 창으로 드래그합니다. 그리고 Edit(편집)-Free Transform(자유 변형) 메뉴를 실행하여 **Alt** + **Shift** 키를 동시에 누른 채 변형 컨트롤의 모서리 부분을 드래그하여 크기를 축소합니다.

이미지를 다른 작업 창으로 드래그할 때 **Shift** 키를 누른 채로 드래그하면 정중앙에 이미지가 배치됩니다. 또한 **Alt** 키를 누른 채 변형 컨트롤의 모서리를 드래그하면 중심이 이미지의 정중앙이 되고, 예전 버전에서는 **Shift** 키를 동시에 누른 채 드래그해야 가로세로 같은 비율로 크기를 조절할 수 있었으나, 최신 버전에서는 옵션 패널의 'Maintain aspect ratio(가로 세로 비율 유지)' 체크 유무에 따라 사용법이 달라졌습니다. **Ctrl** + **T** 를 눌렀을 때 옵션 패널의 가로 세로 비율 유지 버튼을 해제하면 기존 버전처럼 사용할 수 있으며, Edit(편집)−Preferences(환경설정)−General(일반)에서 'Use Legacy Free Transform(레거시 자유 변형)'을 선택하고 사용하면 됩니다.

02 Layers(레이어) 패널에서 이미지 레이어를 선택하고 Filter(필터)−Filter Gallery(필터 갤러리)−Texture(텍스처)−Texturizer(텍스처화) 메뉴를 실행하여 출력형태와 동일하게 옵션값을 조절합니다.

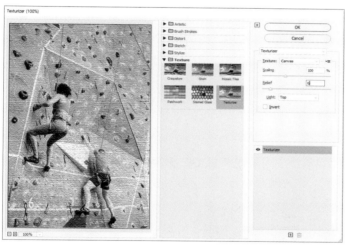

Filter(필터) 효과 중에 일부 필터는 Filter Gallery(필터 갤러리) 메뉴에 있으므로 미리 숙지하는 것이 시간을 낭비하지 않고, 조건에서 옵션값을 제시하지 않으므로 출력형태와 비슷하게 효과가 표현될 수 있도록 옵션을 임의로 조절합니다.

▽ 합격 Point
《출력형태》와 동일한 이미지 배치와 Filter(필터) 효과를 적용합니다.
① 1급−1.jpg : 필터 − Texturizer(텍스처화)

03. 글러브 모양 패스 작업

01 도구 패널에서 Pen Tool(펜 도구) ✒️을 선택하고 옵션 패널의 Path(패스) 항목을 선택합니다. 그리고 Window(창) 메뉴에서 Paths(패스) 패널을 불러온 후 패스 패널 하단의 Create new path(새 패스를 만듭니다) 버튼을 눌러 저장된 패스를 생성합니다.

> 새로운 패스를 만들어 저장된 패스 상태에서 작업을 완료하는 것이 안전하며, 만약 저장된 패스를 만들지 않고 Work Path(작업 패스) 상태에서 작업했을 경우에는 패스 작업이 끝난 후 더블클릭하여 꼭 저장시켜 주어야 합니다.

02 글러브 모양의 곡선 모양을 그려주고, 모양 수정이 필요할 경우에는 Direct Selection Tool(직접 선택 도구) ▷로 수정합니다.

03 다시 도구 패널에서 Pen Tool(펜 도구) ✐을 선택하고, 옵션 패널의 Path(패스) 항목을 선택합니다. 또한 Path operations(패스 작업) 항목에서 Combine Shapes(모양 결합)를 선택하고, 안쪽 곡선을 마저 그려줍니다.

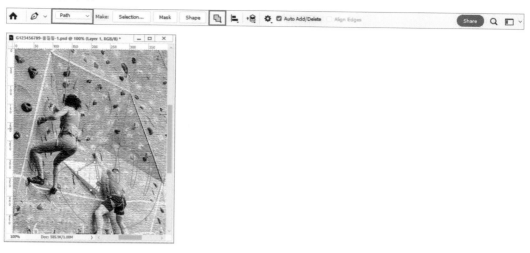

04 이번에는 원 모양을 그리기 위해서 도구 패널에서 Ellipse Tool(타원 도구) ◯을 선택하고, 옵션 패널의 Path(패스) 항목을 선택합니다. 그리고 Path operations(패스 작업)에서 Combine Shapes (모양 결합)를 지정하고 원을 그려줍니다.

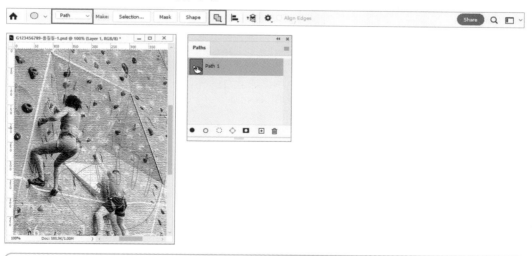

✔합격 Point

≪출력형태≫와 동일한 모양으로 패스를 만들고, Paths(패스) 패널에 반드시 저장된 패스로 작업해야 합니다.

② Save Path(패스 저장) : 글러브 모양

04. Clipping Mask(클리핑 마스크) 적용

01 먼저 완료된 패스 영역을 선택하기 위해서 Paths(패스) 패널 하단의 Load path as a selection (패스를 선택 영역으로 불러옵니다) 버튼을 클릭하거나 `Ctrl` + `Enter` 키를 눌러 선택 영역을 활성화 합니다.

패스 패널에 등록된 패스 영역을 선택 영역으로 활성화하기 위해서 키보드의 `Ctrl` 키를 누른 채 해당 패스 썸네일 영역을 클릭하면 좀 더 용이하게 패스 영역을 선택할 수 있습니다.

02 Layers(레이어) 패널 하단의 Create a new layer(새 레이어를 만듭니다) 버튼을 클릭하여 투명 레이어를 생성하고, `Alt` + `Delete` 키를 눌러 전경색을 채워 넣은 후 `Ctrl` + `D`를 눌러 선택 영역을 해제합니다.

`Alt` + `Delete`는 전경색을 한 번에 채워 넣는 단축키이고, `Ctrl` + `Delete`는 배경색을 채워 넣습니다.

03 이제 마스크를 적용하기 위해서 File(파일)-Open(열기) 메뉴를 실행하여 'Part 04〉유형01〉소스
파일' 폴더 안의 1급-2.jpg 파일을 불러옵니다.

04 Move Tool(이동 도구)✛을 선택하고 작업 중인 창으로 드래그하여 이미지를 끌어옵니다. Layers
(레이어) 패널에서 앞서 만들어 놓은 레이어 상단에 이미지가 위치하도록 확인하고, Layer(레이어)
메뉴에서 Create Clipping Mask(클리핑 마스크 만들기)를 실행하여 글러브 모양 안에만 이미지가
보이도록 처리해 줍니다.

클리핑 마스크를 좀 더 빠르게 적용하려면 Layers(레이어) 패널에서 삽입하고자 하는 레이어가 선택된 상태에서 키보
드의 **Alt** 키를 누르고 패스 작업한 레이어와 삽입하고자 하는 레이어 사이에서 마우스를 클릭하면 됩니다.

05 Edit(편집)-Free Transform(자유 변형) 메뉴를 실행하여 **Shift** 키 누른 채 변형 컨트롤의 모서리 부분을 드래그하여 크기를 축소한 후 **Enter** 키를 누릅니다. 그리고 출력형태와 동일하게 이미지를 이동시켜 배치합니다.

포토샵

06 Layers(레이어) 패널에서 글러브 모양 레이어를 선택하고 패널 하단의 Add a layer style(레이어 스타일을 추가합니다) 버튼을 클릭하여 Stroke(선/획)을 선택합니다. 대화상자에서 Size(크기)를 입력하고, Fill Type(칠 유형)을 Gradient(그레이디언트)로 설정한 후 Click to edit the gradient (클릭하여 그레이디언트 편집)를 클릭, 슬라이더 왼쪽 하단의 Color Stop(색상 정지점)을 더블클릭 하여 조건에서 제시한 색상을 적용합니다. 오른쪽 색상 또한 위와 동일한 방법으로 색상을 적용합니다.

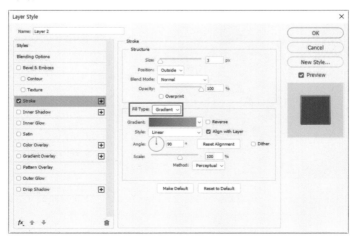 

07 연속적으로 Inner Shadow(내부 그림자)를 선택, 출력형태와 동일하게 옵션을 조절하여 효과를 적용합니다.

✔️합격 Point

≪출력형태≫와 동일하게 이미지를 표현하고, Layer Style(레이어 스타일) 효과를 적용합니다.

③ Mask(마스크) : 글러브 모양, 1급 − 2.jpg를 이용하여 작성

레이어 스타일 − Stroke(선/획)(3px, 그레이디언트(#cc0099, #00cc66)), Inner Shadow(내부 그림자)

05. 이미지 크기 조절 및 Layer Style(레이어 스타일) 적용

01 File(파일)-Open(열기) 메뉴를 실행하여 'Part04〉유형01〉소스파일' 폴더 안의 1급-3.jpg 파일을 불러옵니다.

02 도구 패널에서 Object Selection Tool(개체 선택 도구)▣을 선택하고 옵션 패널에서 Select Subject (피사체 선택) 버튼을 클릭하면 개체만 선택해줍니다. 만일 선택 영역을 편집하고자 한다면 Lasso Tool(올가미 도구)◗을 사용하여 **Alt** 키를 누른 채 드래그하여 선택 영역을 제외하거나 **Shift** 키를 사용하여 선택 영역을 합쳐주면 됩니다.

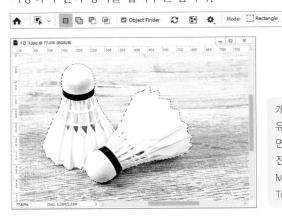

개체 선택 도구는 이미지에서 일부분을 드래그하여 선택할 때 유용하고, 반면에 'Select Subject(피사체 선택)' 항목을 체크하면 이미지 전체의 피사체를 선택하는 옵션입니다. 포토샵 버전 문제로 인하여 개체 선택 도구를 사용할 수 없는 경우에는 Magnetic Lasso Tool(자석 올가미 도구)▷이나 Quick Selection Tool(빠른 선택 도구)◗를 사용하여 선택할 수 있도록 합니다.

03 Move Tool(이동 도구) ⊕ 을 사용하여 작업 중인 이미지 창으로 드래그하여 Edit(편집)-Free Transform(자유 변형) 메뉴를 실행한 후 Shift 키를 누른 채 변형 컨트롤 모서리 부분을 드래그하여 크기를 축소합니다.

> Edit(편집)-Free Transform(자유 변형)은 자주 사용 하는 기능이므로 단축키(Ctrl + T)를 사용하도 록 합니다.

04 계속하여 Layers(레이어) 패널 하단의 Add a layer style(레이어 스타일을 추가합니다) 버튼을 클릭 하여 Bevel and Emboss(경사와 엠보스)를 선택하고 세부 옵션을 출력형태와 동일하게 조절합니다.

> ✔합격 Point
> ≪출력형태≫와 동일하게 크기 조절 후 이미지 를 배치하고, Layer Style(레이어 스타일) 효과를 적용합니다.
> ④ 1급-3.jpg : 레이어 스타일-
>   Bevel and Emboss(경사와 엠보스)

06. Shape(모양) 그리기 및 Layer Style(레이어 스타일) 적용

01 도구 패널에서 Custom Shape Tool(사용자 정의 모양 도구)🐾을 선택하고, 옵션 패널의 Pick tool mode(선택 도구 모음)에서 Shape(모양)를 선택합니다. 그런 다음 오른쪽 Shape(모양)에서 Legacy Shapes and More(레거시 모양 및 기타)를 클릭, All Legacy Default Shapes(모든 레거시 기본 모양)의 Symbols(심볼)에서 자전거 모양을 선택합니다.

> 최신 버전의 인터페이스가 달라졌기 때문에 예전 버전의 Shape(도형)를 찾기 위해서는 상기 방법대로 찾아야 하며, Window(창) 메뉴에서 Shapes(모양) 패널을 불러와 사용해도 됩니다.

02 또한 전경색을 조건에서 제시한 색상으로 지정한 후 **Shift** 키를 누른 채 이미지에 드래그하여 모양을 그려주면 Layers(레이어) 패널에 모양 레이어가 생성되는 것을 볼 수 있습니다.

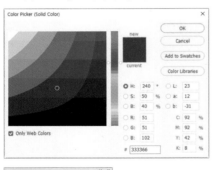

> 사용자 정의 모양 도구를 사용할 때 **Shift** 키를 누르는 이유는 저장된 모양의 가로, 세로 비율을 유지한 채로 그리기 위해서이고, 만일 모양을 만든 후 색상을 변경하고자 할 경우에는 해당 레이어의 썸네일 부분을 더블클릭하여 수정하면 됩니다.

236
포토샵

03 Layers(레이어) 패널 하단의 Add a layer style(레이어 스타일을 추가합니다) 버튼을 클릭하여 Outer Glow(외부 광선)를 선택한 후 출력형태와 동일하게 옵션을 조절합니다.

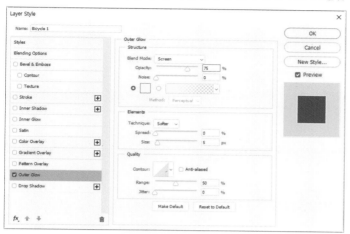

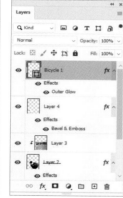

04 계속하여 깃발 모양을 만들기 위해서 Custom Shape Tool(사용자 정의 모양 도구) 을 선택하고, 옵션 패널의 Shape(모양)에서 Legacy Shapes and More(레거시 모양 및 기타)를 클릭, All Legacy Default Shapes(모든 레거시 기본 모양)의 Banners and Awards(배너 및 상장)에서 깃발 모양을 선택합니다. 또한 전경색을 조건에서 제시한 색상으로 지정한 후 **Shift** 키를 누른 채 이미지에 드래 그하여 그려줍니다.

05 Layers(레이어) 패널 하단의 Add a layer style(레이어 스타일을 추가합니다) 버튼을 클릭하여 Drop Shadow(그림자 효과)를 선택하고 세부 옵션을 출력형태와 동일하게 조절합니다.

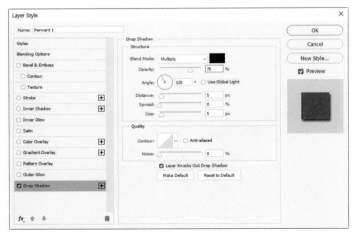

포토샵

06 하나를 더 만들기 위해서 Move Tool(이동 도구)✛을 선택하고 **Alt** 키를 누른 채 깃발 모양을 드래 그하여 복사합니다. 그런 다음 Layers(레이어) 패널의 썸네일 부분을 더블클릭하여 조건에서 제시한 색상으로 변경하고 **Ctrl** + **T**를 눌러 회전 및 크기를 조절합니다.

▼합격 Point
≪출력형태≫와 동일한 Shape(모양)을 만든 후 Layer Style(레이어 스타일) 효과를 적용합니다.
⑤ Shape Tool(모양 도구) :
- 자전거 모양 (#333366, 레이어 스타일 – Outer Glow(외부 광선))
- 깃발 모양 (#990099, #ff6633, 레이어 스타일 – Drop Shadow(그림자 효과))

07. 문자 입력과 왜곡, Layer Style(레이어 스타일) 적용

01 도구 패널에서 Horizontal Type Tool(수평 문자 도구) **T**을 선택하고 이미지 위에 마우스를 클릭하여 조건에서 제시한 문자를 입력합니다.

02 Layers(레이어) 패널을 보면 문자 레이어가 생성된 것을 볼 수 있는데, 이 레이어의 썸네일 부분을 더블클릭하여 블록을 잡거나 도구 패널에서 Move Tool(이동 도구)✛를 선택한 후 Character(문자) 패널에서 글꼴과 크기를 조절합니다.

문자 입력 시에는 조건에서 제시한 글꼴과 스타일, 크기, 색상을 설정하고 이 외의 다른 속성들은 모두 기본값을 사용해야 하기 때문에 반드시 Character(문자) 패널을 확인해야 합니다.

03 계속하여 블록이 잡힌 상태나 커서가 깜박이는 상태에서 문자를 변형시키기 위해서 옵션 패널 상단의 Create Warped Text(뒤틀어진 텍스트 만들기) 버튼을 클릭하여 Style(스타일)에서 Arc Upper(위 부채꼴)를 선택하고 휘는 정도 값을 조절합니다.

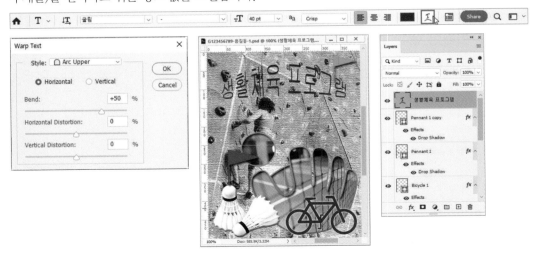

04 Layers(레이어) 패널 하단의 Add a layer style(레이어 스타일을 추가합니다) 버튼을 클릭하여 Gradient Overlay(그레이디언트 오버레이)를 선택하고, 색상을 각각 지정합니다.

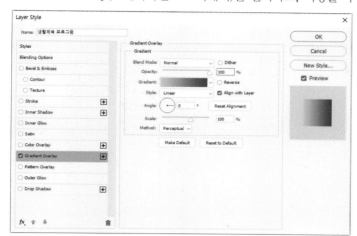 

05 이어서 Stroke(선/획) 레이어 스타일을 선택하고 Size(크기)와 Color(색상)를 지정하여 작업을 완성합니다.

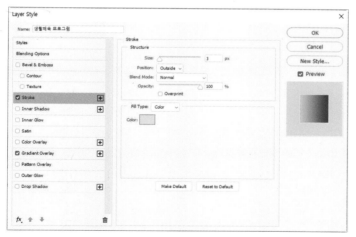 

🔽 합격 Point

≪조건≫에서 제시한 문자 입력 후 글꼴과 크기, 색상 등을 조절하고, Layer Style(레이어 스타일) 효과를 적용합니다. 문자 효과 적용 시 조건에서 제시한 글꼴과 크기 등을 제외한 나머지 항목에 대한 부분은 Character(문자) 패널에서 모두 기본값 이여야 합니다.

① 생활체육 프로그램 (굴림, 40pt, 레이어 스타일 – 그레이디언트 오버레이(#ffcc33, #0033cc), Stroke(선/획)(3px, #ccffcc))

08. 레이아웃 정리와 저장, 답안 전송

01 전체 작업이 모두 끝났으므로 ≪출력형태≫와 동일하도록 눈금자 또는 안내선을 이용하여 최종적으로 이미지의 크기와 위치 등을 확인하고, File(파일)−Save(저장)를 눌러 저장합니다. 제출할 파일을 다시 저장하기 위해서 File(파일)−Save As(다른 이름으로 저장) 메뉴를 실행하여 '내 PC₩문서₩GTQ' 폴더 안에 포맷 형식을 JPEG(*.JPG;*.JPEG)로 지정한 후 파일 이름을 '수험번호−성명−문제번호.jpg'를 입력하고 저장합니다.

> 안내선을 사용하였을 경우 View(보기)−Show(보이기)−Guides(안내선) 메뉴를 실행하여 안내선을 삭제하거나 가려줍니다. 그리고 최종 파일인 jpg 파일과 psd 파일이 동일해야 하므로 마지막 저장 시 Layers(레이어) 패널을 다시 한 번 확인한 후 저장하여야 합니다.

02 이번에는 이미지 크기를 조절하여 PSD로 저장하기 위해서 Image(이미지)−Image Size(이미지 사이즈) 메뉴를 클릭합니다. 대화상자 중간의 Constrain aspect ratio(비율 제한) 버튼이 활성화되어 있는지 확인하고, 오른쪽 설정 버튼을 눌러 Scale Styles(스타일 크기) 또한 체크되어 있는지 확인합니다. 그런 다음 Width(폭) 사이즈를 '40'으로 입력하면 그러면 Height(세로) 사이즈가 같이 수정되는 것을 볼 수 있습니다.

> Constrain aspect ratio(비율 제한)는 가로나 세로 사이즈 하나만 조절하더라도 나머지가 동일한 비율로 크기가 조절되도록 체크하고 사용합니다.

03 마지막으로 File(파일)−Save As(다른 이름으로 저장) 메뉴를 실행하여 '내 PC₩문서₩GTQ' 폴더 안에 포맷 형식을 PSD(*.PSD;*.PDD)로 지정하고, 파일 이름을 '수험번호−성명−문제번호.psd'를 입력하고 저장합니다. 그런 다음 '문서' 폴더 안에 앞서 작업한 파일에 대한 파일 이름과 파일 형식 등을 확인하고, 수험 프로그램에서 [답안 전송]을 클릭하여 감독관 컴퓨터로 전송합니다.

> **▼합격 Point**
>
> 수험자 유의사항에 제시된 파일명은 본인의 "수험번호−성명−문제번호"로 공백 없이 정확히 입력하고 답안폴더(내 PC₩문서₩GTQ에 jpg 파일과 psd 파일의 2가지 포맷으로 저장해야 하며, jpg 파일과 psd 파일의 내용이 상이할 경우 0점 처리됩니다. 답안문서 파일명이 "수험번호−성명−문제번호"와 일치하지 않거나, 답안 파일을 전송하지 않아 미제출로 처리될 경우 불합격 처리됩니다. 수험자 정보와 저장한 파일명, 저장 위치가 다를 경우 전송이 되지 않으므로 주의하시고 위 내용을 꼭 지켜주어야 합니다.
>
> 파일 저장 규칙 :
> JPG
> − 파일명 : 내 PC₩문서₩GTQ₩수험번호−성명−1.jpg
> − 크기 : 400×500 pixels
> PSD
> − 파일명 : 내 PC₩문서₩GTQ₩수험번호−성명−1.psd
> − 크기 : 40×50 pixels

포토샵

문제 2 [기능평가] 사진편집 응용 · · · 20점

새 작업 이미지 만들기 및 파일 저장 → 배경 이미지 표현 → 색상 보정 및 Layer Style(레이어 스타일) 적용 → 이미지 선택 및 Layer Style(레이어 스타일) 적용 → Shape Tool(모양 도구) 사용 → 문자 입력과 왜곡, Layer Style(레이어 스타일) 적용 → 레이아웃 정리와 저장, 답안 전송

01. 새 작업 이미지 만들기 및 파일 저장

01 File(파일)-New(새로 만들기) 메뉴를 선택하고 Width(폭) 400pixels(픽셀)과 Height(높이) 500 pixels(픽셀)을 입력합니다. Resolution(해상도)은 72pixels/inch(픽셀/인치), Color Mode(색상 모드)는 RGB를 지정하고, Background Contents(배경 내용)는 White(흰색)를 설정합니다.

> **♥ 합격 Point**
>
> 《조건》에서 제시한 파일 크기를 정확하게 지켜주어야 하며, 답안 작성요령에 제시된 것처럼 Image Mode(이미지 모드)는 RGB 를 지정하고, 해상도는 72 pixels/inch(픽셀/인치), 눈금자의 단위는 '픽셀'을 지정하여야 합니다.

02 앞서 학습했듯이 안내선을 이용하여 작업 창을 4등분 한 후 [File(파일)]-[Save(저장)] 메뉴를 선택하여 '내 PC\문서\GTQ' 폴더가 아닌 바탕화면이나 다른 폴더에 '수험번호-성명-문제번호.psd'로 임시 파일을 저장합니다.

> 임시로 파일을 저장하는 이유는 작업 중 시스템이나 프로그램에 문제가 생기거나 작업자가 최종 점검 시 오류나 누락된 부분이 있을 경우 수정 작업을 할 수 있도록 저장해 놓는 임시 파일로 실제 제출하지 않습니다.

02. 배경 이미지 표현

01 File(파일)-Open(열기) 메뉴를 실행하여 'Part 04〉유형01〉소스파일' 폴더 안의 1급-4.jpg 파일을 불러옵니다.

02 도구 패널에서 Move Tool(이동 도구)⊹을 선택하고 작업 창으로 끌어온 후 Edit(편집)-Free Transform(자유 변형) 메뉴를 실행하여 **Shift** 키를 누른 채 변형 컨트롤 모서리 부분을 드래그하여 축소합니다. 출력형태와 동일한 위치에 배치하고, Filter(필터)-Filter Gallery(필터 갤러리)-Artistic (예술화)-Dry Brush(드라이 브러시) 메뉴를 실행하여 필터 효과를 적용합니다.

이미지를 다른 작업 창으로 드래그할 때 **Shift** 키를 누른 채로 드래그하면 정중앙으로 이미지가 이동 됩니다.

▽ 합격 Point
《출력형태》와 동일한 이미지 배치와 Filter(필터) 효과를 적용합니다.
① 1급-4.jpg : 필터 - Dry Brush(드라이 브러시)

포토샵

03. 색상 보정 및 Layer Style(레이어 스타일) 적용

01 File(파일)−Open(열기) 메뉴를 실행하여 'Part 04〉유형01〉소스파일' 폴더 안의 1급−5.jpg 파일을
불러옵니다.

02 도구 패널에서 Magic Wand Tool(마술봉 도구)🪄을 선택하고 배경을 클릭하여 흰색 부분을
선택합니다. 그런 다음 Select(선택) 메뉴에서 Inverse(반전)를 실행, 선택 영역을 반전시킨 뒤 Lasso
Tool(올가미 도구)⭕로 **Alt** 키나 **Shift** 키를 사용하여 선택 영역을 편집합니다.

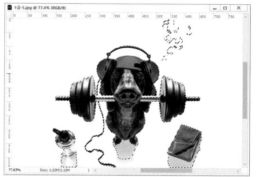

03 Move Tool(이동 도구)✥을 사용하여 작업 중인 이미지 창으로 끌어온 후 Edit(편집)—Free Transform(자유 변형) 메뉴를 실행하여 **Shift** 키를 누른 채 변형 컨트롤 모서리 부분을 드래그하여 축소합니다.

04 이미지의 일부분만을 보정해야 하므로 **Ctrl** 키를 누른 채 해당 레이어의 썸네일 부부을 클릭하여 전체 영역을 선택합니다. 그런 다음 Lasso Tool(올가미 도구)♀로 제외시키고자 하는 부분을 드래 그하여 선택 영역에서 제외시켜줍니다.

05 Layers(레이어) 패널 하단의 Create new fill or adjustment layer(새 칠 또는 조정 레이어를 만듭니다) 버튼을 클릭하여 Hue/Saturation(색조/채도)를 선택합니다. Properties(속성) 패널에서 Hue(색조)와 Saturation(채도) 값을 조절하여 보라색 계열로 보정합니다. 그러면 Layers(레이어) 패널에 조정 레이어가 따로 생긴 것을 볼 수 있습니다.

조정 레이어는 속성 패널을 이용하여 원본을 그대로 유지하면서 이미지의 색상과 톤을 보정할 수 있는 기능으로 수정이 가능하며, 이미지 제어 기능과 다양한 설정 기능으로 손쉽게 이미지를 보정할 수 있습니다. 또한 Colorize(색상화) 항목을 체크하게 되면 이미지 색상이 듀오톤으로 바뀌어 한 가지 색상으로만 보정되고, 체크하지 않을 경우에는 기존의 색상에 새롭게 조절하는 색상이 혼합되어 적용됩니다.

06 나머지 이미지 또한 위와 동일한 방법으로 선택 및 조정 레이어를 사용하여 녹색으로 색상을 보정합니다.

247

Photoshop

07 Layers(레이어) 패널에서 이미지 레이어를 선택하고 하단의 Add a layer style(레이어 스타일을 추가합니다) 버튼을 클릭하여 Bevel and Emboss(경사와 엠보스)를 클릭한 후 출력형태와 동일하게 세부 옵션을 조절합니다.

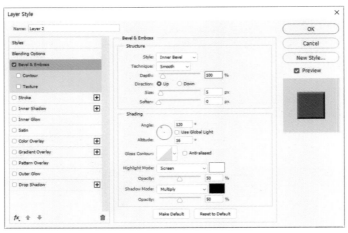

✔️ 합격 Point

《출력형태》와 동일하게 이미지를 배치하고, 색상 보정 후 Layer Style(레이어 스타일)을 적용합니다.

② 색상 보정 : 1급-5.jpg – 보라색, 녹색 계열로 보정

③ 1급-5.jpg : 레이어 스타일 – Bevel and Emboss(경사와 엠보스)

04. 이미지 선택 및 Layer Style(레이어 스타일) 적용

01 File(파일)-Open(열기) 메뉴를 실행하여 'Part 04〉유형01〉소스파일' 폴더 안의 1급-6.jpg 파일을 불러옵니다.

02 도구 패널에서 Quick Selection Tool(빠른 선택 도구)☑을 선택하고 옵션 패널에서 브러시 크기를 조절한 후 마우스를 드래그하며 선택합니다. 다른 선택 도구와 마찬가지로 **Shift** 키를 눌러 선택 영역을 추가하거나 **Alt** 키를 눌러 제외시키며 영역을 편집하면 됩니다.

> 빠른 선택 도구 사용 시 키보드의 `]`를 눌러 브러시의 크기를 확대하거나, `[`를 눌러 축소하며 빠르게 조절할 수 있습니다.

03 Move Tool(이동 도구)✛을 사용하여 작업 중인 이미지 창으로 드래그하여 이동시킨 후 Edit(변형)–Transform(변형)–Flip Horizontal(가로로 뒤집기)을 실행하고, 이어서 Edit(편집)–Free Transform(자유 변형) 메뉴를 실행하여 크기를 조절합니다.

04 Layers(레이어) 패널 하단의 Add a layer style(레이어 스타일을 추가합니다) 버튼을 클릭하여 Drop Shadow(그림자 효과)를 선택한 후 세부 옵션을 출력형태와 동일하게 조절합니다.

포토샵

250

합격 Point

≪출력형태≫와 동일하게 이미지를 배치하고, Layer Style(레이어 스타일)을 적용합니다.

④ 1급–6.jpg : 레이어 스타일 – Drop Shadow(그림자 효과)

05. Shape Tool(모양 도구) 사용

01 도구 패널에서 Custom Shape Tool(사용자 정의 모양 도구)✿을 선택하고, 옵션 패널의 Pick tool mode(선택 도구 모음)에서 Shape(모양)를 선택합니다. 그런 다음 오른쪽 Shape(모양)에서 Legacy Shapes and More(레거시 모양 및 기타)를 클릭, All Legacy Default Shapes(모든 레거시 기본 모양)의 Music(음악)에서 음표 모양을 선택합니다.

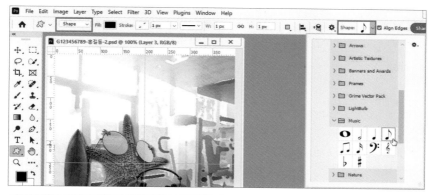

> 최신 버전의 인터페이스가 달라졌기 때문에 예전 버전의 Shape(도형)를 찾기 위해서는 상기 방법대로 찾아야 하며, Window(창) 메뉴에서 Shapes(모양) 패널을 불러와 사용해도 됩니다.

02 또한 전경색을 조건에서 제시한 색상으로 지정한 후 **Shift** 키를 누른 채 작업 창에 드래그하여 모양을 그려주고, Edit(편집)−Free Transform(자유 변형) 메뉴를 실행하여 회전시켜 줍니다.

> 사용자 정의 모양 도구를 사용할 때 **Shift** 키를 누르는 이유는 저장된 모양의 가로, 세로 비율을 유지한 채로 그리기 위해서이고, 만일 모양을 만든 후 색상을 변경하고자 할 경우에는 해당 레이어의 썸네일 부분을 더블클릭하여 수정하면 됩니다.

03 Layers(레이어) 패널 하단의 Add a layer style(레이어 스타일을 추가합니다) 버튼을 클릭하여 Stroke(선/획)을 선택하고, Size(크기) 값을 설정한 후 Color(색상)를 적용합니다.

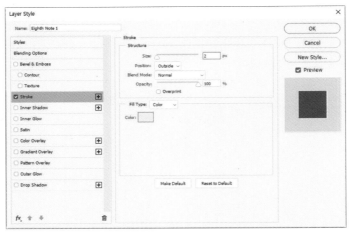

04 하나를 더 만들기 위해서 Move Tool(이동 도구)✛를 선택하고 Alt 키를 누른 채 음표 모양을 드래 그하여 복사합니다. 그런 다음 Layers(레이어) 패널의 썸네일 부분을 더블클릭하여 조건에서 제시한 색상으로 변경하고 Ctrl + T를 눌러 회전 및 크기를 조절합니다.

05 이번에는 시계 모양을 만들기 위해서 도구 패널의 Custom Shape Tool(사용자 정의 모양 도구)🎨을 선택하고, 옵션 패널의 Shape(모양)에서 Legacy Shapes and More(레거시 모양 및 기타)를 클릭, All Legacy Default Shapes(모든 레거시 기본 모양)의 시계 모양을 선택합니다. 또한 전경색을 조건에서 제시한 색상으로 지정한 후 **Shift** 키를 누른 채 작업 창에 드래그하여 그려줍니다.

06 Layers(레이어) 패널 하단의 Add a layer style(레이어 스타일을 추가합니다) 버튼을 클릭하여 Outer Glow(외부 광선)를 선택하고 세부 옵션을 출력형태와 동일하게 조절합니다.

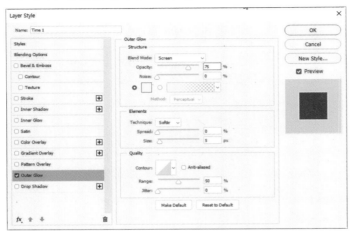

> **✚합격 Point**
>
> 《출력형태》와 동일한 Shape(모양)를 만든 후 Layer Style(레이어 스타일) 효과를 적용합니다.
>
> ⑤ Shape Tool(모양 도구) :
>
> — 시계 모양 (#663366, 레이어 스타일 – Outer Glow(외부 광선))
>
> — 음표 모양 (#000066, #990033, 레이어 스타일 – Stroke(선/획)(2px, #ffff99))

포토샵

06. 문자 입력과 왜곡, Layer Style(레이어 스타일) 적용

01 도구 패널에서 Horizontal Type Tool(수평 문자 도구) **T**을 선택하고 이미지 위에 마우스를 클릭하여 조건에서 제시한 문자를 입력합니다.

02 Layers(레이어) 패널에 생성된 문자 레이어의 썸네일 부분을 더블클릭하여 블록을 잡거나 도구 패널의 Move Tool(이동 도구) ✛를 선택한 후 Character(문자) 패널에서 글꼴과 스타일, 크기를 조절합니다.

문자 입력 시에는 조건에서 제시한 글꼴과 스타일, 크기, 색상을 설정하고 이 외의 다른 속성들은 모두 기본값을 사용해야 하기 때문에 반드시 Character(문자) 패널을 확인해야 합니다.

03 계속하여 블록이 잡힌 상태나 커서가 깜박이는 상태에서 문자를 변형시키기 위해서 옵션 패널 상단의 Create Warped Text(뒤틀어진 텍스트 만들기) 버튼을 클릭하여 Style(스타일)에서 Arc Lower(아래 부채꼴)를 선택하고 휘는 정도 값을 조절합니다.

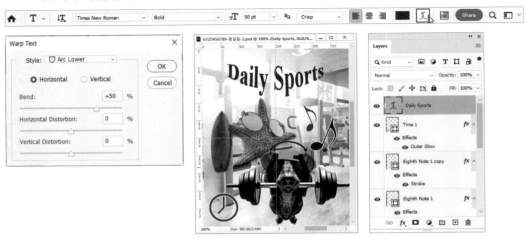

04 Layers(레이어) 패널 하단의 Add a layer style(레이어 스타일을 추가합니다) 버튼을 클릭하여 Gradient Overlay(그레이디언트 오버레이)를 선택하고, 색상을 각각 적용합니다.

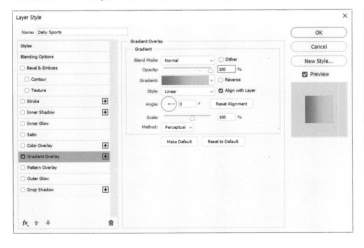

05 이어서 Drop Shadow(그림자 효과)를 선택하고 출력형태와 동일하게 옵션을 조절하여 작업을 완성합니다.

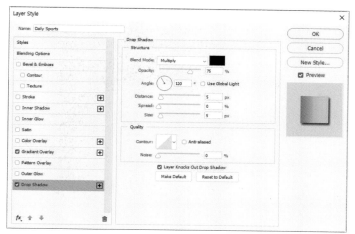

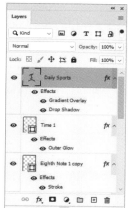

✔️ 합격 Point

《조건》에서 제시한 문자 입력 후 글꼴과 스타일, 크기 등을 조절하고, Layer Style(레이어 스타일) 효과를 적용합니다. 문자 효과 적용 시 조건에서 제시한 글꼴과 크기 등을 제외한 나머지 항목에 대한 부분은 Character(문자) 패널에서 모두 기본값 이어야 합니다.

① Daily Sports (Times New Romans, Bold, 50pt, 레이어 스타일 – 그레이디언트 오버레이(#ff33ff, #ffcc33), Drop Shadow(그림자 효과))

07. 레이아웃 정리와 저장, 답안 전송

01 전체 작업이 모두 끝났으므로 ≪출력형태≫와 동일하도록 눈금자 또는 안내선을 이용하여 최종적으로 이미지의 크기와 위치 등을 확인하고, File(파일)-Save(저장)를 눌러 저장합니다. 제출할 파일을 다시 저장하기 위해서 File(파일)-Save As(다른 이름으로 저장) 메뉴를 실행하여 '내 PC\문서\GTQ' 폴더 안에 포맷 형식을 JPEG(*.JPG;*.JPEG)로 지정한 후 파일 이름을 '수험번호-성명-문제번호.jpg'를 입력하고 저장합니다.

> 안내선을 사용하였을 경우 View(보기)-Show(보이기)-Guides(안내선) 메뉴를 실행하여 안내선을 삭제하거나 가려줍니다. 그리고 최종 파일인 jpg 파일과 psd 파일이 동일해야 하므로 마지막 저장 시 Layers(레이어) 패널을 다시 한 번 확인한 후 저장하여야 합니다.

02 이번에는 이미지 크기를 조절하여 PSD로 저장하기 위해서 Image(이미지)-Image Size(이미지 사이즈) 메뉴를 클릭합니다. 대화상자 중간의 Constrain aspect ratio(비율 제한) 버튼이 활성화되어 있는지 확인하고, 오른쪽 설정 버튼을 눌러 Scale Styles(스타일 크기) 또한 체크되어 있는지 확인합니다. 그런 다음 Width(폭) 사이즈를 '40'으로 입력하면 그러면 Height(세로) 사이즈가 같이 수정되는 것을 볼 수 있습니다.

> Constrain aspect ratio(비율 제한)는 가로나 세로 사이즈 하나만 조절하더라도 나머지가 동일한 비율로 크기가 조절되도록 체크하고 사용합니다.

03 마지막으로 File(파일)-Save As(다른 이름으로 저장) 메뉴를 실행하여 '내 PC\문서\GTQ' 폴더 안에 포맷 형식을 PSD(*.PSD;*.PDD)로 지정하고, 파일 이름을 '수험번호-성명-문제번호.psd'를 입력하고 저장합니다. 그런 다음 '문서' 폴더 안에 앞서 작업한 파일에 대한 파일 이름과 파일 형식 등을 확인하고, 수험 프로그램에서 [답안 전송]을 클릭하여 감독관 컴퓨터로 전송합니다.

▼ 합격 Point

수험자 유의사항에 제시된 파일명은 본인의 "수험번호-성명-문제번호"로 공백 없이 정확히 입력하고 답안폴더(내 PC\문서\GTQ에 jpg 파일과 psd 파일의 2가지 포맷으로 저장해야 하며, jpg 파일과 psd 파일의 내용이 상이할 경우 0점 처리됩니다. 답안문서 파일명이 "수험번호-성명-문제번호"와 일치하지 않거나, 답안 파일을 전송하지 않아 미제출로 처리될 경우 불합격 처리됩니다. 수험자 정보와 저장한 파일명, 저장 위치가 다를 경우 전송이 되지 않으므로 주의하시고 위 내용을 꼭 지켜주어야 합니다.

파일 저장 규칙 :
JPG
- 파일명 : 내 PC\문서\GTQ\수험번호-성명-2.jpg
- 크기 : 400×500 pixels
PSD
- 파일명 : 내 PC\문서\GTQ\수험번호-성명-2.psd
- 크기 : 40×50 pixels

문제 3 [실무응용] 포스터 제작 ··· 25점

새 작업 이미지 만들기 및 파일 저장 → 배경 색상 표현 → Blending Mode(혼합 모드)를 이용한 이미지 합성 → Filter(필터)와 Layer Mask(레이어 마스크) 적용 → 이미지 선택과 합성 → Clipping Mask(클리핑 마스크)와 Filter(필터), Layer Style(레이어 스타일) 적용 → 이미지 선택 및 색상 보정, Layer Style(레이어 스타일) 적용 → Shape Tool(모양 도구) 사용 및 Layer Style(레이어 스타일) 적용 → 문자 입력과 왜곡, Layer Style(레이어 스타일) 적용 → 레이아웃 정리와 저장, 답안 전송

01. 새 작업 이미지 만들기 및 파일 저장

01 File(파일)−New(새로 만들기) 메뉴를 선택하고 Width(폭) 600pixels(픽셀)과 Height(높이) 400 pixels(픽셀)을 입력합니다. Resolution(해상도)은 72pixels/inch(픽셀/인치), Color Mode(색상 모드)는 RGB를 지정하고, Background Contents(배경 내용)는 White(흰색)를 설정합니다.

> **🔻합격 Point**
>
> ≪조건≫에서 제시한 파일 크기를 정확하게 지켜주어야 하며, 답안 작성요령에 제시된 것처럼 Image Mode(이미지 모드)는 RGB를 지정하고, 해상도는 72 pixels/inch(픽셀/인치), 눈금자의 단위는 '픽셀'을 지정하여야 합니다.

02 앞서 학습했듯이 안내선을 이용하여 작업 창을 4등분 한 후 [File(파일)]−[Save(저장)] 메뉴를 선택하여 '내 PC₩문서₩GTQ' 폴더가 아닌 바탕화면이나 다른 폴더에 '수험번호−성명−문제번호.psd'로 임시 파일을 저장합니다.

> 임시로 파일을 저장하는 이유는 작업 중 시스템이나 프로그램에 문제가 생기거나 작업자가 최종 점검 시 오류나 누락된 부분이 있을 경우 수정 작업을 할 수 있도록 저장해 놓는 임시 파일로 실제 제출하지 않습니다.

02. 배경 색상 표현

01 도구 패널에서 전경색 버튼을 클릭하여 조건에서 제시한 색상을 지정하고 OK(확인) 버튼을 클릭합니다.

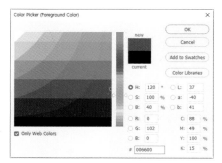

02 Layers(레이어) 패널 하단의 Create a new layer(새 레이어를 만듭니다) 버튼을 클릭하여 투명 레이어를 추가하고, `Alt` + `Delete` 키를 눌러 지정된 전경색을 채워 넣습니다.

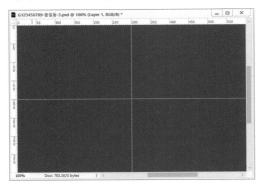 

`Alt` + `Delete` 키는 전경색을 한 번에 채워 넣고, `Ctrl` + `Delete` 키는 배경색을 채워 넣는 단축키입니다.

합격 Point
《출력형태》와 동일한 색상으로 배경색을 채워 넣습니다.
① 배경 : #006600

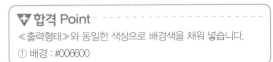

03. Blending Mode(혼합 모드)를 이용한 이미지 합성

01 File(파일)-Open(열기) 메뉴를 실행하여 'Part 04〉유형01〉소스파일' 폴더 안의 1급-7.jpg 파일을 불러옵니다.

02 도구 패널에서 Move Tool(이동 도구)✛을 선택하고 작업 창으로 드래그한 후 Edit(편집)-Free Transform(자유 변형) 명령을 실행하여 크기를 축소합니다.

03 그리고 Layers(레이어) 패널 상단의 Blending Mode(혼합 모드)에서 Screen(스크린)을 선택하고, Opacity(불투명도)를 조절합니다.

✔️합격 Point

≪출력형태≫와 동일하게 이미지 배치 후 Blending Mode(혼합 모드)와 Opacity(불투명도)를 적용합니다.

② 1급-7.jpg : Blending Mode(혼합 모드) - Screen(스크린), Opacity(불투명도)(70%)

04. Filter(필터)와 Layer Mask(레이어 마스크) 적용

01 File(파일)-Open(열기) 메뉴를 실행하여 'Part 04>유형01>소스파일' 폴더 안의 1급-8.jpg 파일을 불러옵니다.

02 Move Tool(이동 도구)✥을 사용하여 [Shift] 키를 누른 채 작업 중인 이미지 창으로 드래그하여 이동 시킵니다.

03 Filter(필터)-Filter Gallery(필터 갤러리)-Artistic(예술화)-Film Grain(필름 그레인) 메뉴를 실행 하여 출력형태와 동일하게 옵션을 조절하여 필터 효과를 적용합니다.

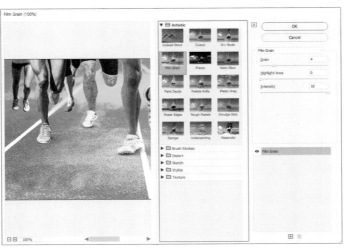

04 이번에는 레이어 마스크를 적용하게 위해서 Layers(레이어) 패널 하단의 Add layer mask(레이어 마스크를 추가합니다) 버튼을 클릭하여 마스크 썸네일을 추가합니다. 그리고 도구 패널에서 Gradient Tool(그레이디언트 도구)◼을 선택하고 옵션 패널의 그레이디언트 드롭다운 아이콘을 클릭 하여 Basics(기본)에서 검정, 흰색의 색상을 지정합니다.

05 마스크를 씌운 이미지에 마우스를 가로 방향으로 드래그하여 색상을 채워주면 검정색으로 채워지는 부분이 자연스럽게 가려지게 됩니다.

레이어 마스크는 이미지를 가려주는 기능으로 검정색 영역은 마스크 되어 가려지게 되고, 흰색 영역은 이미지가 그대로 보이게 됩니다.

05. 이미지 선택과 합성

01 File(파일)–Open(열기) 메뉴를 실행하여 'Part 04〉유형01〉소스파일' 폴더 안의 1급-10.jpg 파일을 불러옵니다.

02 도구 패널에서 Object Selection Tool(개체 선택 도구)📭을 선택하고, 옵션 패널의 Object Finder (개체 찾기 도구)가 체크된 상태에서 선택하고자 하는 이미지에 마우스를 클릭합니다. 계속하여 **Shift** 키를 누른 채 나머지 이미지 또한 클릭하여 선택 영역을 추가합니다. 또한 선택 영역을 편집하고자 한다면 Lasso Tool(올가미 도구)♀을 사용하여 **Alt** 키를 누른 채 드래그하여 선택 영역을 제외하거나 **Shift** 키를 사용하여 선택 영역을 합쳐주면 됩니다.

개체 찾기 도구 옵션은 선택하려는 이미지 위로 포인터를 가져가면 테두리 형태가 보이며, 마우스를 클릭하면 자동으로 선택합니다. 이 항목이 체크되어 있으면 옵션 바로 옆에 회전하는 새로 고침 아이콘이 표시됩니다.

개체 선택 도구는 이미지에서 일부분을 드래그하여 선택할 때 유용하고, 반면에 'Select Subject(피사체 선택)' 항목을 체크하면 이미지 전체의 피사체를 선택하는 옵션입니다. 포토샵 버전 문제로 인하여 개체 선택 도구를 사용할 수 없는 경우에는 Magnetic Lasso Tool(자석 올가미 도구)🔗이나 Quick Selection Tool(빠른 선택 도구)✅를 사용하여 선택할 수 있도록 합니다.

03 Move Tool(이동 도구)✛을 선택하고 작업 중인 이미지 창으로 드래그하여 이동시킵니다. 그리고 Edit(편집)—Free Transform(자유 변형) 메뉴를 실행한 후 ⎡Shift⎤ 키를 누른 채 변형 컨트롤의 모서리 부분을 드래그하여 크기를 축소합니다.

06. Clipping Mask(클리핑 마스크)와 Filter(필터), Layer Style(레이어 스타일) 적용

01 일부분에만 이미지를 삽입하기 위해서 ⎡Ctrl⎤ 키를 누른 채 Layers(레이어) 패널의 해당 레이어 썸네일 부분을 클릭하여 전체 영역을 선택한 후 도구 패널에서 Lasso Tool(올가미 도구)🔗을 선택하고 ⎡Alt⎤ 키를 누른 채 오른쪽 이미지 부분을 드래그하여 선택 영역을 제외합니다.

02 그런 다음 Layer(레이어)-New(새로 만들기) 메뉴에서 Layer Via Copy(복사한 레이어) 메뉴를 실행 하면 Layers(레이어) 패널에 하나의 레이어가 복사되어 자동으로 생성되는 것을 볼 수 있습니다.

03 File(파일)-Open(열기) 메뉴를 실행하여 'Part 04〉유형01〉소스파일' 폴더 안의 1급-9.jpg 파일을 불러옵니다.

포토샵

04 Move Tool(이동 도구)✛을 선택하고 작업 중인 이미지 창으로 드래그하여 앞서 복사하여 분리해 놓은 레이어 바로 위에 위치하도록 배치합니다.

05 그리고 끌어온 레이어가 선택된 상태에서 Layer(레이어) 메뉴에서 Create Clipping Mask(클리핑 마스크 만들기)를 실행하여 하위 레이어 모양 안에만 이미지가 보이도록 처리해 줍니다.

> 클리핑 마스크를 좀 더 빠르게 적용하려면 Layers(레이어) 패널에서 삽입하고자 하는 레이어가 선택된 상태에서 키보드의 Alt 키를 누르고 패스 작업한 레이어와 삽입하고자 하는 레이어 사이에서 마우스를 클릭하면 됩니다.

06 Edit(편집)-Free Transform(자유 변형) 메뉴를 실행하여 Shift 키를 누른 채 변형 컨트롤의 모서리 부분을 드래그하여 크기를 축소하고, Filter(필터)-Stylize(스타일화)-Wind(바람) 효과를 적용합니다.

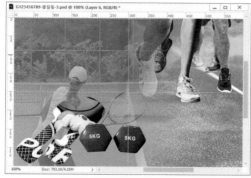 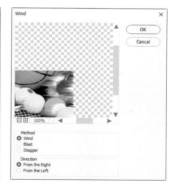

07 마지막으로 레이어 스타일을 적용하기 위해서 Layers(레이어) 패널에서 아령의 원본 이미지가 있는 레이어를 선택하고 하단의 Add a layer style(레이어 스타일을 추가합니다) 버튼을 클릭하여 Outer Glow(외부 광선)를 클릭합니다. 세부 옵션을 조절한 후 다시 Drop Shadow(그림자 효과)를 클릭하여 출력형태와 동일하게 옵션을 조절합니다.

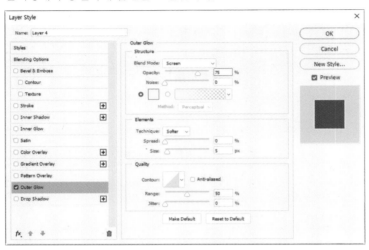

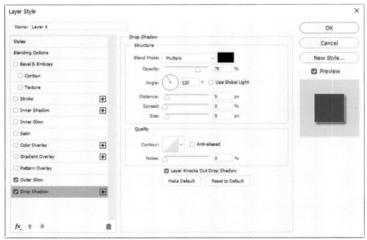

포토샵

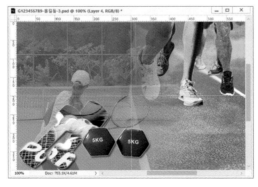

08 다시 Layers(레이어) 패널에서 앞서 이미지 삽입에 필요하여 복사한 레이어를 선택하고, 레이어 스타일에서 Inner Shadow(내부 그림자)를 적용합니다.

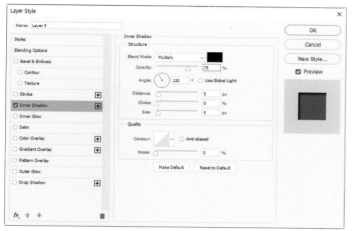

☑ 합격 Point

≪출력형태≫와 동일하게 이미지 배치 후 Filter(필터) 효과와 Layer Style(레이어 스타일)을 적용합니다.

④ 1급-09.jpg : 필터 – Wind(바람), 레이어 스타일 – Inner Shadow(내부 그림자)

⑤ 1급-10.jpg : 레이어 스타일 – Outer Glow(외부 광선), Drop Shadow(그림자 효과)

07. 이미지 선택 및 색상 보정

01 File(파일)-Open(열기) 메뉴를 실행하여 'Part 04〉유형01〉소스파일' 폴더 안의 1급-11.jpg 파일을 불러옵니다.

02 구 패널에서 Magnetic Lasso Tool(자석 올가미 도구)🪢을 선택하고 옵션 패널에서 Frequency (빈도수) 값을 높게 설정한 후 이미지 외곽을 따라 마우스를 이동하며 선택합니다. 포인트 생성 도중 잘못 지정되었을 경우에는 **Delete** 키를 눌러 다시 선택할 수 있으며 처음 클릭한 시작점을 찾을 수 없을 경우에는 시작점 근처에서 더블클릭하면 선택 영역이 활성화됩니다.

선택 영역이 정확하지 않은 부분은 Lasso Tool(올가미 도구)🪢을 선택하고 **Shift** 키를 사용하여 선택 영역을 추가하거나 **Alt** 키를 사용하여 제외시키는 방법으로 선택 영역을 편집합니다.

03 Move Tool(이동 도구)✛을 사용하여 작업 중인 이미지 창으로 끌어온 후 Edit(변형)-Transform (변형)-Flip Horizontal(가로로 뒤집기)을 실행하여 반사시키고, 계속하여 Edit(편집)-Free Transform(자유 변형) 메뉴를 실행하여 **Shift** 키를 누른 채 변형 컨트롤 모서리 부분을 드래그하여 축소합니다.

04 이미지의 일부분만을 보정해야 하므로 **Ctrl** 키를 누른 채 해당 레이어의 썸네일 부분을 클릭하여 전체 영역을 선택합니다. 그런 다음 Lasso Tool(올가미 도구)♀로 제외시키고자 하는 부분을 드래그 하여 선택 영역에서 제외시켜줍니다.

05 Layers(레이어) 패널 하단의 Create new fill or adjustment layer(새 칠 또는 조정 레이어를 만듭니다) 버튼을 클릭하여 Hue/Saturation(색조/채도)를 선택하고, Properties(속성) 패널에서 Hue(색조)와 Saturation(채도) 값을 조절하여 빨간색 계열로 보정합니다.

조정 레이어는 속성 패널을 이용하여 원본을 그대로 유지하면서 이미지의 색상과 톤을 보정할 수 있는 기능으로 수정이 가능하며, 이미지 제어 기능과 다양한 설정 기능으로 손쉽게 이미지를 보정할 수 있습니다. 또한 Colorize(색상화) 항목을 체크하게 되면 이미지 색상이 듀오톤으로 바뀌어 한 가지 색상으로만 보정되고, 체크하지 않을 경우에는 기존의 색상에 새롭게 조절하는 색상이 혼합되어 적용됩니다.

포토샵

06 Layers(레이어) 패널에서 이미지 레이어를 선택하고 하단의 Add a layer style(레이어 스타일을 추가합니다) 버튼을 클릭하여 Stroke(선/획)를 클립합니다. 대화상자에서 Size(크기)를 설정하고, Fill Type(칠 유형)을 Gradient(그레이디언트)로 설정한 후 Click to edit the gradient(클릭하여 그레이디언트 편집)를 클릭하여 조건에서 제시한 색상을 각각 적용합니다.

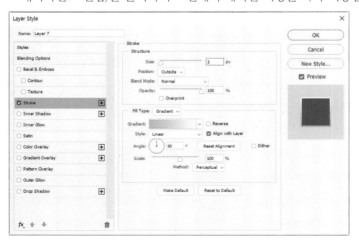

▼합격 Point

≪출력형태≫와 동일하게 이미지를 배치하고 색상 보정 후 Layer Style(레이어 스타일)을 적용합니다.

⑥ 1급-11.jpg : 색상 보정 – 빨간색 계열로 보정, 레이어 스타일 – Stroke(선/획)(3px, 그레이디언트(#ff9900, #ffffcc))

08. Shape Tool(모양 도구) 사용 및 Layer Style(레이어 스타일) 적용

01 도구 패널에서 Custom Shape Tool(사용자 정의 모양 도구)🧩을 선택하고, 옵션 패널의 Pick tool mode(선택 도구 모음)에서 Shape(모양)를 선택합니다. 그런 다음 오른쪽 Shape(모양)에서 Legacy Shapes and More(레거시 모양 및 기타)를 클릭, All Legacy Default Shapes(모든 레거시 기본 모양)의 Symbols(심볼)에서 정보 모양을 선택합니다.

최신 버전의 인터페이스가 달라졌기 때문에 예전 버전의 Shape(도형)를 찾기 위해서는 상기 방법대로 찾아야 하며, Window(창) 메뉴에서 Shapes(모양) 패널을 불러와 사용해도 됩니다.

02 전경색을 조건에서 제시한 색상으로 지정한 후 Shift 키를 누른 채 이미지에 드래그하여 모양을 그려 주고, Layers(레이어) 패널 상단의 Opacity(불투명도) 값을 조절합니다.

사용자 정의 모양 도구를 사용할 때 Shift 키를 누르는 이유는 저장된 모양의 가로, 세로 비율을 유지한 채로 그리기 위해서이고, 만일 모양을 만든 후 색상을 변경하고자 할 경우에는 해당 레이어의 썸네일 부분을 더블클릭하여 수정하면 됩니다.

03 그리고 Layers(레이어) 패널 하단의 Add a layer style(레이어 스타일을 추가합니다) 버튼을 클릭 하여 Outer Glow(외부 광선)를 선택한 후 출력형태와 동일하게 옵션을 조절합니다.

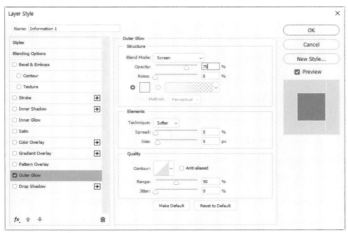

04 다시 도구 패널에서 Custom Shape Tool(사용자 정의 모양 도구)📐을 선택하고, 옵션 패널의 Shape(모양)에서 Legacy Shapes and More(레거시 모양 및 기타)를 클릭, All Legacy Default Shapes(모든 레거시 기본 모양)의 Symbols(심볼)에서 자전거 모양을 선택합니다. 그리고 조건에서 제시한 색상을 지정하고, **Shift** 키를 누른 채 드래그하여 그려줍니다.

05 Layers(레이어) 패널에서 Stroke(선/획)을 선택하고, Size(크기) 값을 설정한 후 Color(색상)를 적용합니다.

06 마지막 볼륨 모양 또한 위와 동일한 방법으로 Custom Shape Tool(사용자 정의 모양 도구)💥을 사용하여 그려줍니다.

07 Layers(레이어) 패널 하단의 Add a layer style(레이어 스타일을 추가합니다) 버튼을 클릭하여 Gradient Overlay(그레이디언트 오버레이)를 선택한 후 조건에서 제시한 색상을 각각 적용하고, Drop Shadow(그림자 효과)를 함께 적용합니다.

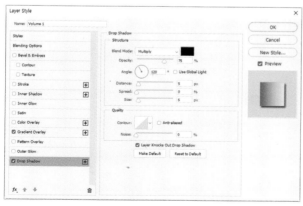

09. 문자 입력과 왜곡, Layer Style(레이어 스타일) 적용

01 도구 패널에서 Horizontal Type Tool(수평 문자 도구) **T**을 선택하고 이미지 위에 마우스를 클릭하여 조건에서 제시한 문장을 입력합니다.

02 문자의 크기가 서로 다르므로 Horizontal Type Tool(수평 문자 도구) **T**로 단어를 드래그하여 블록을 잡은 후 Character(문자) 패널에서 조건에서 제시한 글꼴과 크기를 각각 설정합니다.

03 계속하여 전체 블록을 잡거나 커서가 깜박이는 상태에서 문자를 변형시키기 위해서 옵션 패널 상단
의 Create Warped Text(뒤틀어진 텍스트 만들기) 버튼을 클릭하여 Style(스타일)에서 Bulge(팽창)를
선택하고 휘는 정도 값을 조절합니다.

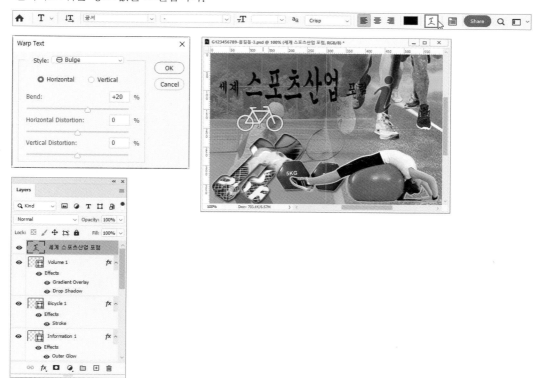

04 Layers(레이어) 패널 하단의 Add a layer style(레이어 스타일을 추가합니다) 버튼을 클릭하여 Gradient Overlay(그레이디언트 오버레이)를 선택하고, 세 가지 색상을 적용해야 하므로 Color Stop (색상 정지점)을 하나 더 클릭하여 추가한 후 색상을 각각 적용합니다.

05 계속하여 Stroke(선/획)을 클릭하고, Size(크기)를 설정한 후 조건에서 제시한 색상을 적용합니다.

06 마지막으로 Drop Shadow(그림자 효과)를 선택하고 출력형태와 동일하게 옵션을 조절합니다.

포토샵

07 다시 Horizontal Type Tool(수평 문자 도구) **T**을 사용하여 문장을 입력하고, Character(문자) 패널에서 글꼴과 스타일, 크기를 조절합니다.

08 또한 전체 블록을 잡거나 커서가 깜박이는 상태에서 문자를 변형시키기 위해서 옵션 패널 상단의 Create Warped Text(뒤틀어진 텍스트 만들기) 버튼을 클릭하여 Style(스타일)에서 Flag(깃발)를 선택하고 휘는 정도 값을 조절합니다.

09 Layers(레이어) 패널 하단의 Add a layer style(레이어 스타일을 추가합니다) 버튼을 클릭하여 Stroke(선/획)을 선택하고 Size(크기)와 Color(색상)를 설정합니다.

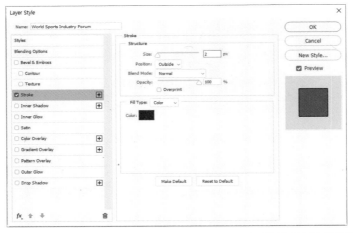

10 왼쪽 상단의 문장 또한 위와 동일한 방법으로 문자 입력 후 Character(문자) 패널에서 글꼴과 크기를 조절하고, 색상을 각각 적용합니다.

11 그리고 Layers(레이어) 패널 하단의 Add a layer style(레이어 스타일을 추가합니다) 버튼을 클릭하여 Stroke(선/획)을 선택하고 Size(크기)와 Color(색상)를 설정합니다.

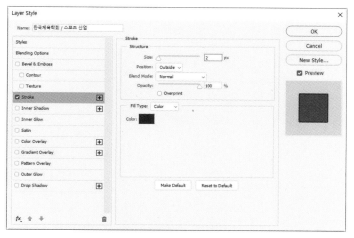

포토샵

12 왼쪽 하단의 마지막 문장 또한 위와 동일한 방법으로 문자 입력 후 Gradient Overlay(그레이디언트 오버레이)와 Stroke(선/획) Layer Style(레이어 스타일)을 적용합니다.

 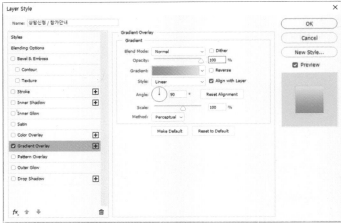

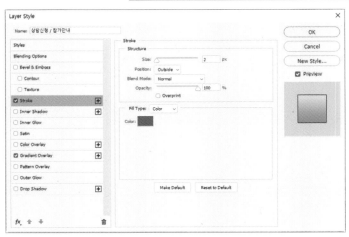

✔합격 Point

≪조건≫에서 제시한 문자 입력 후 글꼴과 스타일, 크기, 색상 등을 조절하고, ≪출력형태≫와 동일하게 Create Warped Text(뒤틀어진 텍스트 만들기)와 Layer Style(레이어 스타일) 효과를 적용합니다. 문자 효과 적용 시 조건에서 제시한 글꼴과 스타일, 크기 등을 제외한 나머지 항목에 대한 부분은 Character(문자) 패널에서 모두 기본값 이여야 합니다.

① 세계 스포츠산업 포럼 (돋움, 30pt, 50pt, 레이어 스타일 – 그레이디언트 오버레이(#ff33ff, #ffff33, #00cc00), Stroke(선/획)
  (2px, #333366), Drop Shadow(그림자 효과))

② World Sports Industry Forum (Arial, Regular, 18px, #66ffff, 레이어 스타일 – Stroke(선/획)(2px, #000066))

③ 상담신청 / 참가안내 (돋움, 18pt, 레이어 스타일 – 그레이디언트 오버레이(#00cc33, #ffff33), Stroke(선/획)(2px, #cc3366))

④ 한국체육학회 / 스포츠 산업 (돋움, 16pt, #ffffff, #66ffff, 레이어 스타일 – Stroke(선/획)(2px, #660033))

10. 레이아웃 정리와 저장, 답안 전송

01 전체 작업이 모두 끝났으므로 ≪출력형태≫와 동일하도록 눈금자 또는 안내선을 이용하여 최종적으로 이미지의 크기와 위치 등을 확인하고, File(파일)-Save(저장)를 눌러 저장합니다. 제출할 파일을 다시 저장하기 위해서 File(파일)-Save As(다른 이름으로 저장) 메뉴를 실행하여 '내 PC₩문서₩GTQ' 폴더 안에 포맷 형식을 JPEG(*.JPG;*.JPEG)로 지정한 후 파일 이름을 '수험번호-성명-문제번호.jpg'를 입력하고 저장합니다.

> 안내선을 사용하였을 경우 View(보기)-Show(보이기)-Guides(안내선) 메뉴를 실행하여 안내선을 삭제하거나 가려줍니다. 그리고 최종 파일인 jpg 파일과 psd 파일이 동일해야 하므로 마지막 저장 시 Layers(레이어) 패널을 다시 한 번 확인한 후 저장하여야 합니다.

02 이번에는 이미지 크기를 조절하여 PSD로 저장하기 위해서 Image(이미지)-Image Size(이미지 사이즈) 메뉴를 클릭합니다. 대화상자 중간의 Constrain aspect ratio(비율 제한) 버튼이 활성화되어 있는지 확인하고, 오른쪽 설정 버튼을 눌러 Scale Styles(스타일 크기) 또한 체크되어 있는지 확인합니다. 그런 다음 Width(폭) 사이즈를 '60'으로 입력하면 그러면 Height(세로) 사이즈가 같이 수정되는 것을 볼 수 있습니다.

> Constrain aspect ratio(비율 제한)는 가로나 세로 사이즈 하나만 조절하더라도 나머지가 동일한 비율로 크기가 조절되도록 체크하고 사용합니다.

03 마지막으로 File(파일)-Save As(다른 이름으로 저장) 메뉴를 실행하여 '내 PC₩문서₩GTQ' 폴더 안에 포맷 형식을 PSD(*.PSD;*.PDD)로 지정하고, 파일 이름을 '수험번호-성명-문제번호.psd'를 입력하고 저장합니다. 그런 다음 '문서' 폴더 안에 앞서 작업한 파일에 대한 파일 이름과 파일 형식 등을 확인하고, 수험 프로그램에서 [답안 전송]을 클릭하여 감독관 컴퓨터로 전송합니다.

> **✔ 합격 Point**
>
> 수험자 유의사항에 제시된 파일명은 본인의 "수험번호-성명-문제번호"로 공백 없이 정확히 입력하고 답안폴더(내 PC₩문서₩GTQ에 jpg 파일과 psd 파일의 2가지 포맷으로 저장해야 하며, jpg 파일과 psd 파일의 내용이 상이할 경우 0점 처리됩니다. 답안문서 파일명이 "수험번호-성명-문제번호"와 일치하지 않거나, 답안 파일을 전송하지 않아 미제출로 처리될 경우 불합격 처리됩니다. 수험자 정보와 저장한 파일명, 저장 위치가 다를 경우 전송이 되지 않으므로 주의하시고 위 내용을 꼭 지켜주어야 합니다.
>
> 파일 저장 규칙 :
> JPG
> - 파일명 : 내 PC₩문서₩GTQ₩수험번호-성명-3.jpg
> - 크기 : 600×400 pixels
> PSD
> - 파일명 : 내 PC₩문서₩GTQ₩수험번호-성명-3.psd
> - 크기 : 60×40 pixels

문제 4 [실무응용] 웹 페이지 제작 · · · 35점

새 작업 이미지 만들기 및 파일 저장 → 배경 색상 표현 → Filter(필터)와 Layer Mask(레이어 마스크), Blending Mode(혼합 모드) 적용 → Pen Tool(펜 도구) 사용 → 패턴 등록 및 활용, Layer Style(레이어 스타일) 적용 → 이미지 합성과 Filter(필터), Layers Style(레이어 스타일) 적용 → 색상 보정과 Layer Style(레이어 스타일) 적용 → Shape Tool(모양 도구) 사용 → 문자 입력과 왜곡, Layer Style(레이어 스타일) 적용 → 레이아웃 정리와 저장, 답안 전송

01. 새 작업 이미지 만들기 및 파일 저장

01 File(파일)-New(새로 만들기) 메뉴를 선택하고 Width(폭) 600pixels(픽셀)과 Height(높이) 400 pixels(픽셀)을 입력합니다. Resolution(해상도)은 72pixels/inch(픽셀/인치), Color Mode(색상 모드)는 RGB를 지정하고, Background Contents(배경 내용)는 White(흰색)를 설정합니다.

> **▼ 합격 Point**
> ≪조건≫에서 제시한 파일 크기를 정확하게 지켜주어야 하며, 답안 작성요령에 제시된 것처럼 Image Mode(이미지 모드)는 RGB를 지정하고, 해상도는 72 pixels/inch(픽셀/인치), 눈금자의 단위는 '픽셀'을 지정하여야 합니다.

02 앞서 학습했듯이 안내선을 이용하여 작업 창을 4등분 한 후 [File(파일)]-[Save(저장)] 메뉴를 선택하여 '내 PC₩문서₩GTQ' 폴더가 아닌 바탕화면이나 다른 폴더에 '수험번호-성명-문제번호.psd'로 임시 파일을 저장합니다.

> 임시로 파일을 저장하는 이유는 작업 중 시스템이나 프로그램에 문제가 생기거나 작업자가 최종 점검 시 오류나 누락된 부분이 있을 경우 수정 작업을 할 수 있도록 저장해 놓는 임시 파일로 실제 제출하지 않습니다.

02. 배경 색상 표현

01 도구 패널에서 전경색 버튼을 클릭하여 조건에서 제시한 색상을 지정하고 OK(확인) 버튼을 클릭합니다.

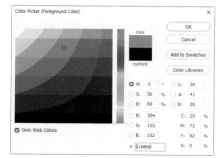

02 Layers(레이어) 패널 하단의 Create a new layer(새 레이어를 만듭니다) 버튼을 클릭하여 투명 레이
어를 추가하고, **Alt** + **Delete** 키를 눌러 지정된 전경색을 채워 넣습니다.

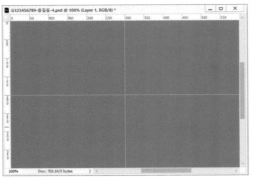 

Alt + **Delete** 키는 전경색을 한 번에 채워 넣고, **Ctrl**
+ **Delete** 키는 배경색을 채워 넣는 단축키입니다.

▼합격 Point
≪출력형태≫와 동일한 색상으로 배경색을 채워 넣습니다.
① 배경 : #cc6666

03. Filter(필터)와 Layer Mask(레이어 마스크), Blending Mode(혼합 모드) 적용

01 File(파일)-Open(열기) 메뉴를 실행하여 'Part 04>유형01>소스파일' 폴더 안의 1급-12.jpg 파일을
불러옵니다.

02 도구 패널에서 Move Tool(이동 도구)✛을 선택하고 작업창으로 드래그하여 이동시킨 후 Edit(편집)−
Free Transform(자유 변형) 명령을 실행하여 크기를 축소하고, Layers(레이어) 패널 상단의
Blending Mode(혼합 모드)에서 Hard Light(하드 라이트)를 적용합니다.

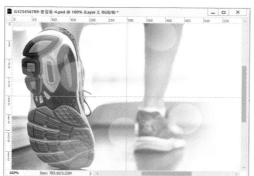 

03 레이어 마스크를 적용하기 위해서 Layers(레이어) 패널 하단의 Add layer mask(레이어 마스크 를
추가합니다) 버튼을 클릭하여 마스크 썸네일을 추가하고, 도구 패널에서 Gradient Tool(그레이디
언트 도구)■을 선택한 후 그레이디언트 드롭다운 아이콘을 클릭하여 Basics(기본)에서 검정, 흰색의
색상을 지정합니다.

04 마스크를 씌운 이미지에 마우스를 대각선 방향으로 드래그하여 색상을 채워주면 검정색으로 채워지는 부분이 자연스럽게 가려지게 됩니다.

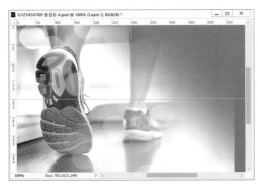

레이어 마스크는 이미지를 가려주는 기능으로 검정색 영역은 마스크 되어 가려지게 되고,
흰색 영역은 이미지가 그대로 보이게 됩니다.

05 File(파일)–Open(열기) 메뉴를 실행하여 'Part 04〉유형01〉소스파일' 폴더 안의 1급–13.jpg 파일을 불러옵니다.

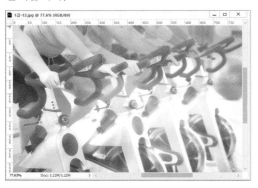

06 도구 패널에서 Move Tool(이동 도구)✛을 선택하고 작업 중인 이미지 창으로 드래그한 후 Edit(편집)–Free Transform(자유 변형) 메뉴를 실행하여 크기를 축소하고, 출력형태와 동일한 위치에 배치합니다.

07 Filter(필터)-Filter Gallery(필터 갤러리)-Artistic(예술화)-Cutout(오려내기) 메뉴를 실행하여 출력 형태와 동일하게 옵션 값을 조절합니다.

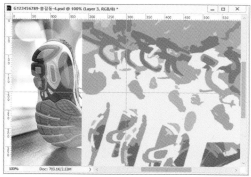

08 레이어 마스크를 적용하기 위해서 Layers(레이어) 패널 하단의 Add layer mask(레이어 마스크를 추가합니다) 버튼을 클릭하여 마스크 썸네일을 추가하고, 도구 패널에서 Gradient Tool (그레이디언트 도구)■을 선택한 후 검정, 흰색의 색상을 지정합니다. 그런 다음 마스크를 씌운 이미지에 마우스를 가로 방향으로 드래그하여 이미지 경계 부분을 자연스럽게 사라지게 표현합니다.

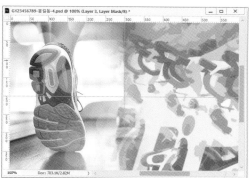

```
292
포토샵
```

합격 Point

《출력형태》와 동일하게 이미지 배치 후 필터 효과와 레이어 마스크, 혼합 모드를 적용합니다.

③ 1급-12.jpg : Blending Mode(혼합 모드) – Hard Light(하드 라이트), 레이어 마스크 – 대각선 방향
으로 흐릿하게

④ 1급-13.jpg : 필터 – Cutout(오려내기), 레이어 마스크 – 가로 방향으로 흐릿하게

04. Pen Tool(펜 도구) 사용

01 도구 패널에서 Pen Tool(펜 도구) 🖊을 선택하고 옵션 패널의 Pick tool mode(선택 도구 모음)에서
Paths(패스) 항목을 선택합니다. 그리고 Paths(패스) 패널에서 하단의 Create new path(새 패스를
만듭니다) 버튼을 눌러 저장된 패스를 생성하고, 말 모양의 패스 작업을 합니다.

02 하단의 다리 모양을 추가하기 위해 옵션 패널의 Path operations(패스 작업) 항목에서 Combine Shapes(모양 결합)를 선택하고 나머지 다리 모양을 각각 그려줍니다. 모양을 수정하고자 할 경우에는 Direct Selection Tool(직접 선택 도구) 을 사용하면 됩니다.

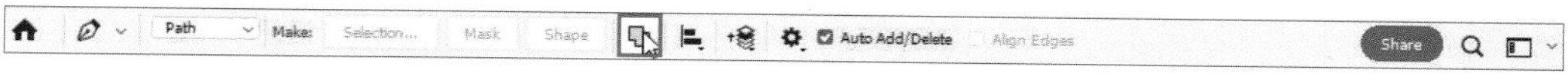

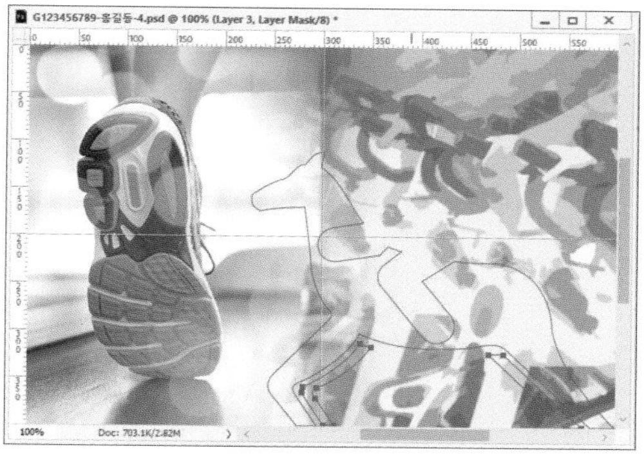

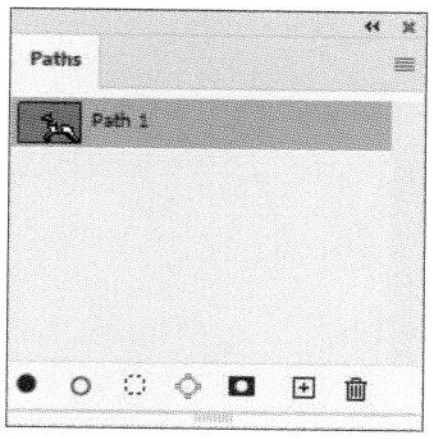

03 Ctrl + Enter 키를 눌러 선택 영역을 활성화하고, Layers(레이어) 패널 하단의 Create a new layer(새 레이어를 만듭니다) 버튼을 클릭하여 투명 레이어를 생성합니다. 그리고 조건에서 제시한 색상을 지정한 후 Alt + Delete 키를 눌러 채워 넣습니다.

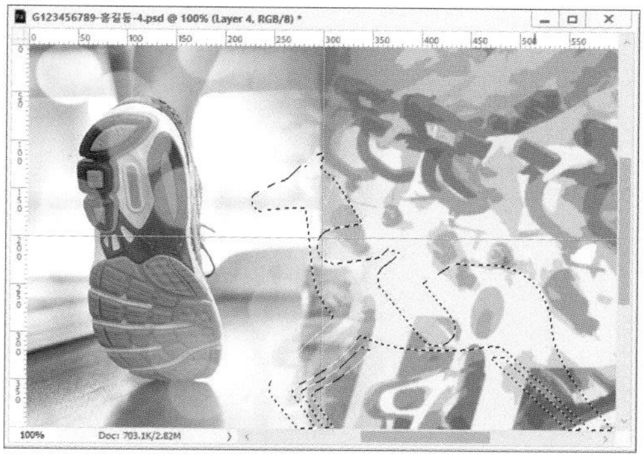

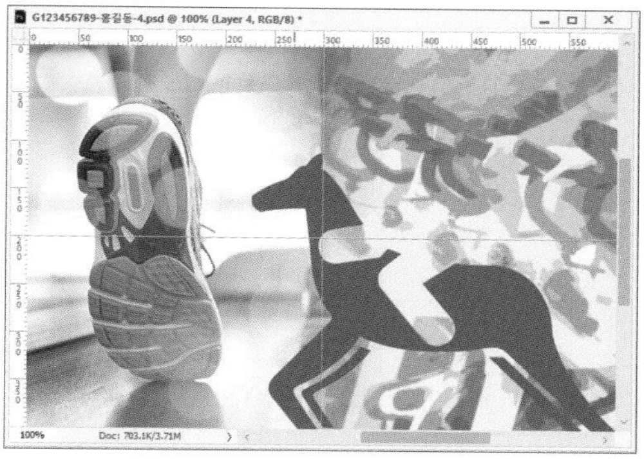

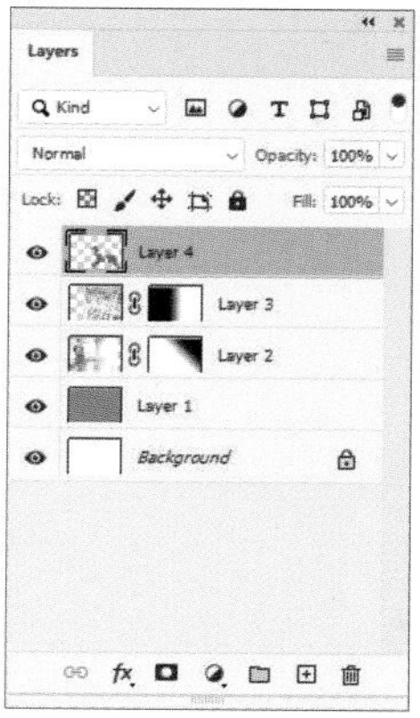

04 Paths(패스) 패널에서 하단의 Create new path(새 패스를 만듭니다) 버튼을 눌러 저장된 패스를 하나 더 생성합니다. 그런 다음 Pen Tool(펜 도구) 🖊로 사람 형태의 패스를 그려줍니다.

05 그리고 선택 영역을 활성화한 뒤 Layers(레이어) 패널 하단의 Create a new layer(새 레이어를 만듭니다) 버튼을 클릭하여 투명 레이어를 생성하고, 조건에서 제시한 색상을 지정한 후 **Alt** + **Delete** 키를 눌러 채워 넣습니다.

06 마지막으로 위와 동일한 방법으로 Paths(패스) 패널에 새로운 저장된 패스를 생성하고, 얼굴 형태와
모자를 추가적으로 그려줍니다.

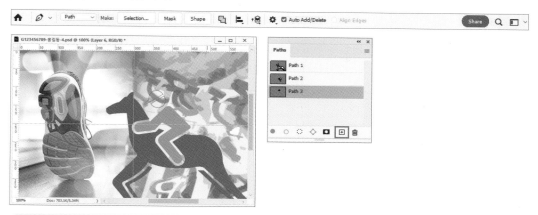

패스 모양을 부분적으로 수정하고자 할 경우에는 Direct Selection Tool(직접 선택 도구)을 사용하면 되고, 전체적인 패스의 크기를
조절하고자 할 경우에는 Path Selection Tool(패스 선택 도구)로 패스를 선택 후 Ctrl + T 를 눌러 조절하면 됩니다.

07 그런 다음 Layers(레이어) 패널 하단의 Create a new layer(새 레이어를 만듭니다) 버튼을 클릭하여
투명 레이어를 생성하고, 조건에서 제시한 색상을 지정한 후 Alt + Delete 키를 눌러 채워 넣습니다.

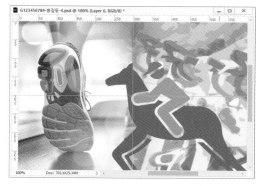

05. 패턴 등록 및 활용, Layer Style(레이어 스타일) 적용

01 이제 패턴 등록을 위해서 먼저 도구 패널에서 Custom Shape Tool(사용자 정의 모양 도구) 🐾 을 선택하고, 옵션 패널의 Pick tool mode(선택 도구 모음)에서 Shape(모양)를 선택합니다. 그런 다음 오른쪽 Shape(모양)에서 Legacy Shapes and More(레거시 모양 및 기타)를 클릭, All Legacy Default Shapes(모든 레거시 기본 모양)의 Symbols(심볼)에서 체크 표시 모양을 선택합니다.

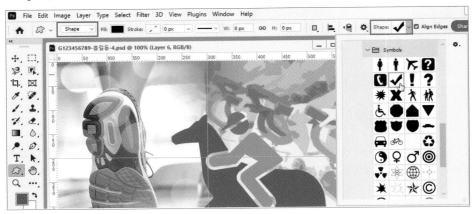

최신 버전의 인터페이스가 달라졌기 때문에 예전 버전의 Shape(도형)를 찾기 위해서는 상기 방법대로 찾아야 하며, Window(창) 메뉴에서 Shapes(모양) 패널을 불러와 사용해도 됩니다.

02 또한 전경색을 조건에서 제시한 색상으로 지정한 후 **Shift** 키를 누른 채 이미지에 드래그하여 모양을 그려주면 Layers(레이어) 패널에 모양 레이어가 생성되는 것을 볼 수 있습니다.

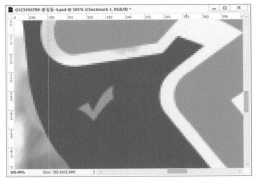
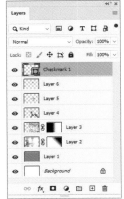

03 다시 한번 위와 동일한 방법으로 Custom Shape Tool(사용자 정의 모양 도구)🚲을 선택하고 자전거 모양을 찾아 조건에서 제시한 색상을 지정하고 그려줍니다.

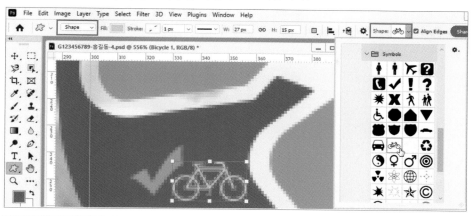

04 이제 패턴으로 등록하기 위해서 Rectangular Marquee Tool(사각형 선택 윤곽 도구)▢을 선택하고 두 개의 모양을 포함하는 영역을 만듭니다. 그리고 Layers(레이어) 패널에서 해당 레이어를 제외한 모든 레이어의 눈 아이콘을 클릭하여 보이지 않도록 가려줍니다.

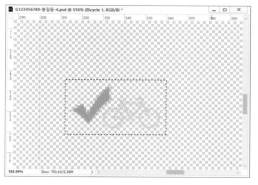

여기서 모든 레이어를 화면에서 가려주는 이유는 왕관을 제외한 나머지 부분을 투명하게 패턴으로 등록하여 하단의 다른 색상이 보이도록 하기 위해서입니다.

05 그런 다음 Edit(편집) 메뉴의 Define Pattern(패턴 정의)을 클릭하여 패턴으로 등록한 후 **Ctrl**+**D** 를 눌러 선택 영역을 해제합니다. 앞서 가려놓았던 레이어들을 다시 보이게 하고, Layers(레이어) 패널에서 Create a new layer(새 레이어를 만듭니다) 버튼을 클릭하여 앞서 작업해 놓은 각각의 면 레이어 위에 투명 레이어를 추가합니다.

06 **Ctrl** 키를 누른 채 Paths(패스) 패널에서 말 모양을 그린 패스 썸네일 영역을 클릭하여 선택하거나, 해당 패스를 선택하고 **Ctrl**+**Enter** 키를 눌러 선택합니다. 그런 다음 Edit(편집)-Fill(칠) 메뉴를 실행하여 앞서 등록한 패턴 무늬를 채워 넣습니다.

07 Layers(레이어) 패널에서 앞서 제작해 놓은 말 모양의 레이어를 선택하고, 하단의 Add a layer style (레이어 스타일을 추가합니다) 버튼을 클릭하여 출력형태와 동일하게 Drop Shadow(그림자 효과)를 적용합니다.

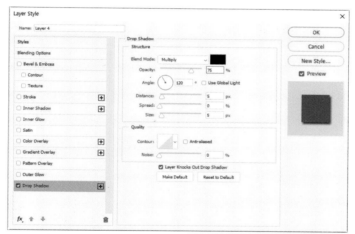

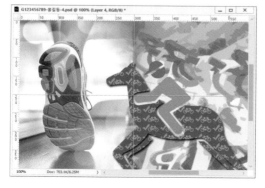

08 나머지 두 개의 레이어에도 동일한 효과를 적용하기 위해서 레이어 패널에서 앞서 적용한 Drop Shadow(그림자 효과)에 마우스 오른쪽 키를 눌러 Copy Layer Style(레이어 스타일 복사)을 클릭하고, 적용하고자 하는 레이어의 마우스 오른쪽 키를 눌러 Paste Layer Style(레이어 스타일 붙여넣기)을 클릭합니다.

09 나머지 레이어에도 위와 동일한 방법으로 Paste Layer Style(레이어 스타일 붙여넣기)을 클릭하여 레이어 스타일을 적용합니다.

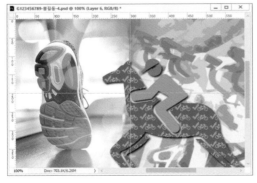

▼ 합격 Point

≪출력형태≫와 동일한 모양의 패스 작업과 패턴 적용 후 Layer Style(레이어 스타일)을 적용합니다.

② 패턴(체크 표시, 자전거 모양) : #cc9999, #ffcc66

Pen Tool(펜 도구) 사용

#996633, #cc9966, #cc6600, 레이어 스타일 - Drop Shadow(그림자 효과)

06. 이미지 합성과 Filter(필터), Layer Style(레이어 스타일) 적용

01 File(파일)−Open(열기) 메뉴를 실행하여 'Part 04〉유형01〉소스파일' 폴더 안의 1급−14.jpg 파일을 불러옵니다.

02 도구 패널에서 Object Selection Tool(개체 선택 도구) 을 선택하고, 옵션 패널에서 Select Subject (피사체 선택) 버튼을 클릭합니다.

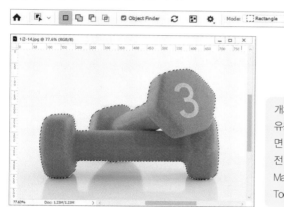

> 개체 선택 도구는 이미지에서 일부분을 드래그하여 선택할 때 유용하고, 반면에 'Select Subject(피사체 선택)' 항목을 체크하면 이미지 전체의 피사체를 선택하는 옵션입니다. 포토샵 버전 문제로 인하여 개체 선택 도구를 사용할 수 없는 경우에는 Magnetic Lasso Tool(자석 올가미 도구) 이나 Quick Selection Tool(빠른 선택 도구) 를 사용하여 선택할 수 있도록 합니다.

03 Move Tool(이동 도구) 을 사용하여 작업 중인 이미지 창으로 끌어온 후 Edit(편집)−Free Transform(자유 변형) 메뉴를 실행하여 **Shift** 키를 누른 채 변형 컨트롤 모서리 부분을 드래그하여 축소합니다.

04 Layers(레이어) 패널 하단의 Add a layer style(레이어 스타일을 추가합니다) 버튼을 클릭하여 Stroke(선/획)을 선택하고, Size(크기)와 색상을 지정합니다.

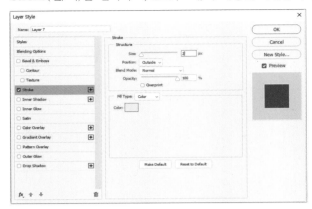

05 계속하여 Inner Shadow(내부 그림자)를 클릭하여 출력형태와 동일하게 세부 옵션을 조절합니다.

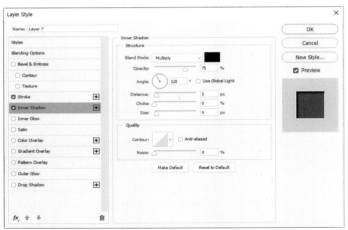

06 File(파일)-Open(열기) 메뉴를 실행하여 'Part 04>유형01>소스파일' 폴더 안의 1급-15.jpg 파일을 불러옵니다.

07 도구 패널에서 Object Selection Tool(개체 선택 도구)▣을 선택하고 옵션 패널의 Object Finder (개체 찾기 도구)가 체크된 상태에서 선택하고자 하는 이미지에 마우스를 클릭합니다. 계속하여 **Shift** 키를 누른 채 나머지 이미지 또한 클릭하여 선택 영역을 추가합니다. 또한 선택 영역을 편집하고자 한다면 Lasso Tool(올가미 도구)♀을 사용하여 **Alt** 키를 누른 채 드래그하여 선택 영역을 제외하거나 **Shift** 키를 사용하여 선택 영역을 합쳐주면 됩니다.

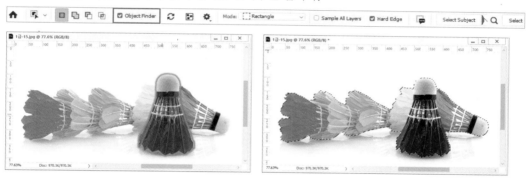

08 Move Tool(이동 도구)✛을 사용하여 작업 중인 이미지 창으로 드래그하여 이미지를 이동시키고, Edit(편집)-Free Transform(자유 변형) 메뉴를 실행한 후 **Shift** 키를 누른 채 변형 컨트롤의 모서리 부분을 드래그하여 크기를 축소하고 회전시켜 출력형태와 동일하게 배치합니다.

09 Filter(필터)−Filter Gallery(필터 갤러리)−Artistic(예술화)−Paint Daubs(페인트 덥스/페인트 바르기) 메뉴를 실행하여 필터 효과를 적용합니다.

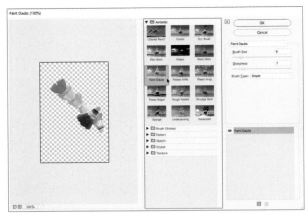 

10 마지막으로 Layers(레이어) 패널 하단의 Add a layer style(레이어 스타일을 추가합니다) 버튼을 클릭하여 Outer Glow(외부 광선)를 적용합니다.

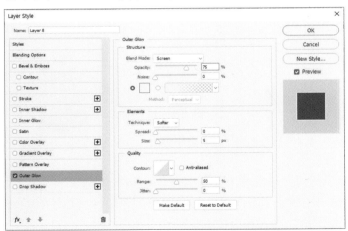

포토샵

《출력형태》와 동일한 이미지 배치와 Filter(필터), Layer Style(레이어 스타일)을 적용합니다.

⑤ 1급-14.jpg : 레이어 스타일-Inner Shadow(내부 그림자), Stroke(선/획)(2px, #ffff99)

⑥ 1급-15.jpg : 필터-Paint Daubs(페인트 덥스/페인트 바르기), 레이어 스타일-Outer Glow(외부 광선)

07. 색상 보정과 Layer Style(레이어 스타일) 적용

01 File(파일)-Open(열기) 메뉴를 실행하여 'Part 04〉유형01〉소스파일' 폴더 안의 1급-16.jpg 파일을 불러옵니다.

02 도구 패널에서 Quick Selection Tool(빠른 선택 도구)을 선택하고 옵션 패널에서 브러시 크기를 조절한 후 마우스를 드래그하며 선택합니다. 다른 선택 도구와 마찬가지로 **Shift** 키를 눌러 선택 영역을 추가하거나 **Alt** 키를 눌러 제외시켜 가며 영역을 편집하면 됩니다.

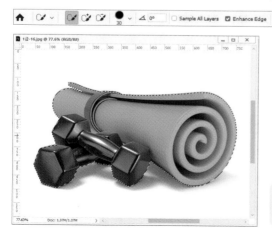

빠른 선택 도구 사용 시 키보드의]를 눌러 브러시의 크기를 확대하거나, [를 눌러 축소하며 빠르게 조절할 수 있습니다.

03 Move Tool(이동 도구)✛을 사용하여 작업 중인 이미지 창으로 드래그하여 이동시킨 후 Edit(편집)-Free Transform(자유 변형) 메뉴를 실행하여 크기를 축소합니다.

04 이미지의 일부분만을 보정해야 하므로 **Ctrl** 키를 누른 채 해당 레이어의 썸네일 부분을 클릭하여 전체 영역을 선택합니다. 그런 다음 Lasso Tool(올가미 도구)⊘로 제외하고자 하는 부분을 **Alt** 키를 누른 채 드래그하여 선택 영역에서 제외합니다.

05 Layers(레이어) 패널 하단의 Create new fill or adjustment layer(새 칠 또는 조정 레이어를 만듭니다) 버튼을 클릭하여 Hue/Saturation(색조/채도)를 선택합니다. Properties(속성) 패널에서 Hue(색조)와 Saturation(채도) 값을 조절하여 보라색 계열로 보정합니다.

포토샵

조정 레이어는 속성 패널을 이용하여 원본을 그대로 유지하면서 이미지의 색상과 톤을 보정할 수 있는 기능으로 수정이 가능하며, 이미지 제어 기능과 다양한 설정 기능으로 손쉽게 이미지를 보정할 수 있습니다. 또한 Colorize(색상화) 항목을 체크하게 되면 이미지 색상이 듀오톤으로 바뀌어 한 가지 색상으로만 보정되고, 체크하지 않을 경우에는 기존의 색상에 새롭게 조절하는 색상이 혼합되어 적용됩니다.

06 Layers(레이어) 패널에서 원본 이미지 레이어를 선택하고 하단의 Add a layer style(레이어 스타일을 추가합니다) 버튼을 클릭한 후 Bevel and Emboss(경사와 엠보스)를 적용합니다.

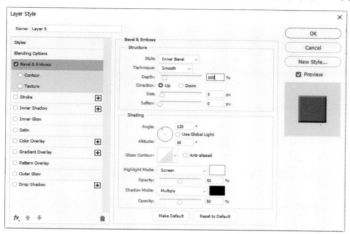

07 File(파일)-Open(열기) 메뉴를 실행하여 'Part 04〉유형01〉소스파일' 폴더 안의 1급-17.jpg 파일을 불러옵니다.

08 도구 패널에서 Object Selection Tool(개체 선택 도구)🖱을 선택하고 옵션 패널에서 Mode(모드)를 Rectangle(사각형)로 지정한 후 이미지를 드래그하여 선택합니다.

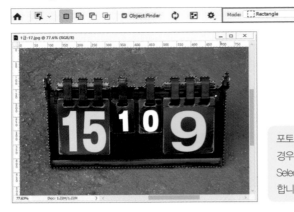

포토샵 버전 문제로 인하여 개체 선택 도구를 사용할 수 없는 경우에는 Magnetic Lasso Tool(자석 올가미 도구)🧲이나 Quick Selection Tool(빠른 선택 도구)🖌를 사용하여 선택할 수 있도록 합니다.

09 Move Tool(이동 도구)✛을 사용하여 작업 중인 이미지 창으로 드래그하여 이동시킨 후 Edit(편집)-Free Transform(자유 변형) 메뉴를 실행하여 크기를 축소합니다.

포토샵

🔻합격 Point -

≪출력형태≫와 동일한 이미지 배치와 색상 보정, 레이어 스타일을 적용합니다.

⑦ 1급-16.jpg : 색상 보정 – 보라색 계열로 보정, 레이어 스타일 – Bevel and Emboss(경사와 엠보스)

08. Shape Tool(모양 도구) 사용

01 도구 패널에서 Custom Shape Tool(사용자 정의 모양 도구)🐾을 선택하고, 옵션 패널의 Pick tool mode(선택 도구 모음)에서 Shape(모양)를 선택합니다. 그런 다음 오른쪽 Shape(모양)에서 Legacy Shapes and More(레거시 모양 및 기타)를 클릭, All Legacy Default Shapes(모든 레거시 기본 모양)의 Web(웹)에서 돋보기 모양을 선택합니다.

02 전경색을 조건에서 제시한 색상으로 지정한 후 **Shift** 키를 누른 채 이미지에 드래그하여 모양을 그려주고, Layers(레이어) 패널 하단의 Add a layer style(레이어 스타일을 추가합니다) 버튼을 클릭하여 Stroke(선/획)을 클릭, Size(크기)와 색상을 적용합니다.

03 다시 Custom Shape Tool(사용자 정의 모양 도구)🐾을 선택하고, 옵션 패널의 Shape(모양)에서 Legacy Shapes and More(레거시 모양 및 기타)를 클릭, All Legacy Default Shapes(모든 레거시 기본 모양)의 Objects(물건)에서 퍼즐 모양을 선택합니다.

04 조건에서 제시한 색상을 지정한 후 **Shift** 키를 누른 채 드래그하여 그려주고, Edit(편집)–Free Transform(자유 변형) 메뉴를 실행하여 회전시켜 줍니다.

05 Layers(레이어) 패널 하단의 Add a layer style(레이어 스타일을 추가합니다) 버튼을 클릭하여 Drop Shadow(그림자 효과)를 적용합니다.

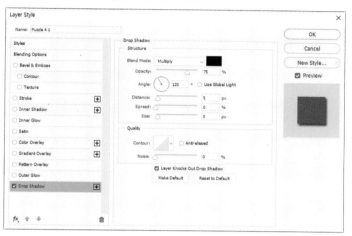

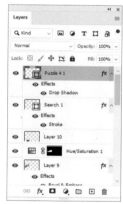

06 이제 메뉴 부분을 표현하기 위해서 Custom Shape Tool(사용자 정의 모양 도구)☆을 선택하고, 옵션 패널의 Shape(모양)에서 Legacy Shapes and More(레거시 모양 및 기타)를 클릭, All Legacy Default Shapes(모든 레거시 기본 모양)의 Nature(자연)에서 구름 모양을 선택합니다.

07 작업 창 하단에 마우스를 드래그하여 출력형태와 동일한 모양으로 그려준 뒤 Layers(레이어) 패널 하단의 Add a layer style(레이어 스타일을 추가합니다) 버튼을 클릭하여 Gradient Overlay (그레이디언트 오버레이)를 선택하고, 색상을 각각 지정합니다.

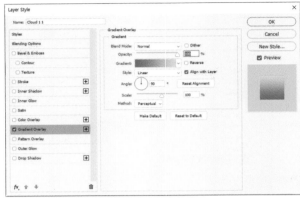

08 이어서 Stroke(선/획) 레이어 스타일을 선택하고 Size(크기)와 Color(색상)를 지정합니다.

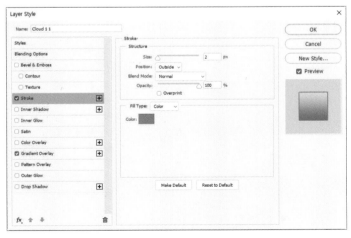

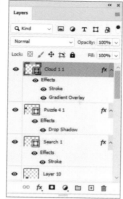

09 두 개를 더 만들기 위해서 도구 패널에서 Move Tool(이동 도구)✛을 선택하고 **Alt** 키를 누른 상태에서 배너 모양을 드래그하여 복사합니다.

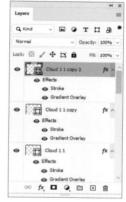

10 그런 다음 Layers(레이어) 패널에서 중앙에 있는 배너를 선택하고, 레이어 스타일을 더블클릭하여 Stroke(선/획)의 색상을 변경합니다.

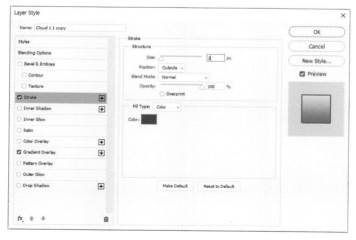

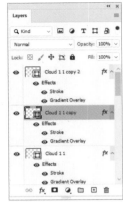

314

09. 문자 입력과 왜곡, Layer Style(레이어 스타일) 적용

01 도구 패널에서 Horizontal Type Tool(수평 문자 도구) **T**을 선택하고 이미지 상단에 마우스를 클릭하여 조건에서 제시한 문자를 입력합니다. Layers(레이어) 패널에서 문자 레이어의 썸네일 부분을 더블클릭하여 블록을 잡거나 Move Tool(이동 도구) ✛를 선택한 후 Character(문자) 패널에서 글꼴과 크기를 조절합니다.

02 계속하여 블록이 잡힌 상태나 커서가 깜박이는 상태에서 문자를 변형시키기 위해서 옵션 패널 상단의 Create Warped Text(뒤틀어진 텍스트 만들기) 버튼을 클릭하여 Style(스타일)에서 Fish (물고기)를 선택하고 휘는 정도 값을 조절합니다.

03 Layers(레이어) 패널 하단의 Add a layer style(레이어 스타일을 추가합니다) 버튼을 클릭하여 Gradient Overlay(그레이디언트 오버레이)를 선택하고 색상을 각각 적용하고, 또한 Stroke(선/획)을 선택하여 조건에서 제시한 선의 두께와 색상을 지정합니다.

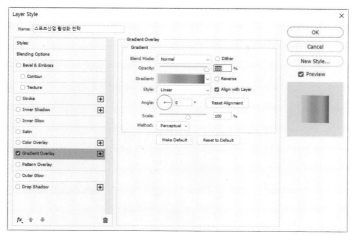

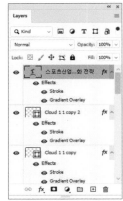

포토샵

04 위와 동일한 방법으로 Horizontal Type Tool(수평 문자 도구) **T**로 영문을 입력한 후 문자의 크기가 서로 다르므로 각각 드래그하여 블록을 잡은 후 Character(문자) 패널에서 조건에서 제시한 글꼴과 크기를 설정하고, 스타일과 색상을 적용합니다.

05 그리고 블록이 잡힌 상태나 커서가 깜박이는 상태에서 문자를 변형시키기 위해서 옵션 패널 상단의 Create Warped Text(뒤틀어진 텍스트 만들기) 버튼을 클릭하여 Style(스타일)에서 Rise(상승)를 선택하고 휘는 정도 값을 조절합니다.

06 Layers(레이어) 패널 하단의 Add a layer style(레이어 스타일을 추가합니다) 버튼을 클릭하여 Stroke(선/획)을 선택하고 조건에서 제시한 선의 두께와 색상을 지정합니다.

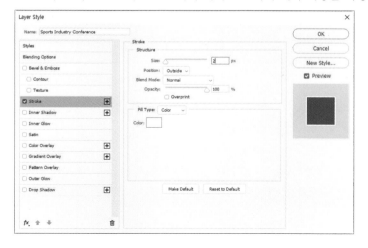

포토샵

07 이번에는 메뉴에 해당하는 문자를 입력한 후 Character(문자) 패널에서 글꼴과 크기, 색상을 조절하고, Layer Style(레이어 스타일)에서 Stroke(선/획)을 적용합니다.

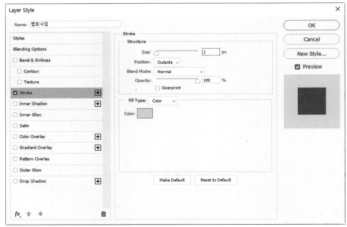

08 그런 다음 Move Tool(이동 도구)✛ 을 선택하고 Alt 키를 누른 상태에서 드래그하여 문자 레이어를 복사한 후 Horizontal Type Tool(수평 문자 도구) T 로 내용을 수정한 후 Layer Style(레이어 스타일)의 Stroke(선/획)에서 색상을 변경합니다.

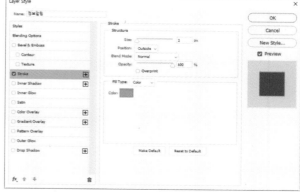

09 위와 동일한 방법으로 나머지 메뉴 문자들 또한 복사 후 내용을 수정합니다.

10 마지막으로 이미지 상단의 내용을 입력한 후 글꼴과 크기, 색상을 조절하고 Layer Style(레이어 스타일)에서 Stroke(선/획) 효과를 적용합니다.

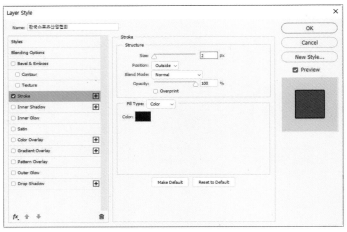

✔합격 Point

《조건》에서 제시한 문자 입력 후 글꼴과 크기, 색상 등을 조절하고, 《출력형태》와 동일하게 Create Warped Text(뒤틀어진 텍스트 만들기)와 Layer Style(레이어 스타일) 효과를 적용합니다.

① Sports Industry Conference (Times New Roman, Regular, 24pt, 38pt, #cc0099, 레이어 스타일 – Stroke(선/획)(2px, #ffffff))

② 스포츠산업 활성화 전략 (굴림, 40pt, 레이어 스타일 – 그레이디언트 오버레이(#ffcc33, #00ff00, #cc00ff), Stroke(선/획)(3px, #ffffcc))

③ 한국스포츠산업협회 (궁서, 20pt, #ffcc33, 레이어 스타일 – Stroke(선/획)(2px, #003300))

④ 협회사업 정보알림 후원하기 (돋움, 16pt, #000000, 레이어 스타일 – Stroke(선/획)(2px, #ccccff, #9999ff))

10. 레이아웃 정리와 저장, 답안 전송

01 전체 작업이 모두 끝났으므로 ≪출력형태≫와 동일하도록 눈금자 또는 안내선을 이용하여 최종적으로 이미지의 크기와 위치 등을 확인하고, File(파일)-Save(저장)를 눌러 저장합니다. 제출할 파일을 다시 저장하기 위해서 File(파일)-Save As(다른 이름으로 저장) 메뉴를 실행하여 '내 PC\문서\GTQ' 폴더 안에 포맷 형식을 JPEG(*.JPG;*.JPEG)로 지정한 후 파일 이름을 '수험번호-성명-문제번호.jpg'를 입력하고 저장합니다.

> 안내선을 사용하였을 경우 View(보기)-Show(보이기)-Guides(안내선) 메뉴를 실행하여 안내선을 삭제하거나 가려줍니다. 그리고 최종 파일인 jpg 파일과 psd 파일이 동일해야 하므로 마지막 저장 시 Layers(레이어) 패널을 다시 한 번 확인한 후 저장하여야 합니다.

02 이번에는 이미지 크기를 조절하여 PSD로 저장하기 위해서 Image(이미지)-Image Size(이미지 사이즈) 메뉴를 클릭합니다. 대화상자 중간의 Constrain aspect ratio(비율 제한) 버튼이 활성화되어 있는지 확인하고, 오른쪽 설정 버튼을 눌러 Scale Styles(스타일 크기) 또한 체크되어 있는지 확인합니다. 그런 다음 Width(폭) 사이즈를 '60'으로 입력하면 그러면 Height(세로) 사이즈가 같이 수정되는 것을 볼 수 있습니다.

> Constrain aspect ratio(비율 제한)는 가로나 세로 사이즈 하나만 조절하더라도 나머지가 동일한 비율로 크기가 조절되도록 체크하고 사용합니다.

03 마지막으로 File(파일)-Save As(다른 이름으로 저장) 메뉴를 실행하여 '내 PC\문서\GTQ' 폴더 안에 포맷 형식을 PSD(*.PSD;*.PDD)로 지정하고, 파일 이름을 '수험번호-성명-문제번호.psd'를 입력하고 저장합니다. 그런 다음 '문서' 폴더 안에 앞서 작업한 파일에 대한 파일 이름과 파일 형식 등을 확인하고, 수험 프로그램에서 [답안 전송]을 클릭하여 감독관 컴퓨터로 전송합니다.

▼ 합격 Point

수험자 유의사항에 제시된 파일명은 본인의 "수험번호-성명-문제번호"로 공백 없이 정확히 입력하고 답안폴더(내 PC\문서\GTQ에 jpg 파일과 psd 파일의 2가지 포맷으로 저장해야 하며, jpg 파일과 psd 파일의 내용이 상이할 경우 0점 처리됩니다. 답안문서 파일명이 "수험번호-성명-문제번호"와 일치하지 않거나, 답안 파일을 전송하지 않아 미제출로 처리될 경우 불합격 처리됩니다. 수험자 정보와 저장한 파일명, 저장 위치가 다를 경우 전송이 되지 않으므로 주의하시고 위 내용을 꼭 지켜주어야 합니다.

파일 저장 규칙 :
JPG
- 파일명 : 내 PC\문서\GTQ\수험번호-성명-4.jpg
- 크기 : 600×400 pixels
PSD
- 파일명 : 내 PC\문서\GTQ\수험번호-성명-4.psd
- 크기 : 60×40 pixels

PART 05

적중 모의고사

〈100% 합격을 위한 최종 점검용 적중 모의고사 10회분 제공〉

● **소스 및 정답 파일 다운받는 곳 : 아티오(www.atio.co.kr) 홈페이지 자료실**

적중 모의고사 1회

적중 모의고사 2회

적중 모의고사 3회

적중 모의고사 4회

적중 모의고사 5회

적중 모의고사 6회

적중 모의고사 7회

적중 모의고사 8회

적중 모의고사 9회

적중 모의고사 10회

GTQ(그래픽기술자격)-(S/W:포토샵)

급수	문제유형	시험시간	수험번호	성 명
1급		90분		

수험자 유의사항

- 수험자는 문제지를 받는 즉시 응시하고자 하는 **과목 및 급수가 맞는지 확인**한 후 수험번호와 성명을 작성합니다.
- 파일명은 본인의 "수험번호-성명-문제번호"로 공백 없이 정확히 입력하고 답안폴더(내 PC₩문서₩GTQ)에 jpg 파일과 psd 파일의 2가지 포맷으로 저장해야 하며, jpg 파일과 psd 파일의 내용이 상이할 경우 0점 처리됩니다. 답안문서 파일명이 "수험번호-성명-문제번호"와 일치하지 않거나, 답안 파일을 전송하지 않아 미제출로 처리될 경우 불합격 처리됩니다.
- 문제의 세부조건은 '영문(한글)' 형식으로 표기되어 있으니 유의하시기 바랍니다.
- 수험자 정보와 저장한 파일명, 저장 위치가 다를 경우 전송이 되지 않으므로, 주의하시기 바랍니다.
- 답안 작성 중에도 **주기적으로 '저장'과 '답안 전송'을** 이용하여 감독위원 PC로 답안을 전송하셔야합니다. (**※ 작업한 내용을 저장하지 않고 전송할 경우** 이전의 저장내용이 전송되오니 이점 반드시 유념하시기 바랍니다.)
- 답안문서는 지정된 경로 외의 다른 보조기억장치에 저장하는 행위, 지정된 시험 시간 외에 작성된 파일을 활용한 행위, 기타 허용되지 않은 프로그램(이메일, 메신저, 게임, 네트워크 등) 이용 시 부정행위로 간주되어 **자격기본법 제32조에 의거 본 시험 및 국가공인 자격시험을 2년간 응시할 수 없습니다.**
- 시험 중 부주의 또는 고의로 시스템을 파손한 경우와 〈수험자 유의사항〉에 기재된 방법대로 이행하지 않아 생기는 불이익은 수험자의 책임임을 알려 드립니다.
- 시험을 완료한 수험자는 최종적으로 저장한 답안파일이 전송되었는지 확인한 후 감독위원의 지시에 따라 문제지를 제출하고 퇴실합니다.

답안 작성요령

- 온라인 답안 작성 절차
  수험자 등록 ⇒ 시험 시작 ⇒ 답안파일 저장 ⇒ 답안 전송 ⇒ 시험 종료
- 내 PC₩문서₩GTQ₩Image폴더에 있는 그림 원본파일을 사용하여 답안을 작성하고, 최종답안을 답안폴더(내 PC₩문서₩GTQ)에 저장하여 답안을 전송하시고, 이미지의 크기가 다른 경우 감점 처리됩니다.
- 배점은 총 100점으로 이루어지며, 점수는 각 문제별로 차등 배분됩니다.
- 각 문제는 제시된 〈조건에〉에 따라 작성하고, 언급하지 않은 조건은 《출력형태》와 같이 작성합니다.
- 배치 등의 편의를 위해 주어진 눈금자의 단위는 '픽셀'입니다.
  그 외는 출력형태(효과, 이미지, 문자, 색상, 레이아웃, 규격 등)와 같게 작업하시오.
- 문제 조건에 서체의 지정이 없을 경우 한글은 굴림이나 돋움, 영문은 Arial로 작업하십시오.
  (단, 그 외 제시되지 않은 문자 속성을 기본값으로 작성하지 않은 경우는 감점 처리됩니다.)
- Image Mode(이미지 모드)는 별도의 처리조건이 없을 경우에는 RGB(8비트)로 작업하십시오.
- 모든 답안 파일은 해상도 72 pixels/inch로 작업하십시오.
- Layer(레이어)는 각 기능별로 분할해야 하며, 임의로 합칠 경우나 각 기능에 대한 속성을 해지할 경우 해당 요소는 0점 처리됩니다.

kpc 한국생산성본부

문제1 [기능평가] 고급 Tool(도구) 활용

[20점]

다음의 《조건》에 따라 아래의 《출력형태》와 같이 작업하시오.

《조건》

원본 이미지	문서₩GTQ₩Image₩1급-1.jpg, 1급-2.jpg, 1급-3.jpg		
파일 저장 규칙	JPG	파일명	문서₩GTQ₩수험번호-성명-1.jpg
		크기	400 × 500 pixels
	PSD	파일명	문서₩GTQ₩수험번호-성명-1.psd
		크기	40 × 50 pixels

《출력형태》

1. 그림 효과

① 1급-1.jpg : 필터 – Paint Daubs(페인트 덥스/페인트 바르기)
② Save Path(패스 저장) : 햄버거 모양
③ Mask(마스크) : 햄버거 모양, 1급-2.jpg를 이용하여 작성
　　레이어 스타일 – Stroke(선/획)(4px, 그라디언트(#33cc00, #ffcc00),
　　Inner Shadow(내부 그림자)
④ 1급-3.jpg : 레이어 스타일 – Outer Glow(외부 광선)
⑤ Shape Tool(모양 도구) :
　　- 장식 모양 (#33ffcc, 레이어 스타일 – Inner Shadow(내부 그림자))
　　- 번개 모양 (#3333ff, #ff9933,
　　　레이어 스타일 – Outer Glow(외부 광선))

2. 문자 효과

① 서구 음식 섭취 (돋움, 45pt, 레이어 스타일 –
　　그라디언트 오버레이(#ff3300, #99ff33), Stroke(선/획)(2px, #ffffcc))

문제2 [기능평가] 사진편집 응용

[20점]

다음의 《조건》에 따라 아래의 《출력형태》와 같이 작업하시오.

《조건》

원본 이미지	문서₩GTQ₩Image₩1급-4.jpg, 1급-5.jpg, 1급-6.jpg		
파일 저장 규칙	JPG	파일명	문서₩GTQ₩수험번호-성명-2.jpg
		크기	400 × 500 pixels
	PSD	파일명	문서₩GTQ₩수험번호-성명-2.psd
		크기	40 × 50 pixels

《출력형태》

1. 그림 효과

① 1급-4.jpg : 필터 – Crosshatch(그물눈)
② 색상 보정 : 1급-5.jpg – 빨간색, 녹색 계열로 보정
③ 1급-5.jpg : 레이어 스타일 – Outer Glow(외부 광선)
④ 1급-6.jpg : 레이어 스타일 – Drop Shadow(그림자 효과)
⑤ Shape Tool(모양 도구) :
　　- 시계 모양(#99ccff, 레이어 스타일 – Stroke(선/획)(2px, #006699))
　　- 화살 모양(#006600,
　　　레이어 스타일 – Bevel and Emboss(경사와 엠보스))

2. 문자 효과

① Enjoy One's Meal (Arial, Bold, 42pt, 레이어 스타일 –
　　그라디언트 오버레이(#cc33ff, #66ffff), Drop Shadow(그림자 효과))

문제3 [실무응용] 포스터 제작　　　　　　　　　　　　　　　　　　　[25점]

다음의 《조건》에 따라 아래의 《출력형태》와 같이 작업하시오.

《조건》

원본이미지		문서₩GTQ₩Image₩1급-7.jpg, 1급-8.jpg, 1급-9.jpg, 1급-10.jpg, 1급-11.jpg	
파일 저장규칙	JPG	파일명	문서₩GTQ₩수험번호-성명-3.jpg
		크기	600 × 400 pixels
	PSD	파일명	문서₩GTQ₩수험번호-성명-3.psd
		크기	60 × 40 pixels

1. 그림 효과

① 배경 : #ffff33
② 1급-7.jpg : Blending Mode(혼합 모드) - Multiply(곱하기), Opacity(불투명도)(80%)
③ 1급-8.jpg : 필터 - Dry Brush(드라이 브러시), 레이어 마스크 - 가로 방향으로 흐릿하게
④ 1급-9.jpg : 필터 - Lens Flare(렌즈 플레어), 레이어 스타일 - Inner Shadow(내부 그림자)
⑤ 1급-10.jpg : 레이어 스타일 - Bevel and Emboss(경사와 엠보스), Drop Shadow(그림자 효과)
⑥ 1급-11.jpg : 색상 보정 - 보라색 계열로 보정, 레이어 스타일 - Stroke(선/획)(5px, 그라디언트(#3333ff, #66ffff))
⑦ 그 외 《출력형태》 참조

2. 문자 효과

① 분위기 좋은 레스토랑 (궁서, 36pt, 48pt, 레이어 스타일 - 그라디언트 오버레이(#ffff33, #66ffff, #ff00ff),
　Stroke(선/획)(2px, #ff0066), Drop Shadow(그림자 효과))
② Fine Dining Restaurant (Arial, Regular, 20pt, #ff6600, 레이어 스타일 - Stroke(선/획)(2px, #333333))
③ 파스타 / 스테이크 (굴림, 18pt, #ffff00, #ffffff, 레이어 스타일 - Stroke(선/획)(2px, #993333))
④ 고급 레스토랑 이벤트 (돋움, 18pt, 레이어 스타일 - 그라디언트 오버레이(#00ff99, #ffff33),
　Stroke(선/획)(2px, #330066))

《출력형태》

Shape Tool(모양 도구) 사용
#33cc33, 레이어 스타일 -
Drop Shadow(그림자 효과),
Opacity(불투명도)(80%)

Shape Tool(모양 도구) 사용
#333366, #660099, 레이어 스타일 -
Drop Shadow(그림자 효과),
Opacity(불투명도)(70%)

Shape Tool(모양 도구) 사용
레이어 스타일 - 그라디언트
오버레이(#ff0099, #33cc00),
Outer Glow(외부 광선)

문제4 [실무응용] 웹 페이지 제작 [35점]

다음의 《조건》에 따라 아래의 《출력형태》와 같이 작업하시오.

《조건》

원본이미지			문서₩GTQ₩Image₩1급-12.jpg, 1급-13.jpg, 1급-14.jpg, 1급-15.jpg, 1급-16.jpg, 1급-17.jpg
파일 저장규칙	JPG	파일명	문서₩GTQ₩수험번호-성명-4.jpg
		크기	600× 400 pixels
	PSD	파일명	문서₩GTQ₩수험번호-성명-4.psd
		크기	60 × 40 pixels

1. 그림 효과

① 배경 : #ff9966
② 패턴(꽃, 물결 모양) : #ff9966, #33cc33
③ 1급-12.jpg : Blending Mode(혼합 모드) - Hard Light(하드 라이트), 레이어 마스크 - 세로 방향으로 흐릿하게
④ 1급-13.jpg : 필터 - Texturizer(텍스처화), 레이어 마스크 - 가로 방향으로 흐릿하게
⑤ 1급-14.jpg : 레이어 스타일 - Bevel and Emboss(경사와 엠보스), Outer Glow(외부 광선)
⑥ 1급-15.jpg : 필터 - Crosshatch(그물눈), 레이어 스타일 - Outer Glow(외부 광선)
⑦ 1급-16.jpg : 색상 보정 - 빨간색 계열로 보정, 레이어 스타일 - Drop Shadow(그림자 효과)
⑧ 그 외 《출력형태》 참조

2. 문자 효과

① World Food Culture Festival (Times New Roman, Regular, 25pt, 40pt, #660066, 레이어 스타일 - Stroke(선/획)(2px, #ffcccc))
② 세계음식문화 축제 (굴림, 40pt, 레이어 스타일 - 그라디언트 오버레이(#003333, #ffff66, #cc0033), Stroke(선/획)(2px, #663300))
③ 세계 음식 풀코스 안내 (궁서, 19pt, #000000, 레이어 스타일 - Stroke(선/획)(2px, #ffcc66))
④ 위치검색 메뉴소개 예약하기 (돋움, 15pt, #000000, 레이어 스타일 - Stroke(선/획)(2px, #ccccff, #cc9900))

《출력형태》

Shape Tool(모양 도구) 사용
#ffcc66, 레이어 스타일 -
Inner Shadow(내부 그림자),
Opacity(불투명도)(80%)

Shape Tool(모양 도구) 사용
레이어 스타일 - 그라디언트
오버레이(#ff3366, #ffffcc),
Stroke(선/획)(2px, #cc00cc,
#cc9900)

Pen Tool(펜 도구) 사용
#ffff66, #ff9933, #ccff33,
레이어 스타일 -
Inner Shadow(내부 그림자)

Shape Tool(모양 도구) 사용
#0066cc, 레이어 스타일 -
Drop Shadow(그림자 효과)

GTQ(그래픽기술자격)-(S/W:포토샵)

급수	문제유형	시험시간	수험번호	성 명
1급		90분		

수험자 유의사항

● 수험자는 문제지를 받는 즉시 응시하고자 하는 **과목 및 급수가 맞는지 확인**한 후 수험번호와 성명을 작성합니다.

● 파일명은 본인의 "수험번호-성명-문제번호"로 공백 없이 정확히 입력하고 답안폴더(내 PC\문서\GTQ)에 jpg 파일과 psd 파일의 2가지 포맷으로 저장해야 하며, jpg 파일과 psd 파일의 내용이 상이할 경우 0점 처리됩니다. 답안문서 파일명이 "수험번호-성명-문제번호"와 일치하지 않거나, 답안 파일을 전송하지 않아 미제출로 처리될 경우 불합격 처리됩니다.

● 문제의 세부조건은 '영문(한글)' 형식으로 표기되어 있으니 유의하시기 바랍니다.

● 수험자 정보와 저장한 파일명, 저장 위치가 다를 경우 전송이 되지 않으므로, 주의하시기 바랍니다.

● 답안 작성 중에도 **주기적으로 '저장'과 '답안 전송'**을 이용하여 감독위원 PC로 답안을 전송하셔야합니다. (※ 작업한 내용을 **저장하지 않고 전송할 경우** 이전의 저장내용이 전송되오니 이점 반드시 유념하시기 바랍니다.)

● 답안문서는 지정된 경로 외의 다른 보조기억장치에 저장하는 행위, 지정된 시험 시간 외에 작성된 파일을 활용한 행위, 기타 허용되지 않은 프로그램(이메일, 메신저, 게임, 네트워크 등) 이용 시 부정행위로 간주되어 **자격기본법 제32조에 의거 본 시험 및 국가공인 자격시험을 2년간 응시할 수 없습니다.**

● 시험 중 부주의 또는 고의로 시스템을 파손한 경우와 <수험자 유의사항>에 기재된 방법대로 이행하지 않아 생기는 불이익은 수험자의 책임임을 알려 드립니다.

● 시험을 완료한 수험자는 최종적으로 저장한 답안파일이 전송되었는지 확인한 후 감독위원의 지시에 따라 문제지를 제출하고 퇴실합니다.

답안 작성요령

● 온라인 답안 작성 절차
수험자 등록 ⇒ 시험 시작 ⇒ 답안파일 저장 ⇒ 답안 전송 ⇒ 시험 종료

● 내 PC\문서\GTQ\Image폴더에 있는 그림 원본파일을 사용하여 답안을 작성하고, 최종답안을 답안폴더(내 PC\문서\GTQ)에 저장하여 답안을 전송하시고, 이미지의 크기가 다른 경우 감점 처리됩니다.

● 배점은 총 100점으로 이루어지며, 점수는 각 문제별로 차등 배분됩니다.

● 각 문제는 제시된 <조건에>에 따라 작성하고, 언급하지 않은 조건은 《출력형태》와 같이 작성합니다.

● 배치 등의 편의를 위해 주어진 눈금자의 단위는 '픽셀'입니다.
그 외는 출력형태(효과, 이미지, 문자, 색상, 레이아웃, 규격 등)와 같게 작업하시오.

● 문제 조건에 서체의 지정이 없을 경우 한글은 굴림이나 돋움, 영문은 Arial로 작업하십시오.
(단, 그 외 제시되지 않은 문자 속성을 기본값으로 작성하지 않은 경우는 감점 처리됩니다.)

● Image Mode(이미지 모드)는 별도의 처리조건이 없을 경우에는 RGB(8비트)로 작업하십시오.

● 모든 답안 파일은 해상도 72 pixels/inch로 작업하십시오.

● Layer(레이어)는 각 기능별로 분할해야 하며, 임의로 합칠 경우나 각 기능에 대한 속성을 해지할 경우 해당 요소는 0점 처리됩니다.

kpc 한국생산성본부

문제1 [기능평가] 고급 Tool(도구) 활용 [20점]

다음의 《조건》에 따라 아래의 《출력형태》와 같이 작업하시오.

《조건》

원본 이미지	문서₩GTQ₩Image₩1급-1.jpg, 1급-2.jpg, 1급-3.jpg		
파일 저장 규칙	JPG	파일명	문서₩GTQ₩수험번호-성명-1.jpg
		크기	400 × 500 pixels
	PSD	파일명	문서₩GTQ₩수험번호-성명-1.psd
		크기	40 × 50 pixels

《출력형태》

1. 그림 효과
① 1급-1.jpg : 필터 – Film Grain(필름 그레인)
② Save Path(패스 저장) : 사람 모양
③ Mask(마스크) : 사람 모양, 1급-2.jpg를 이용하여 작성
  레이어 스타일 – Stroke(선/획)(3px, 그라디언트(#00cccc, #ffff33),
  Inner Shadow(내부 그림자))
④ 1급-3.jpg : 레이어 스타일 - Bevel and Emboss(경사와 엠보스)
⑤ Shape Tool(모양 도구) :
  - 과녁 모양(#ffcc00, 레이어 스타일 – Drop Shadow(그림자 효과))
  - 자전거 모양(#6633cc, #ff99ff, 레이어 스타일 – Outer Glow(외부 광선))

2. 문자효과
① 글로벌 아카데미 (바탕, 40pt, 레이어 스타일 – 그라디언트 오버레이
  (#66cc00, #ff9933), Stroke(선/획)(3px, #666666))

문제2 [기능평가] 사진편집 응용 [20점]

다음의 《조건》에 따라 아래의 《출력형태》와 같이 작업하시오.

《조건》

원본 이미지	문서₩GTQ₩Image₩1급-4.jpg, 1급-5.jpg, 1급-6.jpg		
파일 저장 규칙	JPG	파일명	문서₩GTQ₩수험번호-성명-2.jpg
		크기	400 × 500 pixels
	PSD	파일명	문서₩GTQ₩수험번호-성명-2.psd
		크기	40 × 50 pixels

《출력형태》

1. 그림 효과
① 1급-4.jpg : 필터 - Texturizer(텍스처화)
② 색상 보정 : 1급-5.jpg – 파란색, 녹색 계열로 보정
③ 1급-5.jpg : 레이어 스타일 - Drop Shadow(그림자 효과)
④ 1급-6.jpg : 레이어 스타일 - Outer Glow(외부 광선)
⑤ Shape Tool(모양 도구) :
  - 정보 모양(#ffcc66, 레이어 스타일 – Inner Shadow(내부 그림자))
  - 비행기 모양(#cccc99, #cc99cc,
    레이어 스타일 – Stroke(선/획)(2px, #0066cc))

2. 문자효과
① Training Program (Time New Roman, Bold, 42pt, 레이어 스타일 –
  그라디언트 오버레이(#ffffcc, #66ff33), Drop Shadow(그림자 효과))

문제3 [실무응용] 포스터 제작 [25점]

다음의 《조건》에 따라 아래의 《출력형태》와 같이 작업하시오.

《조건》

원본이미지		문서₩GTQ₩Image₩1급-7.jpg, 1급-8.jpg, 1급-9.jpg, 1급-10.jpg, 1급-11.jpg	
파일 저장규칙	JPG	파일명	문서₩GTQ₩수험번호-성명-3.jpg
		크기	600 × 400 pixels
	PSD	파일명	문서₩GTQ₩수험번호-성명-3.psd
		크기	60 × 40 pixels

1. 그림 효과

① 배경 : #99cccc
② 1급-7.jpg : Blending Mode(혼합 모드) - Luminosity(광도), Opacity(불투명도)(70%)
③ 1급-8.jpg : 필터 - Film Grain(필름 그레인), 레이어 마스크 - 가로 방향으로 흐릿하게
④ 1급-9.jpg : 필터 - Wind(바람), 레이어 스타일 - Inner Shadow(내부 그림자)
⑤ 1급-10.jpg : 레이어 스타일 - Outer Glow(외부 광선), Drop Shadow(그림자 효과)
⑥ 1급-11.jpg : 색상 보정 - 빨간색 계열로 보정, 레이어 스타일 - Stroke(선/획)(3px, 그라디언트(#cc00cc, #ffffcc))
⑦ 그 외 《출력형태》 참조

2. 문자 효과

① 하계 해외연수 프로그램 (궁서, 40pt, 55pt, 레이어 스타일 - 그라디언트 오버레이(#ffff99, #66ff33, #ff33ff),
Stroke(선/획)(2px, #000033), Drop Shadow(그림자 효과))
② Summer Overseas Training (Arial, Regular, 18pt, #003366, 레이어 스타일 - Stroke(선/획)(2px, #ffffff))
③ 프로그램 안내 / 참가접수 (돋움, 18pt, 레이어 스타일 - 그라디언트 오버레이(#33ccff, #ffff66,
Stroke(선/획)(2px, #660033))
④ 해외연수 프로그램 설계하기 (돋움, 16pt, 30pt, #ffffcc, 레이어 스타일 - Stroke(선/획)(2px, #660066))

《출력형태》

Shape Tool(모양 도구) 사용
#ffffcc, #99ff99, 레이어 스타일
- Drop Shadow(그림자 효과),
Opacity(불투명도)(70%)

Shape Tool(모양 도구) 사용
#ccffff, 레이어 스타일 -
Stroke(선/획)(1px, #006600))

Shape Tool(모양 도구) 사용
레이어 스타일 - 그라디언트
오버레이(#ff99cc, #cc00cc),
Drop Shadow(그림자 효과)

포토샵

문제4 [실무응용] 웹 페이지 제작 [35점]
다음의 《조건》에 따라 아래의 《출력형태》와 같이 작업하시오.

《조건》

원본이미지			문서₩GTQ₩Image₩1급-12.jpg, 1급-13.jpg, 1급-14.jpg, 1급-15.jpg, 1급-16.jpg, 1급-17.jpg
파일 저장규칙	JPG	파일명	문서₩GTQ₩수험번호-성명-4.jpg
		크기	600× 400 pixels
	PSD	파일명	문서₩GTQ₩수험번호-성명-4.psd
		크기	60 × 40 pixels

1. 그림효과
① 배경 : #66cc66
② 패턴(저작권 표시, 화살표 모양) : #33ffff, #6699ff
③ 1급-12.jpg : Blending Mode(혼합 모드) - Hard Light(하드 라이트), 레이어 마스크 - 대각선 방향으로 흐릿하게
④ 1급-13.jpg : 필터 - Dry Brush(드라이 브러시), 레이어 마스크 - 가로 방향으로 흐릿하게
⑤ 1급-14.jpg : 레이어 스타일 - Bevel and Emboss(경사와 엠보스), Drop Shadow(그림자 효과)
⑥ 1급-15.jpg : 필터 - Film Grain(필름 그레인), 레이어 스타일 - Inner Shadow(내부 그림자)
⑦ 1급-16.jpg : 색상 보정 - 빨간색 계열로 보정, 레이어 스타일 - Bevel and Emboss(경사와 엠보스)
⑧ 그 외 《출력형태》 참조

2. 문자 효과
① World Creativity Olympiad (Times New Roman, Bold, 24pt, 36pt, #330000, 레이어 스타일 - Stroke(선/획)(2px, #99ff99)
② 세계창의력올림피아드 도전 (굴림, 38pt, 레이어 스타일 - 그라디언트 오버레이(#33cc00, #ffcc33, #0066ff),
   Stroke(선/획)(3px, #ffffff))
③ 세계 창의력 대회 수상 내역 (궁서, 20pt, #ffff33, 레이어 스타일 - Stroke(선/획)(2px, #333333))
④ 둘러보기 상담신청 참가신청 (돋움, 18pt, #333333, 레이어 스타일 - Stroke(선/획)(2px, #ccffff, #ffccff))

《출력형태》

Shape Tool(모양 도구) 사용
#669999, 레이어 스타일 -
Inner Shadow(내부 그림자)

Pen Tool(펜 도구) 사용
#006699, #0099cc, #ffcc66,
레이어 스타일 -
Drop Shadow(그림자 효과)

Shape Tool(모양 도구) 사용
#ffffcc, 레이어 스타일 -
Stroke(선/획)(2px, #003366)

Shape Tool(모양 도구) 사용
레이어 스타일 - 그라디언트 오버레이(#3399ff, #ccffff),
Stroke(선/획)(2px, #3366cc, #ff33ff)

GTQ(그래픽기술자격)-(S/W:포토샵)

급수	문제유형	시험시간	수험번호	성 명
1급		90분		

수험자 유의사항

- 수험자는 문제지를 받는 즉시 응시하고자 하는 **과목 및 급수가 맞는지 확인**한 후 수험번호와 성명을 작성합니다.
- 파일명은 본인의 "수험번호-성명-문제번호"로 공백 없이 정확히 입력하고 답안폴더(내 PC₩문서₩GTQ)에 jpg 파일과 psd 파일의 2가지 포맷으로 저장해야 하며, jpg 파일과 psd 파일의 내용이 상이할 경우 0점 처리됩니다. 답안문서 파일명이 "수험번호-성명-문제번호"와 일치하지 않거나, 답안 파일을 전송하지 않아 미제출로 처리될 경우 불합격 처리됩니다.
- 문제의 세부조건은 '영문(한글)' 형식으로 표기되어 있으니 유의하시기 바랍니다.
- 수험자 정보와 저장한 파일명, 저장 위치가 다를 경우 전송이 되지 않으므로, 주의하시기 바랍니다.
- 답안 작성 중에도 <u>주기적으로 '저장'과 '답안 전송'</u>을 이용하여 감독위원 PC로 답안을 전송하셔야합니다. (**※ 작업한 내용을 <u>저장하지 않고 전송할 경우</u> 이전의 저장내용이 전송되오니 이점 반드시 유념하시기 바랍니다.**)
- 답안문서는 지정된 경로 외의 다른 보조기억장치에 저장하는 행위, 지정된 시험 시간 외에 작성된 파일을 활용한 행위, 기타 허용되지 않은 프로그램(이메일, 메신저, 게임, 네트워크 등) 이용 시 부정행위로 간주되어 **자격기본법 제32조**에 의거 본 시험 및 국가공인 자격시험을 2년간 응시할 수 없습니다.
- 시험 중 부주의 또는 고의로 시스템을 파손한 경우와 <수험자 유의사항>에 기재된 방법대로 이행하지 않아 생기는 불이익은 수험자의 책임임을 알려 드립니다.
- 시험을 완료한 수험자는 최종적으로 저장한 답안파일이 전송되었는지 확인한 후 감독위원의 지시에 따라 문제지를 제출하고 퇴실합니다.

답안 작성요령

- 온라인 답안 작성 절차
  수험자 등록 ⇒ 시험 시작 ⇒ 답안파일 저장 ⇒ 답안 전송 ⇒ 시험 종료
- 내 PC₩문서₩GTQ₩Image폴더에 있는 그림 원본파일을 사용하여 답안을 작성하고, 최종답안을 답안폴더(내 PC₩문서₩GTQ)에 저장하여 답안을 전송하시고, 이미지의 크기가 다른 경우 감점 처리됩니다.
- 배점은 총 100점으로 이루어지며, 점수는 각 문제별로 차등 배분됩니다.
- 각 문제는 제시된 <조건에>에 따라 작성하고, 언급하지 않은 조건은 《출력형태》와 같이 작성합니다.
- 배치 등의 편의를 위해 주어진 눈금자의 단위는 '픽셀'입니다.
  그 외는 출력형태(효과, 이미지, 문자, 색상, 레이아웃, 규격 등)와 같이 작업하시오.
- 문제 조건에 서체의 지정이 없을 경우 한글은 굴림이나 돋움, 영문은 Arial로 작업하십시오.
  (단, 그 외 제시되지 않은 문자 속성을 기본값으로 작성하지 않은 경우는 감점 처리됩니다.)
- Image Mode(이미지 모드)는 별도의 처리조건이 없을 경우에는 RGB(8비트)로 작업하십시오.
- 모든 답안 파일은 해상도 72 pixels/inch로 작업하십시오.
- Layer(레이어)는 각 기능별로 분할해야 하며, 임의로 합칠 경우나 각 기능에 대한 속성을 해지할 경우 해당 요소는 0점 처리됩니다.

문제1 [기능평가] 고급 Tool(도구) 활용 [20점]

다음의 《조건》에 따라 아래의 《출력형태》와 같이 작업하시오.

《조건》

원본 이미지	문서₩GTQ₩Image₩1급-1.jpg, 1급-2.jpg, 1급-3.jpg		
파일 저장 규칙	JPG	파일명	문서₩GTQ₩수험번호-성명-1.jpg
		크기	400 × 500 pixels
	PSD	파일명	문서₩GTQ₩수험번호-성명-1.psd
		크기	40 × 50 pixels

《출력형태》

1. 그림 효과

① 1급-1.jpg : 필터 - Angled Strokes(각진 선/획)
② Save Path(패스 저장) : 물뿌리개 모양
③ Mask(마스크) : 물뿌리개 모양, 1급-2.jpg를 이용하여 작성
　레이어 스타일 - Stroke(선/획)(3px, 그라디언트(#ffff33, #ff3300),
　Drop Shadow(그림자 효과))
④ 1급-3.jpg : 레이어 스타일 - Bevel and Emboss(경사와 엠보스)
⑤ Shape Tool(모양 도구) :
　- 잎 모양 (#339900, 레이어 스타일 - Inner Glow(내부 광선))
　- 물방울 모양 (#0099ff, #33ccff,
　　레이어 스타일 - Inner Shadow(내부 그림자))

2. 문자효과

① Growing (Times New Roman, Bold, 60pt, 레이어 스타일 -
　그라디언트 오버레이(#003300, #ffff33), Stroke(선/획)(2px, #ffffcc))

문제2 [기능평가] 사진편집 응용 [20점]

다음의 《조건》에 따라 아래의 《출력형태》와 같이 작업하시오.

《조건》

원본 이미지	문서₩GTQ₩Image₩1급-4.jpg, 1급-5.jpg, 1급-6.jpg		
파일 저장 규칙	JPG	파일명	문서₩GTQ₩수험번호-성명-2.jpg
		크기	400 × 500 pixels
	PSD	파일명	문서₩GTQ₩수험번호-성명-2.psd
		크기	40 × 50 pixels

《출력형태》

1. 그림 효과

① 1급-4.jpg : 필터 - Paint Daubs(페인트 덥스/페인트 바르기)
② 색상 보정 : 1급-5.jpg - 보라색, 노란색 계열로 보정
③ 1급-5.jpg : 레이어 스타일 - Drop Shadow(그림자 효과)
④ 1급-6.jpg : 레이어 스타일 - Outer Glow(외부 광선)
⑤ Shape Tool(모양 도구) :
　- 화살표 모양(#66ffff, 레이어 스타일 - Stroke(선/획)(2px, #0066cc))
　- 퍼즐 모양(#ffff66, #ffccff,
　　레이어 스타일 - Stroke(선/획)(2px, #cc6600))

2. 문자효과

① 스타트업 경제 (바탕, 50pt, 레이어 스타일 - 그라디언트 오버레이(#ffffff,
　#00cc99), Stroke(선/획)(2px, #cc6666), Drop Shadow(그림자 효과))

문제3 [실무응용] 포스터 제작 [25점]

다음의 《조건》에 따라 아래의 《출력형태》와 같이 작업하시오.

《조건》

원본이미지	문서₩GTQ₩Image₩1급-7.jpg, 1급-8.jpg, 1급-9.jpg, 1급-10.jpg, 1급-11.jpg		
파일 저장규칙	JPG	파일명	문서₩GTQ₩수험번호-성명-3.jpg
		크기	600 × 400 pixels
	PSD	파일명	문서₩GTQ₩수험번호-성명-3.psd
		크기	60 × 40 pixels

1. 그림 효과

① 배경 : #669966
② 1급-7.jpg : Blending Mode(혼합 모드) - Overlay(오버레이), Opacity(불투명도)(60%)
③ 1급-8.jpg : 필터 - Texturizer(텍스처화), 레이어 마스크 - 가로 방향으로 흐릿하게
④ 1급-9.jpg : 필터 - Wind(바람), 레이어 스타일 - Inner Shadow(내부 그림자)
⑤ 1급-10.jpg : 레이어 스타일 - Outer Glow(외부 광선), Drop Shadow(그림자 효과)
⑥ 1급-11.jpg : 색상 보정 - 빨간색 계열로 보정, 레이어 스타일 - Stroke(선/획)(3px, 그라디언트(#ff9900, 투명으로))
⑦ 그 외 《출력형태》 참조

2. 문자 효과

① 기업성장 지원사업 (바탕, 40pt, 60pt, 레이어 스타일 - 그라디언트 오버레이(#ff66ff, #ffcc33, #cc0033),
　　Stroke(선/획)(2px, #ffffcc))
② Growth Enterprise (Times New Roman, Bold, 30pt, 레이어 스타일 - 그라디언트 오버레이(#0033cc, #cc0066),
　　Stroke(선/획)(2px, #ffffff))
③ 하나, 사회복지 둘, 인력지원 (바탕, 18pt, #009966, #ff66ff, 레이어 스타일 - Stroke(선/획)(2px, #ffffcc))
④ 나눔재단 (궁서, 20pt, #ccff00, 레이어 스타일 - Stroke(선/획)(2px, #006600))

《출력형태》

Shape Tool(모양 도구) 사용
#339966, #ff66ff, 레이어 스타일 -
Stroke(선/획)(2px, #ffffcc)

Shape Tool(모양 도구) 사용
레이어 스타일 - 그라디언트
오버레이(#ffff33, #000099)

Shape Tool(모양 도구) 사용
#336600, 레이어 스타일 -
Outer Glow(외부 광선), Opacity(불투명도)(50%)

문제4 [실무응용] 웹 페이지 제작 [35점]
다음의 《조건》에 따라 아래의 《출력형태》와 같이 작업하시오.

《조건》

원본이미지			문서₩GTQ₩Image₩1급-12.jpg, 1급-13.jpg, 1급-14.jpg, 1급-15.jpg, 1급-16.jpg, 1급-17.jpg
파일 저장규칙	JPG	파일명	문서₩GTQ₩수험번호-성명-4.jpg
		크기	600x 400 pixels
	PSD	파일명	문서₩GTQ₩수험번호-성명-4.psd
		크기	60 × 40 pixels

1. 그림효과
① 배경 : #cccccc
② 패턴(물결, 꽃 모양) : #33cccc, #ff9933, #ff66ff
③ 1급-12.jpg : Blending Mode(혼합 모드) - Multiply(곱하기), 레이어 마스크 - 세로 방향으로 흐릿하게
④ 1급-13.jpg : 필터 - Dry Brush(드라이 브러시), 레이어 마스크 - 세로 방향으로 흐릿하게
⑤ 1급-14.jpg : 레이어 스타일 - Bevel and Emboss(경사와 엠보스), Drop Shadow(그림자 효과)
⑥ 1급-15.jpg : 필터 - Facet(단면화), Opacity(불투명도)(50%)
⑦ 1급-16.jpg : 색상 보정 - 파란색 계열로 보정, 레이어 스타일 - Outer Glow(외부 광선)
⑧ 그 외 《출력형태》 참조

2. 문자 효과
① Technology Growth Company (Times New Roman, Bold, 25pt, 40pt, #330066,
   레이어 스타일 - Stroke(선/획)(2px, 그라디언트(#ffff66, #ff66ff))
② 새롭게 시작하는 (바탕, 25pt, 레이어 스타일 - 그라디언트 오버레이(#ff9933, #336600), Stroke(선/획)(2px, #ffffff))
③ 창업정보 문의 (돋움, 16pt, #333333, 레이어 스타일 - Stroke(선/획)(2px, #ffffff))
④ 계획설계 아이디어 성공사례 (돋움, 18pt, #333333, 레이어 스타일 - Stroke(선/획)(2px, #ff99ff, #ffff99))

《출력형태》

Shape Tool(모양 도구) 사용
#ffffff, 레이어 스타일 - Inner
Shadow(내부 그림자),
Opacity(불투명도)(60%)

Shape Tool(모양 도구) 사용
레이어 스타일 - 그라디언트
오버레이(#006699, #99ffff),
Stroke(선/획)(2px, #ffff99, #ff99ff)

Shape Tool(모양 도구) 사용
#990000, 레이어 스타일 -
Stroke(선/획)(2px, #ffffff)

Pen Tool(펜 도구) 사용
레이어 스타일 - 그라디언트 오버레이
(#ffff99, #ff9933, #6666ff), Drop Shadow(그림자 효과)

GTQ(그래픽기술자격)-(S/W:포토샵)

급수	문제유형	시험시간	수험번호	성 명
1급		90분		

수험자 유의사항

- 수험자는 문제지를 받는 즉시 응시하고자 하는 **과목 및 급수가 맞는지 확인**한 후 수험번호와 성명을 작성합니다.
- 파일명은 본인의 "수험번호-성명-문제번호"로 공백 없이 정확히 입력하고 답안폴더(내 PC₩문서₩GTQ)에 jpg 파일과 psd 파일의 2가지 포맷으로 저장해야 하며, jpg 파일과 psd 파일의 내용이 상이할 경우 0점 처리됩니다. 답안문서 파일명이 "수험번호-성명-문제번호"와 일치하지 않거나, 답안 파일을 전송하지 않아 미제출로 처리될 경우 불합격 처리됩니다.
- 문제의 세부조건은 '영문(한글)' 형식으로 표기되어 있으니 유의하시기 바랍니다.
- 수험자 정보와 저장한 파일명, 저장 위치가 다를 경우 전송이 되지 않으므로, 주의하시기 바랍니다.
- 답안 작성 중에도 **주기적으로 '저장'과 '답안 전송'**을 이용하여 감독위원 PC로 답안을 전송하셔야합니다. (**※ 작업한 내용을 저장하지 않고 전송할 경우** 이전의 저장내용이 전송되오니 이점 반드시 유념하시기 바랍니다.)
- 답안문서는 지정된 경로 외의 다른 보조기억장치에 저장하는 행위, 지정된 시험 시간 외에 작성된 파일을 활용한 행위, 기타 허용되지 않은 프로그램(이메일, 메신저, 게임, 네트워크 등) 이용 시 부정행위로 간주되어 **자격기본법 제32조에 의거 본 시험 및 국가공인 자격시험을 2년간 응시할 수 없습니다.**
- 시험 중 부주의 또는 고의로 시스템을 파손한 경우와 <수험자 유의사항>에 기재된 방법대로 이행하지 않아 생기는 불이익은 수험자의 책임임을 알려 드립니다.
- 시험을 완료한 수험자는 최종적으로 저장한 답안파일이 전송되었는지 확인한 후 감독위원의 지시에 따라 문제지를 제출하고 퇴실합니다.

답안 작성요령

- 온라인 답안 작성 절차
  수험자 등록 ⇒ 시험 시작 ⇒ 답안파일 저장 ⇒ 답안 전송 ⇒ 시험 종료
- 내 PC₩문서₩GTQ₩Image폴더에 있는 그림 원본파일을 사용하여 답안을 작성하고, 최종답안을 답안폴더(내 PC₩문서₩GTQ)에 저장하여 답안을 전송하시고, 이미지의 크기가 다른 경우 감점 처리됩니다.
- 배점은 총 100점으로 이루어지며, 점수는 각 문제별로 차등 배분됩니다.
- 각 문제는 제시된 <조건에> 따라 작성하고, 언급하지 않은 조건은 《출력형태》와 같이 작성합니다.
- 배치 등의 편의를 위해 주어진 눈금자의 단위는 '픽셀'입니다.
  그 외는 출력형태(효과, 이미지, 문자, 색상, 레이아웃, 규격 등)와 같이 작업하시오.
- 문제 조건에 서체의 지정이 없을 경우 한글은 굴림이나 돋움, 영문은 Arial로 작업하십시오.
  (단, 그 외 제시되지 않은 문자 속성을 기본값으로 작성하지 않은 경우는 감점 처리됩니다.)
- Image Mode(이미지 모드)는 별도의 처리조건이 없을 경우에는 RGB(8비트)로 작업하십시오.
- 모든 답안 파일은 해상도 72 pixels/inch로 작업하십시오.
- Layer(레이어)는 각 기능별로 분할해야 하며, 임의로 합칠 경우나 각 기능에 대한 속성을 해지할 경우 해당 요소는 0점 처리됩니다.

문제1 [기능평가] 고급 Tool(도구) 활용 [20점]

다음의 《조건》에 따라 아래의 《출력형태》와 같이 작업하시오.

《조건》

원본 이미지	문서₩GTQ₩Image₩1급-1.jpg, 1급-2.jpg, 1급-3.jpg		
파일 저장 규칙	JPG	파일명	문서₩GTQ₩수험번호-성명-1.jpg
		크기	400 × 500 pixels
	PSD	파일명	문서₩GTQ₩수험번호-성명-1.psd
		크기	40 × 50 pixels

《출력형태》

1. 그림 효과

① 1급-1.jpg : 필터 – Texturizer(텍스처화)
② Save Path(패스 저장) : 물고기 모양
③ Mask(마스크) : 물고기 모양, 1급-2.jpg를 이용하여 작성
　 레이어 스타일 – Stroke(선/획)(3px, 그라디언트(#ffff33, #ff33cc),
　 Inner Shadow(내부 그림자))
④ 1급-3.jpg : 레이어 스타일 – Drop Shadow(그림자 효과)
⑤ Shape Tool(모양 도구) :
　 - 타깃 모양 (#ffcc66, 레이어 스타일 – Stroke(선/획)(2px, #ffffff))
　 - 물결 모양 (#33cccc, #ccffff,
　　 레이어 스타일 – Drop Shadow(그림자 효과))

2. 문자효과

① 낚시여행 (돋움, 50pt, 레이어 스타일 –
　 그라디언트 오버레이(#cc33cc, #003366), Stroke(선/획)(3px, #ffffcc))

문제2 [기능평가] 사진편집 응용 [20점]

다음의 《조건》에 따라 아래의 《출력형태》와 같이 작업하시오.

《조건》

원본 이미지	문서₩GTQ₩Image₩1급-4.jpg, 1급-5.jpg, 1급-6.jpg		
파일 저장 규칙	JPG	파일명	문서₩GTQ₩수험번호-성명-2.jpg
		크기	400 × 500 pixels
	PSD	파일명	문서₩GTQ₩수험번호-성명-2.psd
		크기	40 × 50 pixels

《출력형태》

1. 그림 효과

① 1급-4.jpg : 필터 – Paint Daubs(페인트 덥스/페인트 바르기)
② 색상 보정 : 1급-5.jpg – 녹색, 파란색 계열로 보정
③ 1급-5.jpg : 레이어 스타일 – Outer Glow(외부 광선)
④ 1급-6.jpg : 레이어 스타일 – Drop Shadow(그림자 효과)
⑤ Shape Tool(모양 도구) :
　 - 음표 모양(#0066cc, #ffff99,
　　 레이어 스타일 – Drop Shadow(그림자 효과))
　 - 타일 모양(#ffcc66, Opacity(불투명도)(60%))

2. 문자 효과

① Shell Picking (Times New Roman, Bold, 60pt, 레이어 스타일 –
　 그라디언트 오버레이(#ff99ff, #66ccff), Stroke(선/획)(2px, #333399))

문제3 [실무응용] 포스터 제작 [25점]

다음의 《조건》에 따라 아래의 《출력형태》와 같이 작업하시오.

《조건》

원본이미지			문서₩GTQ₩Image₩1급-7.jpg, 1급-8.jpg, 1급-9.jpg, 1급-10.jpg, 1급-11.jpg
파일 저장규칙	JPG	파일명	문서₩GTQ₩수험번호-성명-3.jpg
		크기	600 × 400 pixels
	PSD	파일명	문서₩GTQ₩수험번호-성명-3.psd
		크기	60 × 40 pixels

1. 그림 효과
   ① 배경 : #669999
   ② 1급-7.jpg : Blending Mode(혼합 모드) - Screen(스크린), Opacity(불투명도)(80%)
   ③ 1급-8.jpg : 필터 - Crosshatch(그물눈), 레이어 마스크 - 가로 방향으로 흐릿하게
   ④ 1급-9.jpg : 필터 - Glass(유리)
   ⑤ 1급-10.jpg : 레이어 스타일 - Outer Glow(외부 광선), Inner Shadow(내부 그림자)
   ⑥ 1급-11.jpg : 색상 보정 - 녹색 계열로 보정, 레이어 스타일 - Stroke(선/획)(4px, 그라디언트(#33ffff, #ff6600))
   ⑦ 그 외 《출력형태》 참조

2. 문자 효과
   ① 신비한 해저 탐험 (돋움, 40pt, 60pt, 레이어 스타일 - 그라디언트 오버레이(#0099ff, #ffcc33, #ff99ff),
      Stroke(선/획)(2px, #ffffff), Drop Shadow(그림자 효과))
   ② Welcome to the underwater world (Times New Roman, Regular, 24pt, #3366ff, 레이어 스타일 - Stroke(선/획)(2px, #ffffff))
   ③ 스노우쿨링 / 보트 체험 (바탕, 18pt, #0000ff, #006600, 레이어 스타일 - Stroke(선/획)(2px, #ffffcc))
   ④ 에티켓을 지켜 주세요 (바탕, 20pt, 레이어 스타일 - 그라디언트 오버레이(#ffccff, #6633cc),
      Stroke(선/획)(2px, #330066))

《출력형태》

Shape Tool(모양 도구) 사용
#99cc66, #66ccff, 레이어 스타일 -
Drop Shadow(그림자 효과),
Opacity(불투명도)(80%)

Shape Tool(모양 도구) 사용
#660066, 레이어 스타일 -
Outer Glow(외부 광선)

Shape Tool(모양 도구) 사용
레이어 스타일 - 그라디언트
오버레이(#ffff66, #cc3300)

문제4 [실무응용] 웹 페이지 제작 　　　　　　　　　　　　　　　　[35점]

다음의 《조건》에 따라 아래의 《출력형태》와 같이 작업하시오.

〈조건〉

원본이미지			문서₩GTQ₩Image₩1급-12.jpg, 1급-13.jpg, 1급-14.jpg, 1급-15.jpg, 1급-16.jpg, 1급-17.jpg
파일 저장규칙	JPG	파일명	문서₩GTQ₩수험번호-성명-4.jpg
		크기	600× 400 pixels
	PSD	파일명	문서₩GTQ₩수험번호-성명-4.psd
		크기	60 × 40 pixels

1. 그림 효과

① 배경 : #cccc99
② 패턴(물고기, 꽃장식 모양) : #99cc33, #ff9966
③ 1급-12.jpg : Blending Mode(혼합 모드) - Hard Light(하드 라이트), 레이어 마스크 - 가로 방향으로 흐릿하게
④ 1급-13.jpg : 필터 - Texturizer(텍스처화), 레이어 마스크 - 대각선 방향으로 흐릿하게
⑤ 1급-14.jpg : 레이어 스타일 - Bevel and Emboss(경사와 엠보스), Outer Glow(외부 광선)
⑥ 1급-15.jpg : 필터 - Film Grain(필름 그레인), 레이어 스타일 - Inner Shadow(내부 그림자)
⑦ 1급-16.jpg : 색상 보정 - 녹색 계열로 보정, 레이어 스타일 - Drop Shadow(그림자 효과)
⑧ 그 외 《출력형태》 참조

2. 문자 효과

① Lucky Trip to the Sea (Times New Roman, Bold, 18pt, 28pt, 레이어 스타일 - Stroke(선/획)(2px, 그라디언트(#ffff00, #ff99ff))
② 아쿠아리움 특별 프로모션 (굴림, 36pt, 레이어 스타일 - 그라디언트 오버레이(#66ff66, #ffffff, #0099ff), Stroke(선/획)(2px, #000066))
③ 가족과 떠나는 바닷속 탐험! (궁서, 15pt, #003300, 레이어 스타일 - Stroke(선/획)(2px, #ffffcc))
④ 행사안내 예약하기 이용수칙 (돋움, 16pt, #ffffff, 레이어 스타일 - Stroke(선/획)(2px, #3399ff, #ff66ff))

〈출력형태〉

Shape Tool(모양 도구) 사용
레이어 스타일 - 그라디언트 오버레이
(#99ffff, #0099ff),
Stroke(선/획)(2px, #0066cc, #ff66ff)

Pen Tool(펜 도구) 사용
#336633, #669966, #003300,
레이어 스타일 -
Drop Shadow(그림자 효과)

Shape Tool(모양 도구) 사용
#66ccff, 레이어 스타일 -
Inner Shadow(내부 그림자),
Opacity(불투명도)(80%)

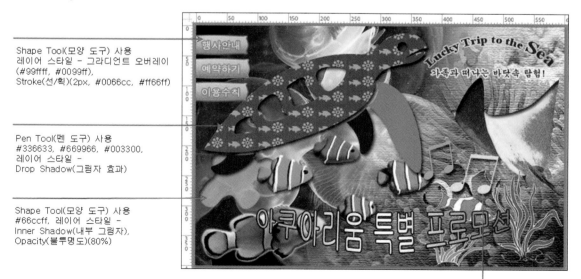

Shape Tool(모양 도구) 사용
#ffff66, #66ff66, 레이어 스타일 -
Drop Shadow(그림자 효과)

GTQ(그래픽기술자격)-(S/W:포토샵)

급수	문제유형	시험시간	수험번호	성 명
1급		90분		

수험자 유의사항

- 수험자는 문제지를 받는 즉시 응시하고자 하는 **과목 및 급수가 맞는지 확인**한 후 수험번호와 성명을 작성합니다.
- 파일명은 본인의 "수험번호-성명-문제번호"로 공백 없이 정확히 입력하고 답안폴더(내 PC₩문서₩GTQ)에 jpg 파일과 psd 파일의 2가지 포맷으로 저장해야 하며, jpg 파일과 psd 파일의 내용이 상이할 경우 0점 처리됩니다. 답안문서 파일명이 "수험번호-성명-문제번호"와 일치하지 않거나, 답안 파일을 전송하지 않아 미제출로 처리될 경우 불합격 처리됩니다.
- 문제의 세부조건은 '영문(한글)' 형식으로 표기되어 있으니 유의하시기 바랍니다.
- 수험자 정보와 저장한 파일명, 저장 위치가 다를 경우 전송이 되지 않으므로, 주의하시기 바랍니다.
- 답안 작성 중에도 **주기적으로 '저장'과 '답안 전송'**을 이용하여 감독위원 PC로 답안을 전송하셔야합니다. (**※ 작업한 내용을 저장하지 않고 전송할 경우** 이전의 저장내용이 전송되오니 이점 반드시 유념하시기 바랍니다.)
- 답안문서는 지정된 경로 외의 다른 보조기억장치에 저장하는 행위, 지정된 시험 시간 외에 작성된 파일을 활용한 행위, 기타 허용되지 않은 프로그램(이메일, 메신저, 게임, 네트워크 등) 이용 시 부정행위로 간주되어 **자격기본법 제32조에 의거** 본 시험 및 국가공인 자격시험을 2년간 응시할 수 없습니다.
- 시험 중 부주의 또는 고의로 시스템을 파손한 경우와 〈수험자 유의사항〉에 기재된 방법대로 이행하지 않아 생기는 불이익은 수험자의 책임임을 알려 드립니다.
- 시험을 완료한 수험자는 최종적으로 저장한 답안파일이 전송되었는지 확인한 후 감독위원의 지시에 따라 문제지를 제출하고 퇴실합니다.

답안 작성요령

- 온라인 답안 작성 절차
  수험자 등록 ⇒ 시험 시작 ⇒ 답안파일 저장 ⇒ 답안 전송 ⇒ 시험 종료
- 내 PC₩문서₩GTQ₩Image폴더에 있는 그림 원본파일을 사용하여 답안을 작성하고, 최종답안을 답안폴더(내 PC₩문서₩GTQ)에 저장하여 답안을 전송하시고, 이미지의 크기가 다른 경우 감점 처리됩니다.
- 배점은 총 100점으로 이루어지며, 점수는 각 문제별로 차등 배분됩니다.
- 각 문제는 제시된 〈조건에〉 따라 작성하고, 언급하지 않은 조건은 《출력형태》와 같이 작성합니다.
- 배치 등의 편의를 위해 주어진 눈금자의 단위는 '픽셀'입니다.
  그 외는 출력형태(효과, 이미지, 문자, 색상, 레이아웃, 규격 등)와 같이 작업하시오.
- 문제 조건에 서체의 지정이 없을 경우 한글은 굴림이나 돋움, 영문은 Arial로 작업하십시오.
  (단, 그 외 제시되지 않은 문자 속성을 기본값으로 작성하지 않은 경우는 감점 처리됩니다.)
- Image Mode(이미지 모드)는 별도의 처리조건이 없을 경우에는 RGB(8비트)로 작업하십시오.
- 모든 답안 파일은 해상도 72 pixels/inch로 작업하십시오.
- Layer(레이어)는 각 기능별로 분할해야 하며, 임의로 합칠 경우나 각 기능에 대한 속성을 해지할 경우 해당 요소는 0점 처리됩니다.

문제1 [기능평가] 고급 Tool(도구) 활용   [20점]

다음의 《조건》에 따라 아래의 《출력형태》와 같이 작업하시오.

《조건》

원본 이미지	문서₩GTQ₩Image₩1급-1.jpg, 1급-2.jpg, 1급-3.jpg		
파일 저장 규칙	JPG	파일명	문서₩GTQ₩수험번호-성명-1.jpg
		크기	400 × 500 pixels
	PSD	파일명	문서₩GTQ₩수험번호-성명-1.psd
		크기	40 × 50 pixels

《출력형태》

1. 그림 효과

① 1급-1.jpg : 필터 – Paint Daubs(페인트 덥스/페인트 바르기)
② Save Path(패스 저장) : 벌 모양
③ Mask(마스크) : 벌 모양, 1급-2.jpg를 이용하여 작성
   레이어 스타일 – Stroke(선/획)(3px, 그라디언트(#ffff00, #ff99ff),
   Inner Shadow(내부 그림자))
④ 1급-3.jpg : 레이어 스타일 – Bevel and Emboss(경사와 엠보스)
⑤ Shape Tool(모양 도구) :
  – 해 모양 (#ff9900, 레이어 스타일 – Outer Glow(외부 광선))
  – 풀 모양 (#66ff66, #66cccc,
     레이어 스타일 – Drop Shadow(그림자 효과))

2. 문자효과

① 정원 가꾸기 (궁서, 52pt, 레이어 스타일 –
   그라디언트 오버레이(#ff6633, #33cc00), Stroke(선/획)(2px, #ffffcc))

문제2 [기능평가] 사진편집 응용   [20점]

다음의 《조건》에 따라 아래의 《출력형태》와 같이 작업하시오.

《조건》

원본 이미지	문서₩GTQ₩Image₩1급-4.jpg, 1급-5.jpg, 1급-6.jpg		
파일 저장 규칙	JPG	파일명	문서₩GTQ₩수험번호-성명-2.jpg
		크기	400 × 500 pixels
	PSD	파일명	문서₩GTQ₩수험번호-성명-2.psd
		크기	40 × 50 pixels

《출력형태》

1. 그림 효과

① 1급-4.jpg : 필터 – Film Grain(필름 그레인)
② 색상 보정 : 1급-5.jpg – 빨간색, 녹색 계열로 보정
③ 1급-5.jpg : 레이어 스타일 – Drop Shadow(그림자 효과)
④ 1급-6.jpg : 레이어 스타일 – Bevel and Emboss(경사와 엠보스)
⑤ Shape Tool(모양 도구) :
  – 꽃 장식 모양(#66cc66, #cc00cc,
     레이어 스타일 – Inner Glow(내부 광선))
  – 꽃 모양(#ffcccc, 레이어 스타일 – Stroke(선/획)(2px, #cc3333))

2. 문자 효과

① Flower Exhibition (Times New Roman, Bold, 40pt, 레이어 스타일 –
   그라디언트 오버레이(#ffff33, #ff66ff), Drop Shadow(그림자 효과))

문제3 [실무응용] 포스터 제작   **[25점]**

다음의 《조건》에 따라 아래의 《출력형태》와 같이 작업하시오.

〈조건〉

원본이미지	문서₩GTQ₩Image₩1급-7.jpg, 1급-8.jpg, 1급-9.jpg, 1급-10.jpg, 1급-11.jpg		
파일 저장규칙	JPG	파일명	문서₩GTQ₩수험번호-성명-3.jpg
		크기	600 × 400 pixels
	PSD	파일명	문서₩GTQ₩수험번호-성명-3.psd
		크기	60 × 40 pixels

1. 그림 효과

① 배경 : #006633
② 1급-7.jpg : Blending Mode(혼합 모드) - Overlay(오버레이), Opacity(불투명도)(90%)
③ 1급-8.jpg : 필터 - Texturizer(텍스처화), 레이어 마스크 - 가로 방향으로 흐릿하게
④ 1급-9.jpg : 필터 - Crosshatch(그물눈)
⑤ 1급-10.jpg : 레이어 스타일 - Bevel and Emboss(경사와 엠보스), Outer Glow(외부 광선)
⑥ 1급-11.jpg : 색상 보정 - 보라색 계열로 보정, 레이어 스타일 - Stroke(선/획)(4px, 그라디언트(#99ff66, #ff00cc))
⑦ 그 외 《출력형태》 참조

2. 문자 효과

① 친환경 정원 만들기 한마당 (바탕, 35pt, 50pt, 레이어 스타일 - 그라디언트 오버레이(#ffff33, #ff6600, #003399),
   Stroke(선/획)(2px, #ffffcc), Drop Shadow(그림자 효과))
② Eco-friendly Gardening Program (Arial, Regular, 20pt, #ffccff, 레이어 스타일 - Stroke(선/획)(2px, #cc3333))
③ 식물 분양 / 장비대여 (궁서, 18pt, #99ccff, #ffcc33, 레이어 스타일 - Stroke(선/획)(2px, #003300))
④ 꽃의 향기를 느껴보세요 (돋움, 18pt, 레이어 스타일 - 그라디언트 오버레이(#ffffff, #6699ff),
   Stroke(선/획)(2px, #660066))

〈출력형태〉

Shape Tool(모양 도구) 사용
#66ff66, #ffccff, 레이어 스타일 -
Drop Shadow(그림자 효과),
Opacity(불투명도)(80%)

Shape Tool(모양 도구) 사용
레이어 스타일 - 그라디언트
오버레이(#ffff66, #ff33ff),
Drop Shadow(그림자 효과)

Shape Tool(모양 도구) 사용
#ffff99, 레이어 스타일 -
Outer Glow(외부 광선),
Opacity(불투명도)(70%)

문제4 [실무응용] 웹 페이지 제작 [35점]

다음의 《조건》에 따라 아래의 《출력형태》와 같이 작업하시오.

《조건》

원본이미지			문서₩GTQ₩Image₩1급-12.jpg, 1급-13.jpg, 1급-14.jpg, 1급-15.jpg, 1급-16.jpg, 1급-17.jpg
파일 저장규칙	JPG	파일명	문서₩GTQ₩수험번호-성명-4.jpg
		크기	600× 400 pixels
	PSD	파일명	문서₩GTQ₩수험번호-성명-4.psd
		크기	60 × 40 pixels

1. 그림 효과

① 배경 : #66ffff
② 패턴(나비, 꽃장식 모양) : #ffff00, #ff9900
③ 1급-12.jpg : Blending Mode(혼합 모드) - Multiply(곱하기), 레이어 마스크 - 대각선 방향으로 흐릿하게
④ 1급-13.jpg : 필터 - Crosshatch(그물눈), 레이어 마스크 - 가로 방향으로 흐릿하게
⑤ 1급-14.jpg : 레이어 스타일 - Bevel and Emboss(경사와 엠보스), Outer Glow(외부 광선)
⑥ 1급-15.jpg : 필터 - Poster Edges(포스터 가장자리), 레이어 스타일 - Inner Glow(내부 광선)
⑦ 1급-16.jpg : 색상 보정 - 녹색 계열로 보정, 레이어 스타일 - Drop Shadow(그림자 효과)
⑧ 그 외 《출력형태》 참조

2. 문자 효과

① An International Flower Fair (Times New Roman, Regular, 24pt, 35pt, #00ffff, 레이어 스타일 -
Stroke(선/획)(2px, 그라디언트(#0099cc, #cc0099))
② 세계 꽃 박람회 이벤트 (굴림, 30pt, 레이어 스타일 - 그라디언트 오버레이(#ff66ff, #ffff33, #00cc00),
Stroke(선/획)(2px, #333366))
③ 전 세계 다양한 꽃의 향연 (바탕, 18pt, #330033, 레이어 스타일 - Stroke(선/획)(2px, #ffffff))
④ 정원안내 초대권 커뮤니티 (돋움, 15pt, #000033, 레이어 스타일 - Stroke(선/획)(2px, #ff9966, #00ccff))

《출력형태》

Shape Tool(모양 도구) 사용
레이어 스타일 - 그라디언트
오버레이(#ffff99, #00cc00),
Stroke(선/획)(2px, #339900, #ff66ff)

Shape Tool(모양 도구) 사용
#ccffcc, 레이어 스타일 -
Outer Glow(외부 광선),
Opacity(불투명도)(60%)

Shape Tool(모양 도구) 사용
#99cc33, #ff6699, 레이어 스타일
- Drop Shadow(그림자 효과)

Pen Tool(펜 도구) 사용
#ff9900, #336600, #00cccc,
레이어 스타일 -
Drop Shadow(그림자 효과)

GTQ(그래픽기술자격)-(S/W:포토샵)

급수	문제유형	시험시간	수험번호	성 명
1급		90분		

수험자 유의사항

- 수험자는 문제지를 받는 즉시 응시하고자 하는 **과목 및 급수가 맞는지 확인**한 후 수험번호와 성명을 작성합니다.
- 파일명은 본인의 "수험번호-성명-문제번호"로 공백 없이 정확히 입력하고 답안폴더(내 PC₩문서₩GTQ)에 jpg 파일과 psd 파일의 2가지 포맷으로 저장해야 하며, jpg 파일과 psd 파일의 내용이 상이할 경우 0점 처리됩니다. 답안문서 파일명이 "수험번호-성명-문제번호"와 일치하지 않거나, 답안 파일을 전송하지 않아 미제출로 처리될 경우 불합격 처리됩니다.
- 문제의 세부조건은 '영문(한글)' 형식으로 표기되어 있으니 유의하시기 바랍니다.
- 수험자 정보와 저장한 파일명, 저장 위치가 다를 경우 전송이 되지 않으므로, 주의하시기 바랍니다.
- 답안 작성 중에도 **주기적으로 '저장'과 '답안 전송'**을 이용하여 감독위원 PC로 답안을 전송하셔야합니다. **(※ 작업한 내용을 저장하지 않고 전송할 경우** 이전의 저장내용이 전송되오니 이점 반드시 유념하시기 바랍니다.)
- 답안문서는 지정된 경로 외의 다른 보조기억장치에 저장하는 행위, 지정된 시험 시간 외에 작성된 파일을 활용한 행위, 기타 허용되지 않은 프로그램(이메일, 메신저, 게임, 네트워크 등) 이용 시 부정행위로 간주되어 **자격기본법 제32조에 의거 본 시험 및 국가공인 자격시험을 2년간 응시할 수 없습니다.**
- 시험 중 부주의 또는 고의로 시스템을 파손한 경우와 <수험자 유의사항>에 기재된 방법대로 이행하지 않아 생기는 불이익은 수험자의 책임임을 알려 드립니다.
- 시험을 완료한 수험자는 최종적으로 저장한 답안파일이 전송되었는지 확인한 후 감독위원의 지시에 따라 문제지를 제출하고 퇴실합니다.

답안 작성요령

- 온라인 답안 작성 절차
  수험자 등록 ⇒ 시험 시작 ⇒ 답안파일 저장 ⇒ 답안 전송 ⇒ 시험 종료
- 내 PC₩문서₩GTQ₩Image폴더에 있는 그림 원본파일을 사용하여 답안을 작성하시고, 최종답안을 답안폴더(내 PC₩문서₩GTQ)에 저장하여 답안을 전송하시고, 이미지의 크기가 다른 경우 감점 처리됩니다.
- 배점은 총 100점으로 이루어지며, 점수는 각 문제별로 차등 배분됩니다.
- 각 문제는 제시된 <조건에>에 따라 작성하고, 언급하지 않은 조건은 《출력형태》와 같이 작성합니다.
- 배치 등의 편의를 위해 주어진 눈금자의 단위는 '픽셀'입니다.
  그 외는 출력형태(효과, 이미지, 문자, 색상, 레이아웃, 규격 등)와 같게 작업하시오.
- 문제 조건에 서체의 지정이 없을 경우 한글은 굴림이나 돋움, 영문은 Arial로 작업하십시오.
  (단, 그 외 제시되지 않은 문자 속성을 기본값으로 작성하지 않은 경우는 감점 처리됩니다.)
- Image Mode(이미지 모드)는 별도의 처리조건이 없을 경우에는 RGB(8비트)로 작업하십시오.
- 모든 답안 파일은 해상도 72 pixels/inch로 작업하십시오.
- Layer(레이어)는 각 기능별로 분할해야 하며, 임의로 합칠 경우나 각 기능에 대한 속성을 해지할 경우 해당 요소는 0점 처리됩니다.

문제1 [기능평가] 고급 Tool(도구) 활용 [20점]

다음의 《조건》에 따라 아래의 《출력형태》와 같이 작업하시오.

〈조건〉

원본 이미지	문서₩GTQ₩Image₩1급-1.jpg, 1급-2.jpg, 1급-3.jpg		
파일 저장 규칙	JPG	파일명	문서₩GTQ₩수험번호-성명-1.jpg
		크기	400 × 500 pixels
	PSD	파일명	문서₩GTQ₩수험번호-성명-1.psd
		크기	40 × 50 pixels

〈출력형태〉

1. 그림 효과
① 1급-1.jpg : 필터 - Cutout(오려내기)
② Save Path(패스 저장) : 립스틱 모양
③ Mask(마스크) : 립스틱 모양, 1급-2.jpg를 이용하여 작성
　레이어 스타일 - Stroke(선/획)(3px, 그라디언트(#ffff33, #3333ff),
　Inner Shadow(내부 그림자))
④ 1급-3.jpg : 레이어 스타일 - Bevel and Emboss(경사와 엠보스)
⑤ Shape Tool(모양 도구) :
　- 꽃 모양(#ffcc99, 레이어 스타일 - Drop Shadow(그림자 효과))
　- 백합 문장 모양 (#993300, #336600,
　　레이어 스타일 - Outer Glow(외부 광선))

2. 문자효과
① 뷰티 콘테스트 (바탕, 40pt, 레이어 스타일 -
　그라디언트 오버레이(#ff33ff, #009966), Stroke(선/획)(2px, #ffffcc))

문제2 [기능평가] 사진편집 응용 [20점]

다음의 《조건》에 따라 아래의 《출력형태》와 같이 작업하시오.

〈조건〉

원본 이미지	문서₩GTQ₩Image₩1급-4.jpg, 1급-5.jpg, 1급-6.jpg		
파일 저장 규칙	JPG	파일명	문서₩GTQ₩수험번호-성명-2.jpg
		크기	400 × 500 pixels
	PSD	파일명	문서₩GTQ₩수험번호-성명-2.psd
		크기	40 × 50 pixels

〈출력형태〉

1. 그림 효과
① 1급-4.jpg : 필터 - Texturizer(텍스처화)
② 색상 보정 : 1급-5.jpg - 보라색, 녹색 계열로 보정
③ 1급-5.jpg : 레이어 스타일 - Drop Shadow(그림자 효과)
④ 1급-6.jpg : 레이어 스타일 - Outer Glow(외부 광선)
⑤ Shape Tool(모양 도구) :
　- 꽃장식 모양(#000066, #cc00cc,
　　레이어 스타일 - Stroke(선/획)(2px, #cccc33))
　- 폭발 모양(#33ff99, 레이어 스타일 - Inner Shadow(내부 그림자))

2. 문자 효과
① Make-up Beauty (Times New Roman, Bold, 48pt, 레이어 스타일 -
　그라디언트 오버레이(#ffff99, #ff00ff), Drop Shadow(그림자 효과))

문제3 [실무응용] 포스터 제작 [25점]

다음의 《조건》에 따라 아래의 《출력형태》와 같이 작업하시오.

《조건》

원본이미지			문서₩GTQ₩Image₩1급-7.jpg, 1급-8.jpg, 1급-9.jpg, 1급-10.jpg, 1급-11.jpg
파일 저장규칙	JPG	파일명	문서₩GTQ₩수험번호-성명-3.jpg
		크기	600 × 400 pixels
	PSD	파일명	문서₩GTQ₩수험번호-성명-3.psd
		크기	60 × 40 pixels

1. 그림 효과

① 배경 : #ffcccc
② 1급-7.jpg : Blending Mode(혼합 모드) - Multiply(곱하기), Opacity(불투명도)(70%)
③ 1급-8.jpg : 필터 - Water Paper(물 종이/젖은 종이), 레이어 마스크 - 가로 방향으로 흐릿하게
④ 1급-9.jpg : 필터 - Wind(바람), 레이어 스타일 - Inner Shadow(내부 그림자)
⑤ 1급-10.jpg : 레이어 스타일 - Outer Glow(외부 광선), Drop Shadow(그림자 효과)
⑥ 1급-11.jpg : 색상 보정 - 파란색 계열로 보정, 레이어 스타일 - Stroke(선/획)(5px, 그라디언트(#ff6600, 투명으로))
⑦ 그 외 《출력형태》 참조

2. 문자 효과

① 국제 헤어 전시 박람회 (궁서, 42pt, 60pt, 레이어 스타일 - 그라디언트 오버레이(#ff33ff, #66cc00, #ff9900),
   Stroke(선/획)(2px, #ffffff), Drop Shadow(그림자 효과))
② International Hair Show (Arial, Regular, 20pt, #003366, 레이어 스타일 - Stroke(선/획)(2px, #ffffff))
③ 헤어 부문 / 메이크업 부문 (바탕, 16pt, #ffffff, #cccc00, 레이어 스타일 - Stroke(선/획)(2px, #666633))
④ 5월 2일(화) ~ 8일(월) / 서울컨벤션센터 (돋움, 18pt, 레이어 스타일 - 그라디언트 오버레이(#00cc00, #ff33ff),
   Stroke(선/획)(2px, #ffffcc))

《출력형태》

Shape Tool(모양 도구) 사용
#3399ff, #ffff99, 레이어 스타일 -
Bevel and Emboss(경사와 엠보스),
Opacity(불투명도)(80%)

Shape Tool(모양 도구) 사용
#ff66ff, 레이어 스타일 -
Inner Shadow(내부 그림자)

Shape Tool(모양 도구) 사용
레이어 스타일 - 그라디언트
오버레이(#660033, #99cc00),
Drop Shadow(그림자 효과)

문제4 [실무응용] 웹 페이지 제작 　　　　　　　　　　　　　　　　 [35점]
다음의 《조건》에 따라 아래의 《출력형태》와 같이 작업하시오.

〈조건〉

원본이미지			문서₩GTQ₩Image₩1급-12.jpg, 1급-13.jpg, 1급-14.jpg, 1급-15.jpg, 1급-16.jpg, 1급-17.jpg
파일 저장규칙	JPG	파일명	문서₩GTQ₩수험번호-성명-4.jpg
		크기	600× 400 pixels
	PSD	파일명	문서₩GTQ₩수험번호-성명-4.psd
		크기	60 × 40 pixels

1. 그림 효과
① 배경 : #cccccc
② 패턴(손바닥, 발바닥 모양) : #ffffff, #ff9999
③ 1급-12.jpg : Blending Mode(혼합 모드) - Hard Light(하드 라이트), 레이어 마스크 - 대각선 방향으로 흐릿하게
④ 1급-13.jpg : 필터 - Dry Brush(드라이 브러시), 레이어 마스크 - 가로 방향으로 흐릿하게
⑤ 1급-14.jpg : 레이어 스타일 - Bevel and Emboss(경사와 엠보스), Drop Shadow(그림자 효과)
⑥ 1급-15.jpg : 필터 - Film Grain(필름 그레인), 레이어 스타일 - Outer Glow(외부 광선)
⑦ 1급-16.jpg : 색상 보정 - 파란색 계열로 보정, 레이어 스타일 - Bevel and Emboss(경사와 엠보스)
⑧ 그 외 《출력형태》 참조

2. 문자 효과
① International Beauty Expo (Times New Roman, Bold, 24pt, 38pt, #330066, 레이어 스타일 -
　Stroke(선/획)(2px, #66ffff))
② 국제 뷰티 엑스포 코리아 (굴림, 40pt, 레이어 스타일 - 그라디언트 오버레이(#00ccff, #ffff33, #ff3333),
　Stroke(선/획)(2px, #ffffff))
③ 참가신청 바로가기 (궁서, 18pt, #6666ff, 레이어 스타일 - Stroke(선/획)(2px, #ffffff))
④ 행사소개 주요행사 전시품목 (돋움, 18pt, #330033, 레이어 스타일 - Stroke(선/획)(2px, #66ffff, #ff99ff))

〈출력형태〉

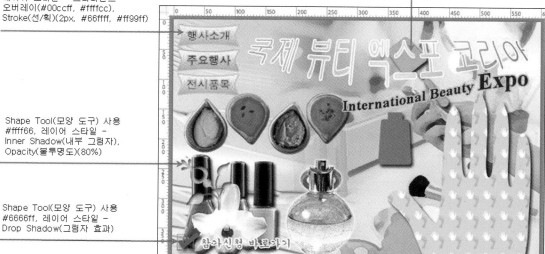

Pen Tool(펜 도구) 사용
#ffcc99, #ff9900, #009999,
레이어 스타일 -
Drop Shadow(그림자 효과)

Shape Tool(모양 도구) 사용
레이어 스타일 - 그라디언트
오버레이(#00ccff, #ffffcc),
Stroke(선/획)(2px, #66ffff, #ff99ff)

Shape Tool(모양 도구) 사용
#ffff66, 레이어 스타일 -
Inner Shadow(내부 그림자),
Opacity(불투명도)(80%)

Shape Tool(모양 도구) 사용
#6666ff, 레이어 스타일 -
Drop Shadow(그림자 효과)

GTQ(그래픽기술자격)-(S/W:포토샵)

급수	문제유형	시험시간	수험번호	성 명
1급		90분		

수험자 유의사항

- 수험자는 문제지를 받는 즉시 응시하고자 하는 **과목 및 급수가 맞는지 확인**한 후 수험번호와 성명을 작성합니다.
- 파일명은 본인의 "수험번호-성명-문제번호"로 공백 없이 정확히 입력하고 답안폴더(내 PC₩문서₩GTQ)에 jpg 파일과 psd 파일의 2가지 포맷으로 저장해야 하며, jpg 파일과 psd 파일의 내용이 상이할 경우 0점 처리됩니다. 답안문서 파일명이 "수험번호-성명-문제번호"와 일치하지 않거나, 답안 파일을 전송하지 않아 미제출로 처리될 경우 불합격 처리됩니다.
- 문제의 세부조건은 '영문(한글)' 형식으로 표기되어 있으니 유의하시기 바랍니다.
- 수험자 정보와 저장한 파일명, 저장 위치가 다를 경우 전송이 되지 않으므로, 주의하시기 바랍니다.
- 답안 작성 중에도 **주기적으로 '저장'과 '답안 전송'**을 이용하여 감독위원 PC로 답안을 전송하셔야합니다. (※ 작업한 내용을 **저장하지 않고 전송할 경우** 이전의 저장내용이 전송되오니 이점 반드시 유념하시기 바랍니다.)
- 답안문서는 지정된 경로 외의 다른 보조기억장치에 저장하는 행위, 지정된 시험 시간 외에 작성된 파일을 활용한 행위, 기타 허용되지 않은 프로그램(이메일, 메신저, 게임, 네트워크 등) 이용 시 부정행위로 간주되어 **자격기본법 제32조**에 의거 본 시험 및 국가공인 자격시험을 2년간 응시할 수 없습니다.
- 시험 중 부주의 또는 고의로 시스템을 파손한 경우와 <수험자 유의사항>에 기재된 방법대로 이행하지 않아 생기는 불이익은 수험자의 책임임을 알려 드립니다.
- 시험을 완료한 수험자는 최종적으로 저장한 답안파일이 전송되었는지 확인한 후 감독위원의 지시에 따라 문제지를 제출하고 퇴실합니다.

답안 작성요령

- 온라인 답안 작성 절차
  수험자 등록 ⇒ 시험 시작 ⇒ 답안파일 저장 ⇒ 답안 전송 ⇒ 시험 종료
- 내 PC₩문서₩GTQ₩Image폴더에 있는 그림 원본파일을 사용하여 답안을 작성하고, 최종답안을 답안폴더(내 PC₩문서₩GTQ)에 저장하여 답안을 전송하시고, 이미지의 크기가 다른 경우 감점 처리됩니다.
- 배점은 총 100점으로 이루어지며, 점수는 각 문제별로 차등 배분됩니다.
- 각 문제는 제시된 <조건에>에 따라 작성하고, 언급하지 않은 조건은 《출력형태》와 같이 작성합니다.
- 배치 등의 편의를 위해 주어진 눈금자의 단위는 '픽셀'입니다.
  그 외는 출력형태(효과, 이미지, 문자, 색상, 레이아웃, 규격 등)와 같게 작업하시오.
- 문제 조건에 서체의 지정이 없을 경우 한글은 굴림이나 돋움, 영문은 Arial로 작업하십시오.
  (단, 그 외 제시되지 않은 문자 속성을 기본값으로 작성하지 않은 경우는 감점 처리됩니다.)
- Image Mode(이미지 모드)는 별도의 처리조건이 없을 경우에는 RGB(8비트)로 작업하십시오.
- 모든 답안 파일은 해상도 72 pixels/inch로 작업하십시오.
- Layer(레이어)는 각 기능별로 분할해야 하며, 임의로 합칠 경우나 각 기능에 대한 속성을 해지할 경우 해당 요소는 0점 처리됩니다.

kpc 한국생산성본부

문제1 [기능평가] 고급 Tool(도구) 활용 [20점]

다음의 《조건》에 따라 아래의 《출력형태》와 같이 작업하시오.

《조건》

원본 이미지			문서₩GTQ₩Image₩1급-1.jpg, 1급-2.jpg, 1급-3.jpg
파일 저장 규칙	JPG	파일명	문서₩GTQ₩수험번호-성명-1.jpg
		크기	400 × 500 pixels
	PSD	파일명	문서₩GTQ₩수험번호-성명-1.psd
		크기	40 × 50 pixels

1. 그림 효과

① 1급-1.jpg : 필터 – Texturizer(텍스처화)
② Save Path(패스 저장) : 팔레트 모양
③ Mask(마스크) : 팔레트 모양, 1급-2.jpg를 이용하여 작성
　레이어 스타일 – Stroke(선/획)(3px, 그라디언트(#cc00cc, #ffff66),
　Inner Shadow(내부 그림자))
④ 1급-3.jpg : 레이어 스타일 – Bevel and Emboss(경사와 엠보스)
⑤ Shape Tool(모양 도구) :
　- 장식 모양 (#ccffff, 레이어 스타일 – Inner Shadow(내부 그림자))
　- 크레용 모양 (#ff9900, #ccccff,
　　레이어 스타일 – Drop Shadow(그림자 효과))

2. 문자 효과

① 현대미술 작품 (굴림, 50pt, 레이어 스타일 –
　그라디언트 오버레이(#cc3300, #66cc00), Stroke(선/획)(2px, #ffffcc))

《출력형태》

문제2 [기능평가] 사진편집 응용 [20점]

다음의 《조건》에 따라 아래의 《출력형태》와 같이 작업하시오.

《조건》

원본 이미지			문서₩GTQ₩Image₩1급-4.jpg, 1급-5.jpg, 1급-6.jpg
파일 저장 규칙	JPG	파일명	문서₩GTQ₩수험번호-성명-2.jpg
		크기	400 × 500 pixels
	PSD	파일명	문서₩GTQ₩수험번호-성명-2.psd
		크기	40 × 50 pixels

1. 그림 효과

① 1급-4.jpg : 필터 – Dry Brush(드라이 브러시)
② 색상 보정 : 1급-5.jpg – 보라색, 노란색 계열로 보정
③ 1급-5.jpg : 레이어 스타일 – Drop Shadow(그림자 효과)
④ 1급-6.jpg : 레이어 스타일 – Outer Glow(외부 광선)
⑤ Shape Tool(모양 도구) :
　- 꽃 모양(#cc0066, #009999,
　　레이어 스타일 – Stroke(선/획)(2px, #ffffcc))
　- 원형 모양(#cccc33, 레이어 스타일 – Inner Shadow(내부 그림자))

2. 문자 효과

① Drawing Art (Times New Roman, Bold, 52pt, 레이어 스타일 –
　그라디언트 오버레이(#ffcc33, #00cc33), Drop Shadow(그림자 효과))

《출력형태》

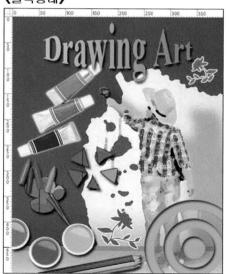

문제3 [실무응용] 포스터 제작 [25점]

다음의 《조건》에 따라 아래의 《출력형태》와 같이 작업하시오.

《조건》

원본이미지			문서₩GTQ₩Image₩1급-7.jpg, 1급-8.jpg, 1급-9.jpg, 1급-10.jpg, 1급-11.jpg	
파일 저장규칙	JPG	파일명	문서₩GTQ₩수험번호-성명-3.jpg	
		크기	600 × 400 pixels	
	PSD	파일명	문서₩GTQ₩수험번호-성명-3.psd	
		크기	60 × 40 pixels	

1. 그림 효과
① 배경 : #99ff99
② 1급-7.jpg : Blending Mode(혼합 모드) - Multiply(곱하기), Opacity(불투명도)(70%)
③ 1급-8.jpg : 필터 - Water Paper(물 종이/젖은 종이), 레이어 마스크 - 가로 방향으로 흐릿하게
④ 1급-9.jpg : 필터 - Wind(바람), 레이어 스타일 - Inner Shadow(내부 그림자)
⑤ 1급-10.jpg : 레이어 스타일 - Outer Glow(외부 광선), Drop Shadow(그림자 효과)
⑥ 1급-11.jpg : 색상 보정 - 보라색 계열로 보정, 레이어 스타일 - Stroke(선/획)(3px, 그라디언트(#3366ff, 투명으로))
⑦ 그 외 《출력형태》 참조

2. 문자 효과
① 서울 아트 전시회 (궁서, 45pt, 60pt, 레이어 스타일 - 그라디언트 오버레이(#ff99ff, #99ff99, #3399ff),
   Stroke(선/획)(2px, #cc99cc), Drop Shadow(그림자 효과))
② Meet a wonderful work (Arial, Regular, 18pt, #003366, 레이어 스타일 - Stroke(선/획)(2px, #ffffff))
③ 근대미술 / 현대미술 (돋움, 16pt, #66ccff, #33cc33, 레이어 스타일 - Stroke(선/획)(2px, #003300))
④ 50% 할인 이벤트 (돋움, 18pt, 레이어 스타일 - 그라디언트 오버레이(#00cc33, #ffff33),
   Stroke(선/획)(2px, #663300))

《출력형태》

Shape Tool(모양 도구) 사용
#ffffff, #ccff33, 레이어 스타일 -
Drop Shadow(그림자 효과),
Opacity(불투명도)(70%)

Shape Tool(모양 도구) 사용
#ffff99, 레이어 스타일 -
Outer Glow(외부 광선),
Opacity(불투명도)(60%)

Shape Tool(모양 도구) 사용
레이어 스타일 - 그라디언트
오버레이(#3399ff, #ffff33),
Drop Shadow(그림자 효과)

문제4 [실무응용] 웹 페이지 제작 [35점]

다음의 《조건》에 따라 아래의 《출력형태》와 같이 작업하시오.

《조건》

원본이미지			문서\GTQ\Image\1급-12.jpg, 1급-13.jpg, 1급-14.jpg, 1급-15.jpg, 1급-16.jpg, 1급-17.jpg
파일 저장규칙	JPG	파일명	문서\GTQ\수험번호-성명-4.jpg
		크기	600× 400 pixels
	PSD	파일명	문서\GTQ\수험번호-성명-4.psd
		크기	60 × 40 pixels

1. 그림 효과

① 배경 : #ffffcc
② 패턴(나뭇잎 모양) : #ffffcc, #ffccff
③ 1급-12.jpg : Blending Mode(혼합 모드) - Multiply(곱하기), 레이어 마스크 - 대각선 방향으로 흐릿하게
④ 1급-13.jpg : 필터 - Dry Brush(드라이 브러시), 레이어 마스크 - 가로 방향으로 흐릿하게
⑤ 1급-14.jpg : 레이어 스타일 - Bevel and Emboss(경사와 엠보스), Drop Shadow(그림자 효과)
⑥ 1급-15.jpg : 필터 - Mosaic Tiles(모자이크 타일), 레이어 스타일 - Bevel and Emboss(경사와 엠보스)
⑦ 1급-16.jpg : 색상 보정 - 빨간색 계열로 보정, 레이어 스타일 - Outer Glow(외부 광선)
⑧ 그 외 《출력형태》 참조

2. 문자 효과

① National College Art Contest (Times New Roman, Bold, 24pt, 36pt, #330066, 레이어 스타일 -
   Stroke(선/획)(2px, #ffccff))
② 전국 대학미술 공모전 (바탕, 45pt, 레이어 스타일 - 그라디언트 오버레이(#0099ff, #ff0033, #33ff00),
   Stroke(선/획)(3px, #ffffff))
③ 참가 신청안내 (궁서, 18pt, #330099, 레이어 스타일 - Stroke(선/획)(2px, #ffffff))
④ 작품보기 작품구매 문의하기 (돋움, 18pt, #333333, 레이어 스타일 - Stroke(선/획)(2px, #99ffff, #ffccff))

《출력형태》

Pen Tool(펜 도구) 사용
#996600, #ff9900, #cccc00,
레이어 스타일 -
Drop Shadow(그림자 효과)

Shape Tool(모양 도구) 사용
레이어 스타일 - 그라디언트 오버레이
(#336600, #ccff99),
Stroke(선/획)(2px, #006600, #ffccff)

Shape Tool(모양 도구) 사용
#330099, 레이어 스타일 -
Drop Shadow(그림자 효과)

Shape Tool(모양 도구) 사용
#ff33cc, 레이어 스타일 - Inner Shadow(내부 그림자),
Opacity(불투명도)(80%)

GTQ(그래픽기술자격)-(S/W:포토샵)

급수	문제유형	시험시간	수험번호	성 명
1급		90분		

수험자 유의사항

- 수험자는 문제지를 받는 즉시 응시하고자 하는 **과목 및 급수가 맞는지 확인**한 후 수험번호와 성명을 작성합니다.
- 파일명은 본인의 "수험번호-성명-문제번호"로 공백 없이 정확히 입력하고 답안폴더(내 PC\문서\GTQ)에 jpg 파일과 psd 파일의 2가지 포맷으로 저장해야 하며, jpg 파일과 psd 파일의 내용이 상이할 경우 0점 처리됩니다. 답안문서 파일명이 "수험번호-성명-문제번호"와 일치하지 않거나, 답안 파일을 전송하지 않아 미제출로 처리될 경우 불합격 처리됩니다.
- 문제의 세부조건은 '영문(한글)' 형식으로 표기되어 있으니 유의하시기 바랍니다.
- 수험자 정보와 저장한 파일명, 저장 위치가 다를 경우 전송이 되지 않으므로, 주의하시기 바랍니다.
- 답안 작성 중에도 <u>주기적으로 '저장'과 '답안 전송'</u>을 이용하여 감독위원 PC로 답안을 전송하셔야합니다. **(※ 작업한 내용을 저장하지 않고 전송할 경우 이전의 저장내용이 전송되오니 이점 반드시 유념하시기 바랍니다.)**
- 답안문서는 지정된 경로 외의 다른 보조기억장치에 저장하는 행위, 지정된 시험 시간 외에 작성된 파일을 활용한 행위, 기타 허용되지 않은 프로그램(이메일, 메신저, 게임, 네트워크 등) 이용 시 부정행위로 간주되어 **자격기본법 제32조에 의거 본 시험 및 국가공인 자격시험을 2년간 응시할 수 없습니다.**
- 시험 중 부주의 또는 고의로 시스템을 파손한 경우와 <수험자 유의사항>에 기재된 방법대로 이행하지 않아 생기는 불이익은 수험자의 책임임을 알려 드립니다.
- 시험을 완료한 수험자는 최종적으로 저장한 답안파일이 전송되었는지 확인한 후 감독위원의 지시에 따라 문제지를 제출하고 퇴실합니다.

답안 작성요령

- 온라인 답안 작성 절차
  수험자 등록 ⇒ 시험 시작 ⇒ 답안파일 저장 ⇒ 답안 전송 ⇒ 시험 종료
- 내 PC\문서\GTQ\Image폴더에 있는 그림 원본파일을 사용하여 답안을 작성하고, 최종답안을 답안폴더(내 PC\문서\GTQ)에 저장하여 답안을 전송하시고, 이미지의 크기가 다른 경우 감점 처리됩니다.
- 배점은 총 100점으로 이루어지며, 점수는 각 문제별로 차등 배분됩니다.
- 각 문제는 제시된 <조건에>에 따라 작성하고, 언급하지 않은 조건은 《출력형태》와 같이 작성합니다.
- 배치 등의 편의를 위해 주어진 눈금자의 단위는 '픽셀'입니다.
  그 외는 출력형태(효과, 이미지, 문자, 색상, 레이아웃, 규격 등)와 같이 작업하시오.
- 문제 조건에 서체의 지정이 없을 경우 한글은 굴림이나 돋움, 영문은 Arial로 작업하십시오.
  (단, 그 외 제시되지 않은 문자 속성을 기본값으로 작성하지 않은 경우는 감점 처리됩니다.)
- Image Mode(이미지 모드)는 별도의 처리조건이 없을 경우에는 RGB(8비트)로 작업하십시오.
- 모든 답안 파일은 해상도 72 pixels/inch로 작업하십시오.
- Layer(레이어)는 각 기능별로 분할해야 하며, 임의로 합칠 경우나 각 기능에 대한 속성을 해지할 경우 해당 요소는 0점 처리됩니다.

문제1 [기능평가] 고급 Tool(도구) 활용 [20점]

다음의 《조건》에 따라 아래의 《출력형태》와 같이 작업하시오.

《조건》

원본 이미지	문서₩GTQ₩Image₩1급-1.jpg, 1급-2.jpg, 1급-3.jpg		
파일 저장 규칙	JPG	파일명	문서₩GTQ₩수험번호-성명-1.jpg
		크기	400 × 500 pixels
	PSD	파일명	문서₩GTQ₩수험번호-성명-1.psd
		크기	40 × 50 pixels

《출력형태》

1. 그림 효과

① 1급-1.jpg : 필터 – Paint Daubs(페인트 덥스/페인트 바르기)
② Save Path(패스 저장) : 냄비 모양
③ Mask(마스크) : 냄비 모양, 1급-2.jpg를 이용하여 작성
　레이어 스타일 – Stroke(선/획)(5px, 그라디언트(#990000, #ccff33),
　Inner Shadow(내부 그림자))
④ 1급-3.jpg : 레이어 스타일 – Bevel and Emboss(경사와 엠보스)
⑤ Shape Tool(모양 도구)
　- 장식 모양(#cc6633, 레이어 스타일 – Stroke(선/획)(3px, #ffff66))
　- 물결 모양 (#669933, #ffcc99,
　레이어 스타일 – Drop Shadow(그림자 효과))

2. 문자 효과

① 한국의 김치 (궁서, 48pt, 레이어 스타일 –
　그라디언트 오버레이(#339900, #ffcc66), Stroke(선/획)(3px, #333366))

문제2 [기능평가] 사진편집 응용 [20점]

다음의 《조건》에 따라 아래의 《출력형태》와 같이 작업하시오.

《조건》

원본 이미지	문서₩GTQ₩Image₩1급-4.jpg, 1급-5.jpg, 1급-6.jpg		
파일 저장 규칙	JPG	파일명	문서₩GTQ₩수험번호-성명-2.jpg
		크기	400 × 500 pixels
	PSD	파일명	문서₩GTQ₩수험번호-성명-2.psd
		크기	40 × 50 pixels

《출력형태》

1. 그림 효과

① 1급-4.jpg : 필터 – Texturizer(텍스처화)
② 색상 보정 : 1급-5.jpg – 보라색, 녹색 계열로 보정
③ 1급-5.jpg : 레이어 스타일 – Drop Shadow(그림자 효과)
④ 1급-6.jpg : 레이어 스타일 – Outer Glow(외부 광선)
⑤ Shape Tool(모양 도구) :
　- 꽃 모양(#ffcc33, 레이어 스타일 – Inner Shadow(내부 그림자))
　- 꽃장식 모양(#ccff66, 레이어 스타일 – Drop Shadow(그림자 효과))

2. 문자 효과

① TEA CEREMONY (Arial, Bold, 40pt, 레이어 스타일 –
　그라디언트 오버레이(#0099cc, #ccff99), Drop Shadow(그림자 효과))

문제3 [실무응용] 포스터 제작 [25점]

다음의 《조건》에 따라 아래의 《출력형태》와 같이 작업하시오.

《조건》

원본이미지			문서₩GTQ₩Image₩1급-7.jpg, 1급-8.jpg, 1급-9.jpg, 1급-10.jpg, 1급-11.jpg
파일 저장규칙	JPG	파일명	문서₩GTQ₩수험번호-성명-3.jpg
		크기	600 × 400 pixels
	PSD	파일명	문서₩GTQ₩수험번호-성명-3.psd
		크기	60 × 40 pixels

1. 그림 효과

① 배경 : #99cc66
② 1급-7.jpg : Blending Mode(혼합 모드) - Hard Light(하드 라이트), Opacity(불투명도)(80%)
③ 1급-8.jpg : 필터 - Crosshatch(그물눈), 레이어 마스크 - 가로 방향으로 흐릿하게
④ 1급-9.jpg : 필터 - Tiles(타일), 레이어 스타일 - Outer Glow(외부 광선)
⑤ 1급-10.jpg : 레이어 스타일 - Bevel and Emboss(경사와 엠보스), Outer Glow(외부 광선)
⑥ 1급-11.jpg : 색상 보정 - 노란색 계열로 보정, 레이어 스타일 - Stroke(선/획)(5px, 그라디언트(#66ff33, #ff33ff))
⑦ 그 외 《출력형태》 참조

2. 문자 효과

① 한국 전통음식 즐기기 (궁서, 30pt, 50pt, 레이어 스타일 - 그라디언트 오버레이(#cc00cc, #ffff66, #0099ff),
   Stroke(선/획)(2px, #ffffff), Drop Shadow(그림자 효과))
② Let's Enjoy Traditional Food (Arial, Regular, 18pt, #000066, 레이어 스타일 - Stroke(선/획)(2px, #ffffcc))
③ 찌개요리 / 볶음요리 (돋움, 20pt, #ff6600, #6666ff, 레이어 스타일 - Stroke(선/획)(2px, #ffffff))
④ 김치만들기 체험활동 (굴림, 18pt, 레이어 스타일 - 그라디언트 오버레이(#cc00cc, #003399),
   Stroke(선/획)(2px, #ffffcc))

《출력형태》

Shape Tool(모양 도구) 사용
#ccffff, 레이어 스타일 -
Stroke(선/획)(2px, #ff3333),
Opacity(불투명도)(80%)

Shape Tool(모양 도구) 사용
#0033cc, #cc0099, 레이어 스타일 -
Outer Glow(외부 광선)

Shape Tool(모양 도구) 사용
레이어 스타일 - 그라디언트
오버레이(#ffff33, #009900),
Drop Shadow(그림자 효과)

문제4 [실무응용] 웹 페이지 제작 [35점]

다음의 《조건》에 따라 아래의 《출력형태》와 같이 작업하시오.

《조건》

원본이미지			문서₩GTQ₩Image₩1급-12.jpg, 1급-13.jpg, 1급-14.jpg, 1급-15.jpg, 1급-16.jpg, 1급-17.jpg
파일 저장규칙	JPG	파일명	문서₩GTQ₩수험번호-성명-4.jpg
		크기	600× 400 pixels
	PSD	파일명	문서₩GTQ₩수험번호-성명-4.psd
		크기	60 × 40 pixels

1. 그림 효과

① 배경 : #ffcccc
② 패턴(해, 뼈 모양) : #ffcc00, #ffffcc
③ 1급-12.jpg : Blending Mode(혼합 모드) - Multiply(곱하기), 레이어 마스크 - 가로 방향으로 흐릿하게
④ 1급-13.jpg : 필터 - Poster Edges(포스터 가장자리), 레이어 마스크 - 대각선 방향으로 흐릿하게
⑤ 1급-14.jpg : 레이어 스타일 - Bevel and Emboss(경사와 엠보스), Outer Glow(외부 광선)
⑥ 1급-15.jpg : 필터 - Texturizer(텍스처화), 레이어 스타일 - Stroke(선/획)(3px, #cc66cc)
⑦ 1급-16.jpg : 색상 보정 - 녹색 계열로 보정, 레이어 스타일 - Inner Shadow(내부 그림자)
⑧ 그 외 《출력형태》 참조

2. 문자 효과

① Experience Traditional Food Culture (Times New Roman, Bold, 20pt, 32pt, #cc66cc, 레이어 스타일 - Stroke(선/획)(2px, #ccccff))
② 한국전통음식 문화체험관 (굴림, 42pt, 레이어 스타일 - 그라디언트 오버레이(#33cc00, #cc33ff, #3366ff), Stroke(선/획)(3px, #330033))
③ 전통음식 소개 (궁서, 20pt, #003366, 레이어 스타일 - Stroke(선/획)(2px, #ffff99))
④ 예약하기 이벤트 체험하기 (돋움, 15pt, #000000, 레이어 스타일 - Stroke(선/획)(2px, #ffffcc, #ccffff))

《출력형태》

Shape Tool(모양 도구) 사용
레이어 스타일 - 그라디언트
오버레이(#ff6600, #ffff33),
Stroke(선/획)(2px,
#ffffcc, #66ffff)

Shape Tool(모양 도구) 사용
#99cc99, 레이어 스타일 -
Drop Shadow(그림자 효과)

Pen Tool(펜 도구) 사용
#993300, #336666, #cc9900,
레이어 스타일 -
Drop Shadow(그림자 효과)

Shape Tool(모양 도구) 사용
#339933, 레이어 스타일 -
Inner Shadow(내부 그림자),
Opacity(불투명도)(70%)

GTQ(그래픽기술자격)-(S/W:포토샵)

급수	문제유형	시험시간	수험번호	성 명
1급		90분		

수험자 유의사항

● 수험자는 문제지를 받는 즉시 응시하고자 하는 **과목 및 급수가 맞는지 확인**한 후 수험번호와 성명을 작성합니다.

● 파일명은 본인의 "수험번호-성명-문제번호"로 공백 없이 정확히 입력하고 답안폴더(내 PC₩문서₩GTQ)에 jpg 파일과 psd 파일의 2가지 포맷으로 저장해야 하며, jpg 파일과 psd 파일의 내용이 상이할 경우 0점 처리됩니다. 답안문서 파일명이 "수험번호-성명-문제번호"와 일치하지 않거나, 답안 파일을 전송하지 않아 미제출로 처리될 경우 불합격 처리됩니다.

● 문제의 세부조건은 '영문(한글)' 형식으로 표기되어 있으니 유의하시기 바랍니다.

● 수험자 정보와 저장한 파일명, 저장 위치가 다를 경우 전송이 되지 않으므로, 주의하시기 바랍니다.

● 답안 작성 중에도 주기적으로 '저장'과 '답안 전송'을 이용하여 감독위원 PC로 답안을 전송하셔야합니다. (※ 작업한 내용을 저장하지 않고 전송할 경우 이전의 저장내용이 전송되오니 이점 반드시 유념하시기 바랍니다.)

● 답안문서는 지정된 경로 외의 다른 보조기억장치에 저장하는 행위, 지정된 시험 시간 외에 작성된 파일을 활용한 행위, 기타 허용되지 않은 프로그램(이메일, 메신저, 게임, 네트워크 등) 이용 시 부정행위로 간주되어 **자격기본법 제32조에 의거 본 시험 및 국가공인 자격시험을 2년간 응시할 수 없습니다.**

● 시험 중 부주의 또는 고의로 시스템을 파손한 경우와 <수험자 유의사항>에 기재된 방법대로 이행하지 않아 생기는 불이익은 수험자의 책임임을 알려 드립니다.

● 시험을 완료한 수험자는 최종적으로 저장한 답안파일이 전송되었는지 확인한 후 감독위원의 지시에 따라 문제지를 제출하고 퇴실합니다.

답안 작성요령

● 온라인 답안 작성 절차

수험자 등록 ⇒ 시험 시작 ⇒ 답안파일 저장 ⇒ 답안 전송 ⇒ 시험 종료

● 내 PC₩문서₩GTQ₩Image폴더에 있는 그림 원본파일을 사용하여 답안을 작성하고, 최종답안을 답안폴더(내 PC₩문서₩GTQ)에 저장하여 답안을 전송하시고, 이미지의 크기가 다른 경우 감점 처리됩니다.

● 배점은 총 100점으로 이루어지며, 점수는 각 문제별로 차등 배분됩니다.

● 각 문제는 제시된 <조건에>에 따라 작성하고, 언급하지 않은 조건은 《출력형태》와 같이 작성합니다.

● 배치 등의 편의를 위해 주어진 눈금자의 단위는 '픽셀'입니다.

그 외는 출력형태(효과, 이미지, 문자, 색상, 레이아웃, 규격 등)와 같게 작업하시오.

● 문제 조건에 서체의 지정이 없을 경우 한글은 굴림이나 돋움, 영문은 Arial로 작업하십시오.

(단, 그 외 제시되지 않은 문자 속성을 기본값으로 작성하지 않은 경우는 감점 처리됩니다.)

● Image Mode(이미지 모드)는 별도의 처리조건이 없을 경우에는 RGB(8비트)로 작업하십시오.

● 모든 답안 파일은 해상도 72 pixels/inch로 작업하십시오.

● Layer(레이어)는 각 기능별로 분할해야 하며, 임의로 합칠 경우나 각 기능에 대한 속성을 해지할 경우 해당 요소는 0점 처리됩니다.

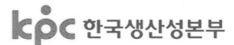

문제1 [기능평가] 고급 Tool(도구) 활용 [20점]

다음의 《조건》에 따라 아래의 《출력형태》와 같이 작업하시오.

《조건》

원본 이미지	문서₩GTQ₩Image₩1급-1.jpg, 1급-2.jpg, 1급-3.jpg		
파일 저장 규칙	JPG	파일명	문서₩GTQ₩수험번호-성명-1.jpg
		크기	400 × 500 pixels
	PSD	파일명	문서₩GTQ₩수험번호-성명-1.psd
		크기	40 × 50 pixels

《출력형태》

1. 그림 효과

① 1급-1.jpg : 필터 – Cutout(오려내기)
② Save Path(패스 저장) : 꽃 모양
③ Mask(마스크) : 꽃 모양, 1급-2.jpg를 이용하여 작성
   레이어 스타일 – Stroke(선/획)(4px, 그라디언트(#66ff33, #cc33ff),
   Inner Shadow(내부 그림자))
④ 1급-3.jpg : 레이어 스타일 – Outer Glow(외부 광선)
⑤ Shape Tool(모양 도구) :
   - 꽃 모양 (#9966ff, 레이어 스타일 – Bevel and Emboss(경사와 엠보스))
   - 나비 모양 (#ff9900, #66cc33,
     레이어 스타일 – Outer Glow(외부 광선))

2. 문자 효과

① 봄을 맞이하다 (궁서, 48pt, 레이어 스타일 –
   그라디언트 오버레이(#009900, #ff33ff), Stroke(선/획)(2px, #000066))

문제2 [기능평가] 사진편집 응용 [20점]

다음의 《조건》에 따라 아래의 《출력형태》와 같이 작업하시오.

《조건》

원본 이미지	문서₩GTQ₩Image₩1급-4.jpg, 1급-5.jpg, 1급-6.jpg		
파일 저장 규칙	JPG	파일명	문서₩GTQ₩수험번호-성명-2.jpg
		크기	400 × 500 pixels
	PSD	파일명	문서₩GTQ₩수험번호-성명-2.psd
		크기	40 × 50 pixels

《출력형태》

1. 그림 효과

① 1급-4.jpg : 필터 – Crosshatch(그물눈)
② 색상 보정 : 1급-5.jpg – 보라색, 빨간색 계열로 보정
③ 1급-5.jpg : 레이어 스타일 – Bevel and Emboss(경사와 엠보스)
④ 1급-6.jpg : 레이어 스타일 – Drop Shadow(그림자 효과)
⑤ Shape Tool(모양 도구) :
   - 해 모양(#ff6600, 레이어 스타일 – Inner Shadow(내부 그림자))
   - 튀긴 자국 모양(#ccff33, #ffcc66,
     레이어 스타일 –Drop Shadow(그림자 효과))

2. 문자 효과

① Hello Summer (Arial, Bold, 42pt, 레이어 스타일 – 그라디언트
   오버레이(#000099, #ff6633, #ffff99), Stroke(선/획)(3px, #ffffcc))

문제3 [실무응용] 포스터 제작 [25점]

다음의 《조건》에 따라 아래의 《출력형태》와 같이 작업하시오.

《조건》

원본이미지	문서₩GTQ₩Image₩1급-7.jpg, 1급-8.jpg, 1급-9.jpg, 1급-10.jpg, 1급-11.jpg		
파일 저장규칙	JPG	파일명	문서₩GTQ₩수험번호-성명-3.jpg
		크기	600 × 400 pixels
	PSD	파일명	문서₩GTQ₩수험번호-성명-3.psd
		크기	60 × 40 pixels

1. 그림 효과

① 배경 : #cccc66
② 1급-7.jpg : Blending Mode(혼합 모드) - Hard Light(하드 라이트), Opacity(불투명도)(70%)
③ 1급-8.jpg : 필터 - Film Grain(필름 그레인), 레이어 마스크 - 세로 방향으로 흐릿하게
④ 1급-9.jpg : 필터 - Dry Brush(드라이 브러시), 레이어 스타일 - Inner Shadow(내부 그림자)
⑤ 1급-10.jpg : 레이어 스타일 - Stroke(선/획)(3px, 그라디언트(#660000, #cccc33)), Drop Shadow(그림자 효과)
⑥ 1급-11.jpg : 색상 보정 - 녹색 계열로 보정, 레이어 스타일 - Drop Shadow(그림자 효과)
⑦ 그 외 《출력형태》 참조

2. 문자 효과

① 가을 풍경 사진전 (바탕, 30pt, 40pt, 레이어 스타일 - 그라디언트 오버레이(#990033, #ffff33, #33cc00), Stroke(선/획)(3px, #330000))
② Collection of Autumn Scenery Photographs (Arial, Bold, 18pt, 레이어 스타일 - 그라디언트 오버레이(#66ccff, #cc0033), Stroke(선/획)(2px, #ffffcc), Drop Shadow(그림자 효과))
③ 일시 : 매주 일요일 오후2시 (돋움, 20pt, #006600, #993300, 레이어 스타일 - Stroke(선/획)(2px, #cccc66))
④ 한강공원 야외주차장 (굴림, 18pt, #ffffcc, 레이어 스타일 - Stroke(선/획)(2px, #993333))

《출력형태》

Shape Tool(모양 도구) 사용
#ff6600, #ffcc33, 레이어 스타일 –
Drop Shadow(그림자 효과),
Opacity(불투명도)(70%)

Shape Tool(모양 도구) 사용
#ffff33, 레이어 스타일 -
Bevel and Emboss(경사와 엠보스),
Opacity(불투명도)(80%)

Shape Tool(모양 도구) 사용
레이어 스타일 - 그라디언트
오버레이(#ff6666, #009900),
Bevel and Emboss(경사와 엠보스)

문제4 [실무응용] 웹 페이지 제작   [35점]
다음의 《조건》에 따라 아래의 《출력형태》와 같이 작업하시오.

〈조건〉

원본이미지			문서₩GTQ₩Image₩1급-12.jpg, 1급-13.jpg, 1급-14.jpg, 1급-15.jpg, 1급-16.jpg, 1급-17.jpg
파일 저장규칙	JPG	파일명	문서₩GTQ₩수험번호-성명-4.jpg
		크기	600× 400 pixels
	PSD	파일명	문서₩GTQ₩수험번호-성명-4.psd
		크기	60 × 40 pixels

1. 그림 효과
① 배경 : #ccffff
② 패턴(물결, 눈송이 모양) : #ffffff, #00ffff
③ 1급-12.jpg : Blending Mode(혼합 모드) – Multiply(곱하기), 레이어 마스크 - 세로 방향으로 흐릿하게
④ 1급-13.jpg : 필터 – Texturizer(텍스처화), 레이어 마스크 – 대각선 방향으로 흐릿하게
⑤ 1급-14.jpg : 레이어 스타일 – Bevel and Emboss(경사와 엠보스)
⑥ 1급-15.jpg : 필터 – Wind(바람), 레이어 스타일 – Drop Shadow(그림자 효과)
⑦ 1급-16.jpg : 색상 보정 - 보라색 계열로 보정, 레이어 스타일 - Drop Shadow(그림자 효과)
⑧ 그 외 《출력형태》 참조

2. 문자 효과
① Winter Vacation Hobby Class (Times New Roman, Bold, 38pt, 레이어 스타일 – 그라디언트 오버레이(#003399, #99ffff), Stroke(선/획)(2px, #ffffff), Drop Shadow(그림자 효과))
② 유익한 겨울방학 보내기 (궁서, 25pt, 레이어 스타일 - 그라디언트 오버레이(#cc33ff, #00ffff, #0033cc), Stroke(선/획)(2px, #336600))
③ Spend the winter vacation beneficial (Arial, Regular, 20pt, #000000, 레이어 스타일 - Stroke(선/획)(2px, #ffffff))
④ 홈카페 만들기 장식품 만들기 스웨터 만들기 (돋움, 15pt, 20pt, #ffffff, 레이어 스타일 - Stroke(선/획)(2px, #cc33cc, #cc0000))

〈출력형태〉

Shape Tool(모양 도구) 사용
#336666, 레이어 스타일 –
Stroke(선/획)(2px, #ccffff)

Pen Tool(펜 도구) 사용
#009999, #66cccc, #993300,
레이어 스타일 –
Drop Shadow(그림자 효과)

Shape Tool(모양 도구) 사용
#333333, 레이어 스타일 -
Outer Glow(외부 광선),
Opacity(불투명도)(60%)

Shape Tool(모양 도구) 사용
레이어 스타일 – 그라디언트 오버레이(#9900cc, #ffccff),
Stroke(선/획)(3px, #990099, #cc0066),
Opacity(불투명도)(70%)

GTQ(그래픽기술자격)-(S/W:포토샵)

급수	문제유형	시험시간	수험번호	성 명
1급		90분		

수험자 유의사항

- 수험자는 문제지를 받는 즉시 응시하고자 하는 **과목 및 급수가 맞는지 확인**한 후 수험번호와 성명을 작성합니다.
- 파일명은 본인의 "수험번호-성명-문제번호"로 공백 없이 정확히 입력하고 답안폴더(내 PC₩문서₩GTQ)에 jpg 파일과 psd 파일의 2가지 포맷으로 저장해야 하며, jpg 파일과 psd 파일의 내용이 상이할 경우 0점 처리됩니다. 답안문서 파일명이 "수험번호-성명-문제번호"와 일치하지 않거나, 답안 파일을 전송하지 않아 미제출로 처리될 경우 불합격 처리됩니다.
- 문제의 세부조건은 '영문(한글)' 형식으로 표기되어 있으니 유의하시기 바랍니다.
- 수험자 정보와 저장한 파일명, 저장 위치가 다를 경우 전송이 되지 않으므로, 주의하시기 바랍니다.
- 답안 작성 중에도 **주기적으로 '저장'과 '답안 전송'**을 이용하여 감독위원 PC로 답안을 전송하셔야합니다. (※ 작업한 내용을 <u>저장하지 않고 전송할 경우</u> 이전의 저장내용이 전송되오니 이점 반드시 유념하시기 바랍니다.)
- 답안문서는 지정된 경로 외의 다른 보조기억장치에 저장하는 행위, 지정된 시험 시간 외에 작성된 파일을 활용한 행위, 기타 허용되지 않은 프로그램(이메일, 메신저, 게임, 네트워크 등) 이용 시 부정행위로 간주되어 **자격기본법 제32조에 의거 본 시험 및 국가공인 자격시험을 2년간 응시할 수 없습니다.**
- 시험 중 부주의 또는 고의로 시스템을 파손한 경우와 〈수험자 유의사항〉에 기재된 방법대로 이행하지 않아 생기는 불이익은 수험자의 책임임을 알려 드립니다.
- 시험을 완료한 수험자는 최종적으로 저장한 답안파일이 전송되었는지 확인한 후 감독위원의 지시에 따라 문제지를 제출하고 퇴실합니다.

답안 작성요령

- 온라인 답안 작성 절차
  수험자 등록 ⇒ 시험 시작 ⇒ 답안파일 저장 ⇒ 답안 전송 ⇒ 시험 종료
- 내 PC₩문서₩GTQ₩Image폴더에 있는 그림 원본파일을 사용하여 답안을 작성하고, 최종답안을 답안폴더(내 PC₩문서₩GTQ)에 저장하여 답안을 전송하시고, 이미지의 크기가 다른 경우 감점 처리됩니다.
- 배점은 총 100점으로 이루어지며, 점수는 각 문제별로 차등 배분됩니다.
- 각 문제는 제시된 〈조건에〉에 따라 작성하고, 언급하지 않은 조건은 《출력형태》와 같이 작성합니다.
- 배치 등의 편의를 위해 주어진 눈금자의 단위는 '픽셀'입니다.
  그 외는 출력형태(효과, 이미지, 문자, 색상, 레이아웃, 규격 등)와 같게 작업하시오.
- 문제 조건에 서체의 지정이 없을 경우 한글은 굴림이나 돋움, 영문은 Arial로 작업하십시오.
  (단, 그 외 제시되지 않은 문자 속성을 기본값으로 작성하지 않은 경우는 감점 처리됩니다.)
- Image Mode(이미지 모드)는 별도의 처리조건이 없을 경우에는 RGB(8비트)로 작업하십시오.
- 모든 답안 파일은 해상도 72 pixels/inch로 작업하십시오.
- Layer(레이어)는 각 기능별로 분할해야 하며, 임의로 합칠 경우나 각 기능에 대한 속성을 해지할 경우 해당 요소는 0점 처리됩니다.

문제1 [기능평가] 고급 Tool(도구) 활용 [20점]

다음의 《조건》에 따라 아래의 《출력형태》와 같이 작업하시오.

《조건》

원본 이미지	문서₩GTQ₩Image₩1급-1.jpg, 1급-2.jpg, 1급-3.jpg		
파일 저장 규칙	JPG	파일명	문서₩GTQ₩수험번호-성명-1.jpg
		크기	400 × 500 pixels
	PSD	파일명	문서₩GTQ₩수험번호-성명-1.psd
		크기	40 × 50 pixels

《출력형태》

1. 그림 효과

① 1급-1.jpg : 필터 - Dry Brush(드라이 브러시)
② Save Path(패스 저장) : 집 모양
③ Mask(마스크) : 집 모양, 1급-2.jpg를 이용하여 작성
　레이어 스타일 - Stroke(선/획)(5px, 그라디언트(#009900, #ff9966),
　Inner Shadow(내부 그림자))
④ 1급-3.jpg : 레이어 스타일 - Outer Glow(외부 광선)
⑤ Shape Tool(모양 도구) :
　- 새 모양 (#ff6633, 레이어 스타일 - Bevel and Emboss(경사와 엠보스))
　- 발바닥 모양 (#cccc66, #66cc99,
　　레이어 스타일 - Drop Shadow(그림자 효과))

2. 문자 효과

① Companion Animal (Times New Roman, Bold, 38pt, 레이어 스타일 -
　그라디언트 오버레이(#009900, #ffff99), Stroke(선/획)(3px, #ffffcc))

문제2 [기능평가] 사진편집 응용 [20점]

다음의 《조건》에 따라 아래의 《출력형태》와 같이 작업하시오.

《조건》

원본 이미지	문서₩GTQ₩Image₩1급-4.jpg, 1급-5.jpg, 1급-6.jpg		
파일 저장 규칙	JPG	파일명	문서₩GTQ₩수험번호-성명-2.jpg
		크기	400 × 500 pixels
	PSD	파일명	문서₩GTQ₩수험번호-성명-2.psd
		크기	40 × 50 pixels

《출력형태》

1. 그림 효과

① 1급-4.jpg : 필터 - Crosshatch(그물눈)
② 색상 보정 : 1급-5.jpg - 파란색, 빨간색 계열로 보정
③ 1급-5.jpg : 레이어 스타일 - Inner Shadow(내부 그림자)
④ 1급-6.jpg : 레이어 스타일 - Outer Glow(외부 광선)
⑤ Shape Tool(모양 도구) :
　- 토끼 모양(#cccccc, 레이어 스타일 - Bevel and Emboss(경사와 엠보스))
　- 고양이 모양(#ffcc99, #99ccff,
　　레이어 스타일 -Drop Shadow(그림자 효과), Opacity(불투명도)(70%))

2. 문자 효과

① 평화로운 농장 (굴림, 50pt, 레이어 스타일 - 그라디언트
　오버레이(#000099, #ff9900, #ff00ff), Stroke(선/획)(3px, #ffffcc))

문제3 [실무응용] 포스터 제작   [25점]

다음의 《조건》에 따라 아래의 《출력형태》와 같이 작업하시오.

《조건》

원본이미지	문서₩GTQ₩Image₩1급-7.jpg, 1급-8.jpg, 1급-9.jpg, 1급-10.jpg, 1급-11.jpg		
파일 저장규칙	JPG	파일명	문서₩GTQ₩수험번호-성명-3.jpg
		크기	600 × 400 pixels
	PSD	파일명	문서₩GTQ₩수험번호-성명-3.psd
		크기	60 × 40 pixels

1. 그림 효과

① 배경 : #ccffff
② 1급-7.jpg : Blending Mode(혼합 모드) - Hard Light(하드 라이트), Opacity(불투명도)(80%)
③ 1급-8.jpg : 필터 - Film Grain(필름 그레인), 레이어 마스크 - 대각선 방향으로 흐릿하게
④ 1급-9.jpg : 필터 - Texturizer(텍스처화), 레이어 스타일 - Inner Shadow(내부 그림자)
⑤ 1급-10.jpg : 레이어 스타일 - Stroke(선/획)(5px, 그라디언트(#009900, #ffff66)), Bevel and Emboss(경사와 엠보스)
⑥ 1급-11.jpg : 색상 보정 - 파란색 계열로 보정, 레이어 스타일 - Drop Shadow(그림자 효과)
⑦ 그 외 《출력형태》 참조

2. 문자 효과

① 테마파크형 아쿠아리움 (바탕, 35pt, 50pt, 레이어 스타일 - 그라디언트 오버레이(#ffff00, #66ff33, #33ccff), Stroke(선/획)(3px, #000033), Drop Shadow(그림자 효과))
② Have a good time at the aquarium (Arial, Regular, 18pt, 레이어 스타일 - 그라디언트 오버레이(#33ccff, #ff00ff), Stroke(선/획)(2px, #ffffcc))
③ 해양생물 보존의 가치를 공유하는 복합문화공간 (궁서, 22pt, #339999, 레이어 스타일 - Stroke(선/획)(2px, #003399))
④ 체험 신청 매일 9시, 12시 (돋움, 17pt, #003366, #660099, 레이어 스타일 - Stroke(선/획)(2px, #ffffff))

《출력형태》

Shape Tool(모양 도구) 사용
#ff9966, #66ffcc, 레이어 스타일 -
Drop Shadow(그림자 효과)

Shape Tool(모양 도구) 사용
레이어 스타일 - 그라디언트
오버레이(#ff9933, #ffffcc),
Inner Shadow(내부 그림자),
Opacity(불투명도)(80%)

Shape Tool(모양 도구) 사용
#003333, 레이어 스타일 -
Stroke(선/획)(2px, #ffcc33)

문제4 [실무응용] 웹 페이지 제작 [35점]

다음의 《조건》에 따라 아래의 《출력형태》와 같이 작업하시오.

《조건》

원본이미지		문서₩GTQ₩Image₩1급-12.jpg, 1급-13.jpg, 1급-14.jpg, 1급-15.jpg, 1급-16.jpg, 1급-17.jpg	
파일 저장규칙	JPG	파일명	문서₩GTQ₩수험번호-성명-4.jpg
		크기	600x 400 pixels
	PSD	파일명	문서₩GTQ₩수험번호-성명-4.psd
		크기	60 × 40 pixels

1. 그림 효과

① 배경 : #ffcc66
② 패턴(새, 나뭇잎 모양) : #99cc66, #cc9966
③ 1급-12.jpg : Blending Mode(혼합 모드) - Multiply(곱하기), 레이어 마스크 - 세로 방향으로 흐릿하게
④ 1급-13.jpg : 필터 - Cutout(오려내기), 레이어 마스크 - 대각선 방향으로 흐릿하게
⑤ 1급-14.jpg : 레이어 스타일 - Drop Shadow(그림자 효과)
⑥ 1급-15.jpg : 필터 - Lens Flare(렌즈 플레어), 레이어 스타일 - Bevel and Emboss(경사와 엠보스)
⑦ 1급-16.jpg : 색상 보정 - 보라색 계열로 보정, 레이어 스타일 - Drop Shadow(그림자 효과)
⑧ 그 외 《출력형태》 참조

2. 문자 효과

① Seoul Wildlife Theme Park (Times New Roman, Italic, 30pt, #660000, 레이어 스타일 -
   Stroke(선/획)(2px, 그라디언트(#00cccc, #ffff33), Drop Shadow(그림자 효과))
② 서울 야생동물 테마파크 (궁서, 30pt, 40pt, 레이어 스타일 - 그라디언트 오버레이(#33cc33, #ffff00, #cc66ff),
   Stroke(선/획)(2px, #333300), Drop Shadow(그림자 효과))
③ 이벤트! 동물 스탬프 찍기 (돋움, 18pt, #003333, 레이어 스타일 - Stroke(선/획)(2px, #ffff66))
④ 동물소개 이벤트홀 주의사항 (바탕, 18pt, 20pt, #66ff99, 레이어 스타일 - Stroke(선/획)(2px, #003333, #cc33cc))

《출력형태》

Shape Tool(모양 도구) 사용
#993300, 레이어 스타일 -
Outer Glow(외부 광선),
Opacity(불투명도)(60%)

Pen Tool(펜 도구) 사용
#ccffcc, #99cc99, #ffffcc,
레이어 스타일 -
Drop Shadow(그림자 효과)

Shape Tool(모양 도구) 사용
#cccc99, 레이어 스타일 -
Inner Shadow(내부 그림자)

Shape Tool(모양 도구) 사용
레이어 스타일 - 그라디언트 오버레이(#00cccc, #ff99ff),
Stroke(선/획)(2px, #003300, #990066)